Springer-Lehrbuch

Ralph Berndt

Marketing 3

Marketing-Management

Zweite, verbesserte
und erweiterte Auflage

Mit 100 Abbildungen

Springer-Verlag Berlin Heidelberg GmbH

Professor Dr. Ralph Berndt
Universität Tübingen
FB Betriebswirtschaftslehre,
Wirtschaftswiss. Seminar
Nauklerstraße 47
D-72074 Tübingen

ISBN 978-3-540-58748-4   ISBN 978-3-642-57830-4 (eBook)
DOI 10.1007/978-3-642-57830-4

Dieses Werk ist urheberrechtlich geschützt. Die dadurch begründeten Rechte, insbesondere die der Übersetzung, des Nachdruckes, des Vortrags, der Entnahme von Abbildungen und Tabellen, der Funksendungen, der Mikroverfilmung oder der Vervielfältigung auf anderen Wegen und der Speicherung in Datenverarbeitungsanlagen, bleiben, auch bei nur auszugsweiser Verwertung, vorbehalten. Eine Vervielfältigung dieses Werkes oder von Teilen dieses Werkes ist auch im Einzelfall nur in den Grenzen der gesetzlichen Bestimmungen des Urheberrechtsgesetzes der Bundesrepublik Deutschland vom 9. September 1965 in der Fassung vom 24. Juni 1985 zulässig. Sie ist grundsätzlich vergütungspflichtig. Zuwiderhandlungen unterliegen den Strafbestimmungen des Urheberrechtsgesetzes.

© Springer-Verlag Berlin Heidelberg 1991, 1995
Ursprünglich erschienen bei Springer-Verlag Berlin Heidelberg New York 1995
Die Wiedergabe von Gebrauchsnamen, Handelsnamen, Warenbezeichnungen usw. in diesem Werk berechtigt auch ohne besondere Kennzeichnung nicht zu der Annahme, daß solche Namen im Sinne der Warenzeichen- und Markenschutz-Gesetzgebung als frei zu betrachten wären und daher von jedermann benutzt werden dürften.

43/2202-5 4 3 2 1 0-Gedruckt auf säurefreiem Papier

Vorwort zur 2. Auflage

Die Erstauflage des vorliegenden Buches zum Marketing-Management ist - wie die gesamte, drei Bände umfassende Lehrbuch-Reihe zum Marketing - als neuartiges Lehrbuch, in welchem
- die wesentlichen Inhalte aus theoretischer Sicht dargestellt werden,
- die praktische Relevanz der erörterten Verfahren berücksichtigt wird,
- alle dargestellten Inhalte kritisch beurteilt werden und
- zahlreiche Beispiele zum besseren Verständnis eingebaut sind,

sehr gut aufgenommen worden. Bei der Neubearbeitung sind zum einen mißverständliche Formulierungen überarbeitet und Druckfehler korrigiert worden; zum anderen sind verschiedene inhaltliche Erweiterungen vorgenommen worden: Neu aufgenommen ist die Strategische Budgetierung, deutlich erweitert ist die Budgetplanung im Rahmen der operativen Marketing-Planung, ergänzt worden sind die Kennzahlensysteme im Rahmen der Marketing-Kontrolle; völlig neu aufgenommen ist das Management-Development im Marketing-Bereich.

Ich danke allen Lesern, die mit ihrer konstruktiven Kritik geholfen haben, das Buch weiter zu verbessern. Allen meinen Mitarbeitern gilt ein herzlicher Dank für die tatkräftige Unterstützung.

Tübingen, im Januar 1995   Ralph Berndt

Vorwort zur 1. Auflage

Das Marketing als Teildisziplin der Betriebswirtschaftslehre bzw. als betrieblicher Funktionsbereich weist eine ständig zunehmende Bedeutung auf. Hierfür gibt es mindestens drei Belege. Erstens wächst (freiwillig oder gezwungenermaßen) die Zahl der Unternehmen, welche anstelle einer Produktions- bzw. Verkaufsorientierung des Unternehmens eine **Marketingorientierung** verfolgen, d. h. die nicht mehr von den Produkten und deren geplanten Mengen, sondern von der Nachfragerseite ausgehen, die gegebenenfalls in geeigneter Weise zu beeinflussen ist. Zweitens werden an die Entscheidungsträger im betrieblichen Marketing-Bereich immer größere **Anforderungen** gestellt, was u. a. auf schwieriger werdende Konkurrenzsituationen, eine Internationalisierung der Märkte und auf das ständig wachsende Know-how hinsichtlich einer Bearbeitung von Märkten zurückzuführen ist. Hiermit eng verbunden ist drittens die Tatsache, daß die **Nachfrage** nach einer Ausbildung bzw. nach einer Weiterbildung im Marketing stark wächst. Dies ist auf allen Bildungsstufen - von den Universitäten bis hin zu den Akademien der beruflichen Weiterbildung - festzustellen; beispielsweise sei auf die enorm gestiegenen Studentenzahlen der Fachrichtung Betriebswirtschaftslehre mit dem Vertiefungsfach Marketing hingewiesen.

Neben der zunehmenden Bedeutung des Marketing ist eine stetige Weiterentwicklung der Inhalte des Marketing zu verzeichnen. So wächst ständig das Wissen über die Einsatzmöglichkeiten und -grenzen der Methoden der (multivariaten) Datenanalyse und der Methoden der Entscheidungsfindung im Marketing. Entsprechendes gilt hinsichtlich der Inhalte der einzelnen Subbereiche des Marketing; so ist derzeit z. B. eine deutliche Weiterentwicklung der Möglichkeiten der betrieblichen Kommunikationspolitik zu beobachten.

Die rasante Entwicklung des Marketing machte meine ursprüngliche Idee, ein einziges Lehrbuch zum Marketing zu verfassen, zunichte; stattdessen erscheint eine Reihe von insgesamt drei Lehrbüchern zum Marketing. Gegenstand des im Frühjahr 1990 erschienenen Bandes **Marketing 1** sind die Verhaltens- und Informationsgrundlagen des Marketing. Die grundlegenden Erkenntnisse über das Anbieter- und Nachfragerverhalten auf Märkten werden ausführlich dargelegt. So werden Märkte charakterisiert, verschiedene, typische Verhaltensweisen von Anbietern werden beschrieben; das Verhalten verschiedener Typen von Nachfragern - von Konsumenten, Industrie-

und Handelsbetrieben sowie von öffentlichen Nachfragern - wird ausführlich referiert. Außerdem werden die Möglichkeiten und Grenzen der Gewinnung und Verarbeitung von Informationen über die Märkte behandelt. Im Rahmen der Marktforschung wird ausführlich auf die Datengewinnung und die Datenanalyse eingegangen; die verschiedenen Möglichkeiten einer Erstellung von Prognosen im Marketing werden beschrieben. Zum Abschluß wird dargelegt, in welcher Weise eine Marktsegmentierung erfolgen kann.

Gegenstand des im Sommer 1990 erschienenen Bandes **Marketing 2** ist die Marketing-Politik, d. h. die Entscheidungsfindung in den verschiedenen Subbereichen des Marketing. Zunächst werden die generellen Grundlagen der Marketing-Politik, das allgemeine Marketing-Konzept, die typischen Entscheidungssituationen im Marketing sowie deren Elemente, die Informationsgrundlagen und die Verfahren zur Entscheidungsfindung im Marketing dargestellt. Im Anschluß daran werden für die verschiedenen Subbereiche des Marketing - die Produkt-, Sortiments- und Servicepolitik, die Kontrahierungspolitik, die Kommunikationspolitik und die Distributionspolitik - die wesentlichen Grundlagen beschrieben; außerdem wird detailliert für die jeweils wesentlichen Entscheidungssituationen dargelegt, in welcher Weise optimale Handlungsalternativen gefunden werden können. Schließlich wird das Problem des Marketing-Mix, d. h. der Auswahl einer optimalen Kombination von Marketing-Instrumenten, analysiert.

Der jetzt vorliegende, die Lehrbuch-Reihe abschließende Band **Marketing 3** hat das Marketing-Management zum Gegenstand. Dabei wird vom Management im Sinne einer betrieblichen Funktion ausgegangen, welche zum Inhalt hat, die betriebsinternen güter-, finanz- und informationswirtschaftlichen Prozesse sowie die entsprechenden Transaktionsprozesse zwischen einem Unternehmen und seiner Umwelt auf die Unternehmensziele auszurichten sowie zu koordinieren. Als Teilfunktionen des Marketing-Managements werden die Planung, die Kontrolle, die Organisation und die Führung des Marketing-Bereiches behandelt.

Diese Lehrbücher zum Marketing basieren auf zahlreichen Lehrveranstaltungen zum Marketing seit Mitte der siebziger Jahre an der Universität Hamburg, seit Mitte der achtziger Jahre an der Universität Tübingen sowie an verschiedenen weiteren Hochschulen und Akademien der beruflichen Weiterbildung. Das angewandte **didaktische Konzept** läßt sich wie folgt kurz kennzeichnen:

- Für alle Bereiche des Marketing werden die wesentlichen Erkenntnisse - so z. B. die Theorien des Käuferverhaltens, die Verfahren der Datenanalyse, die Verfahren der Entscheidungsfindung, allgemein die Problemlösungsverfahren inklusive der Kreativitätstechniken - dargestellt.
- Im Zusammenhang mit den Planungs- und Entscheidungsverfahren werden die bisherigen Erkenntnisse über deren Anwendung in der Praxis referiert.
- Schwierigere Sachverhalte werden möglichst einfach dargestellt und anhand eines Beispieles illustriert.
- Jeweils erfolgt eine kritische Beurteilung u. a. aus praktischer Sicht.

So ist es selbstverständlich, daß ich mich mit diesen Lehrbüchern an die Studenten des Marketing, jedoch nicht nur an diesen Personenkreis wende. **Zielgruppe** dieser Lehrbücher sind alle Personen, die sich im Rahmen ihrer Ausbildung bzw. im Rahmen ihrer beruflichen Tätigkeit mit Problemen des Marketing auseinandersetzen müssen und die sich um eine geeignete verhaltenswissenschaftliche, informationswirtschaftliche und (entscheidungs-)methodische Fundierung ihrer Entscheidungsfindung bemühen.

Ein solches Lehrbuch kann in angemessener Zeit nur fertiggestellt werden, wenn man eine **tatkräftige Unterstützung** hat. In vielfältiger Weise, in inhaltlicher und technischer Hinsicht, waren meine Mitarbeiter Frau Dr. Claudia Fantapié Altobelli, Herr Dr. Frank Schneider, Herr Dipl.-Kfm. Matthias Stelzer, Herr Dipl.-Kfm. Jürgen Mengele und Herr Dipl.-Vw. Matthias Sander in allen Phasen der Entstehung dieses Marketing-Lehrbuches sehr hilfreich. Frau Beate Noll hat die umfangreichen, z. T. mühsamen Schreibarbeiten zügig und gewissenhaft erledigt. Herr cand. rer. pol. Michael Streich hat in selbständiger Weise die Abbildungen angefertigt. Ihnen allen gebührt ein herzlicher Dank. Schließlich danke ich Herrn Dipl.-Kfm. Peter Schuster, Lektor des Springer-Verlages, für die reibungslose Zusammenarbeit.

Tübingen, im Januar 1991   Ralph Berndt

Inhaltsverzeichnis

Teil 1: Das Marketing-Management-Konzept 1
Vertiefende Literatur zum "Marketing-Management-Konzept" 5

Teil 2: Marketing-Planung 7

A. Charakterisierung und Arten der Planung 7

B. Strategische Marketing-Planung 13
   I. Grundlagen 13
      1) Inhalt und Aufgaben der strategischen
      Marketing-Planung 13
      2) Strategische Geschäftseinheiten 15
      3) Der strategische Planungsprozeß 17
   II. Die Zielsuche und -ordnung als Grundlage der
   strategischen Marketing-Planung 20
   III. Die Analyse der strategischen Position 25
      1) Analyse und Prognose der Umwelt 26
         a) Inhalte der Umweltanalyse und der
         Umweltprognose 26
            (1) Analyse der weiteren Umwelt 26
            (2) Branchenanalyse 27
         b) Verfahren zur Analyse und zur Prognose
         von Umweltentwicklungen 34
            (1) Strategische Frühaufklärung 34
            (2) Die Szenario-Technik 38
            (3) Die Cross-Impact-Analyse 46
            (4) Verfahrensvergleich 52
      2) Analyse der internen Situation 52
         a) Analyse der strategischen Entwicklung in der
         Vergangenheit 52
         b) Identifikation der strategischen
         Erfolgsfaktoren 53
         c) Analyse der relativen Wettbewerbsvorteile
         und -nachteile 57

IV. Die Lückenanalyse 64
V. Die Portfolio-Analyse als Instrument der strategischen
   Marketing-Planung auf Unternehmensebene 68
   1) Begriff und Arten von Portfolios 68
      a) Boston-Consulting-Group-Matrix 69
      b) 9-Felder-Matrix von McKinsey 71
      c) Geschäftsfeld-Ressourcen-Portfolio von
         Albach 72
   2) Positionierung der Strategischen Geschäftsein-
      heiten in dem Unternehmensportfolio 74
      a) Punktpositionierung 74
      b) Bereichspositionierung 75
   3) Die Ermittlung von Portfolio-Ungleichge-
      wichten 77
   4) Die Ableitung strategischer Alternativen aus
      dem Unternehmensportfolio 80
      a) Strategien für bestehende Geschäftsbe-
         reiche 80
      b) Strategien für neue Geschäftsbereiche 83
VI. Die Ermittlung von Marketingstrategien auf
    Geschäftsbereichsebene 86
VII. Die Bewertung und Auswahl von Strategien 90
   1) Investitionstheoretische Ansätze 90
   2) Simulationsmodelle 91
VIII. Strategische Budgetierung 98

C. Taktische und operative Planung 101
   I. Die Umsetzung strategischer Pläne in taktische und
      operative Maßnahmen 101
   II. Taktische Marketing-Planung 104
   III. Operative Marketing-Planung 105
   Vertiefende Literatur zur "Marketing-Planung" 114

Teil 3: Marketing-Kontrolle 116

A. Grundlagen 116

B. Kontrolle des Marketing-Planungssystems 117
   I. Strategische Überwachung 119
   II. Planungsprämissen-Audit 120
   III. Organisations-Audit 121

C. Marketing-Strategie- und Marketing-Politik-Audit 122

D. Ergebnisorientierte Marketing-Kontrolle 124
   I. Kontrolle antizipierter Ergebnisse 124
   II. Kontrolle realisierter Ergebnisse 128
      1) Kontrolle des Marketing-Mix 128
         a) Image als Kontrollgröße 128
         b) Umsatz als Kontrollgröße 130
         c) Marktanteil als Kontrollgröße 132
         d) Gewinn als Kontrollgröße 133
         e) Kennzahlensysteme 134
      2) Kontrolle einzelner Marketing-Instrumente 138
Vertiefende Literatur zur "Marketing-Kontrolle" 145

Teil 4: Marketing-Organisation 146

A. Organisation als Management-Teilfunktion 146
   I. Spezialisierung 147
   II. Koordination 148
   III. Konfiguration 150
   IV. Entscheidungsdelegation 154
   V. Formalisierung 155

B. Organisationsformen des betrieblichen Marketing-Bereiches 156
   I. Funktionsorientierte Marketing-Organisation 156
   II. Objektorientierte Marketing-Organisation 157
      1) Regionale Marketing-Organisation 157
      2) Produkt-Management 158
      3) Kundengruppen- bzw. Markt-Management 162
      4) Projekt-Organisation 165
      5) Die Marketing-Organisation als Profit-Center 168

C. Die Effizienz verschiedener Organisationsformen des betrieblichen Marketing-Bereiches 171

I. Die Marketing-Organisation im Rahmen des situativen Ansatzes 171
II. Effizienzkriterien 174
III. Die Beurteilung der einzelnen Marketing-Organisationskonzepte 175
    1) Funktionsorientierte Marketing-Organisation 176
    2) Objektorientierte Marketing-Organisation 177
        a) Regionale Marketing-Organisation 177
        b) Produkt-Management 178
        c) Kundengruppen- bzw. Markt-Management 180
        d) Projekt-Organisation 183
        e) Profit-Center-Organisation 184

Vertiefende Literatur zur "Marketing-Organisation" 185

Teil 5: Führung im Marketing 187

A. Führung als Management-Teilfunktion 187

B. Generelle Führungskonzepte im Marketing 191

I. Führungsstile 191
    1) Eindimensionale Führungsstile 191
    2) Mehrdimensionale Führungsstile 195
    3) Situative Ermittlung des optimalen Führungsstiles 197
II. Management-Techniken 199
    1) Management by Objectives 200
    2) Management by Delegation 202
    3) Management by Exception 202
    4) Management by Motivation 203

Vertiefende Literatur zur "Führung im Marketing" 205

Teil 6: Management-Development im Marketing-Bereich 207

A. Grundlagen des Management-Development
   im Marketing-Bereich 207

B. Planung eines Management-Development-
   Konzeptes für den Marketing-Bereich 209
   I. Ein Prozeßmodell zur Planung eines
      Management-Development-Konzeptes 209
   II. Ziele und Zielgruppen des
       Management-Development
       im Marketing-Bereich 209
   III. Informationsbeschaffung 212
   IV. Grundsätzliche Handlungsmöglichkeiten
        im Rahmen des Management-Development
        im Marketing-Bereich 216
        1) Innerbetriebliche bzw. außerbetriebliche
           Aus- und Weiterbildung 216
        2) Stellenbesetzungs- und Beförderungspolitik 218
   V. Wesentliche Entscheidungssituationen
      im Rahmen des Management-Development
      im Marketing-Bereich 221
   VI. Einige empirische Erkenntnisse zum Management-
       Development 223

C. Kontrolle eines Management-Development-Konzeptes 226
   Vertiefende Literatur zum
   "Management-Development im Marketing-Bereich" 227

Abbildungsverzeichnis 229

Abkürzungsverzeichnis 233

Literaturverzeichnis 234

Sachverzeichnis 243

Teil 1: Das Marketing-Management-Konzept

Stellt man die spezielle Frage nach der Marktorientierung eines Unternehmens, d. h. untersucht man die spezifische Sichtweise eines Unternehmens gegenüber dem Absatzmarkt, und betrachtet man gleichzeitig die Bedeutung der verschiedenen betrieblichen Funktionsbereiche untereinander, so lassen sich einige **Grundformen der Marktorientierung** eines Unternehmens unterscheiden (vgl. *Kotler*, 1991, S. 12 ff.), die z. T. in den westlichen Industrieländern nacheinander durchlaufen worden sind:
- Die Produktionsorientierung,
- die Verkaufsorientierung und
- die Marketingorientierung.

Bei der **Produktionsorientierung** wird von der Idee ausgegangen, daß Konsumenten niedrigpreisige, überall verfügbare Produkte nachfragen; mittels der kostengünstigen Massenproduktion sollen - durch die Ausnutzung der Kostendegression - entsprechende Produkte hergestellt werden. Typisch hierfür sind sogenannte Verkäufermärkte, auf denen die Nachfrage deutlich das Angebot übersteigt. Bei einem **verkaufsorientierten** Unternehmen wird - im Gegensatz zu einem produktionsorientierten Unternehmen - nicht mehr von der Idee ausgegangen, daß alles Produzierte auch abgesetzt werden kann; vielmehr erscheint eine aggressive Verkaufspolitik als notwendig. Werbe- und Verkaufsmaßnahmen werden intensiv und mit hohem finanziellen Aufwand durchgeführt, um die geplanten Produktionsmengen auf dem Markt abzusetzen. Die Phase der Verkaufsorientierung folgt häufig auf die Phase der Produktionsorientierung, wenn weiterhin zunächst die zu produzierenden Mengen geplant werden, diese aber nicht mehr problemlos abgesetzt werden können, kein starker Nachfrageüberhang also mehr gegeben ist, das Angebot vielmehr die Nachfrage übersteigt.

Ausgangspunkt der **Marketingorientierung** eines Unternehmens ist eine Feststellung des Bedarfes ausgewählter Märkte, welche effizienter als von der Konkurrenz befriedigt werden sollen, wobei eine Bedarfsbeeinflussung mittels geeigneter Marketingmaßnahmen erfolgt. Im Gegensatz zum verkaufsorientierten Ansatz wird nicht mehr von den Produkten und deren geplanten Mengen, sondern von der Nachfragerseite ausgegangen, die gegebenenfalls in geeigneter Weise beeinflußt wird.

Zur näheren Charakterisierung des Marketing existieren verschiedene Konzepte; hier wird Marketing im Sinne des Transaktionsansatzes (*Kotler*, 1984, S. 14) verstanden. **Marketing** bedeutet demnach

→   Planung, Realisierung und Kontrolle von Programmen, mit deren Hilfe gewünschte Austauschprozesse mit ausgewählten Märkten geschaffen, aufgebaut und aufrechterhalten werden sollen, um betriebliche Ziele zu verwirklichen.

Marketing im Sinne des Transaktionsansatzes ist erstens allgemeingültig; es gilt sowohl für Märkte des Absatzes wie der Beschaffung. Zweitens ist dieses Marketingkonzept ziel- und entscheidungsorientiert; die Gestaltung von Programmen zur Auswahl gewünschter Austauschprozesse (Transaktionen) hat zielbezogen zu erfolgen; außerdem sollen die Transaktionen mit ausgewählten Märkten, d. h. zielbezogen ermittelten Ziel-Märkten, geschehen. Drittens ist eine umfassende Erfassung von Austauschprozessen möglich: von Güter gegen Entgelt über Güter gegen Güter (im Sinne von Kompensationsgeschäften) bis hin zu Informationen gegen Entgelt.

Marketing im Sinne des Transaktionsansatzes macht deutlich, daß neben der betrieblichen Grundfunktion der Leistungsverwertung, des Absatzes, eine weitere betriebliche Funktion, die Managementfunktion, angesprochen ist. **Management** im weitesten funktionalen Sinne (*Pfohl*, 1981, S. 14) kann als betriebliche Funktion bezeichnet werden, welche zum Inhalt hat, die betriebsinternen (güter-, finanz- und informationswirtschaftlichen) Prozesse sowie die (güter-, finanz- und informationswirtschaftlichen) Transaktionsprozesse zwischen einem Unternehmen und seiner Umwelt auf die Unternehmensziele auszurichten sowie zu koordinieren.

Das heutige Erfordernis der Managementfunktion wird deutlich, wenn man bedenkt, daß innerhalb einer Unternehmung komplizierte arbeitsteilige

güter-, finanz- und informationswirtschaftliche Prozesse sowie entsprechende Prozesse zwischen einem Unternehmen und seiner Umwelt ablaufen. Diese Prozesse müssen auf bestimmte, verfolgte Ziele ausgerichtet und entsprechend koordiniert werden, um ein willkürliches Verhalten auszuschließen. Als **Teilfunktionen des Management** im funktionalen Sinne können unterschieden werden
- die Planung,
- die Kontrolle,
- die Organisation und
- die Führung.

Planung läßt sich als systematisch-methodischer Prozeß der Erkenntnis und Lösung von Zukunftsproblemen definieren (*Wild*, 1982, S. 13); eine rationale Planung beinhaltet demnach ein systematisches, zukunftbezogenes Durchdenken und Festlegen von Zielen, Maßnahmen und Ressourcen zur zukünftigen Zielerreichung. Objekte der Planung sind damit Ziele, Maßnahmen und Ressourcen; die wesentlichen Tätigkeiten der Planung bestehen aus Durchdenken (Analysieren) und Festlegen (Entscheiden); die typischen Charakteristika der Planung sind deren Zukunftsbezogenheit, deren Zielbezogenheit (insbesondere bei der Maßnahmen- und Ressourcenplanung) und die systematische Vorgehensweise. Ausgangspunkt eines Planungsprozesses ist die Zielbildung und das Erkennen eines Entscheidungsproblemes. Anschließend sind die Handlungsalternativen zu suchen; zu prognostizieren sind deren Wirkungen bezüglich der verfolgten Ziele; die Handlungsalternativen sind vergleichend zu beurteilen, so daß eine Entscheidung getroffen werden kann. Wenn die Planung mit einer Entscheidungsfindung abgeschlossen ist, müssen die geplanten Maßnahmen innerbetrieblich durchgesetzt werden; im Anschluß hieran können die geplanten Maßnahmen realisiert werden. Bei der Planung unterscheidet man zwischen
- der strategischen,
- der taktischen und
- der operativen Planung.

Die **strategische Planung** ist langfristig angelegt; sie wird von der Unternehmensleitung durchgeführt und stellt einen Rahmen für die taktische und die operative Planung dar. Gegenstand der strategischen Planung ist die globale Analyse der Erfolgspotentiale eines Unternehmens und die Entwicklung von Strategien zur langfristigen Zukunftssicherung eines Unternehmens. Typische Objekte der strategischen Planung sind zukünftige Märkte, Technologien, langfristige Investitionen. Die **taktische Planung** umfaßt die mittelfristige Umsetzung strategischer Pläne auf konkrete Problem- und Handlungskomplexe; die Strategien werden inhaltlich konkretisiert und in mittelfristige Teilpläne zerlegt. Typische Fragestellungen sind die mittelfristige Investitions- und Finanzplanung, der Aufbau neuer Vertriebswege, die Entwicklung neuer Produkte. Die **operative Planung** ist eine kurzfristige, u. a. auch ablauforientierte Aktionsplanung. Sie umfaßt vor allem die Detailplanung für das laufende Geschäftsjahr und ist in der Regel mit konkreten Planvorgaben für die Aufgabenträger verbunden.

Sachlich eng verbunden mit der Planung ist die **Kontrolle**, die allgemein als systematische Prüfung und Beurteilung der betrieblichen Prozesse und deren Rahmenbedingungen charakterisiert werden kann. Bei der Marketing-Kontrolle können die ergebnisorientierte Marketing-Kontrolle und Marketing-Audits unterschieden werden. Gegenstände der **ergebnisorientierten Marketing-Kontrolle** sind die Resultate der realisierten Marketing-Strategien und -Politiken; typische Kontrollgrößen sind der erreichte Umsatz oder Marktanteil sowie das Image. Dabei werden Soll-Ist-Vergleiche vorgenommen: Die Größen, die im Rahmen der Planung prognostiziert oder als wünschenswert festgelegt wurden, werden mit dem verglichen, was tatsächlich eingetreten ist bzw. realisiert wurde. Gegenstände von **Marketing-Audits** sind nicht die Resultate durchgeführter Maßnahmen, sondern das Marketing-Planungssystem, insbesondere das Unternehmensleitbild, die Planungsprämissen sowie die Organisation der Marketing-Planung. Außerdem können auch im Zusammenhang mit Marketing-Strategien und -Politiken Audits durchgeführt werden.

Die dritte Teilfunktion des Management im funktionalen Sinne ist die **Organisation**. Bei der Organisation in funktionaler, betriebswirtschaftlicher Sicht handelt es sich um eine zielgerichtete Tätigkeit, um eine Strukturierung eines Unternehmens im Sinne einer Differenzierung eines Unternehmens in arbeitsteilige Subsysteme und deren Integration zu einer zielgerichteten Ganzheit. Wesentliche Dimensionen einer Organisationsstruktur sind (*Kieser/Kubicek*, 1992, S. 73 ff.):
- die Spezialisierung,
- die Koordination,
- die Konfiguration,
- die Entscheidungsdelegation und
- die Formalisierung.

Gegenstand der Spezialisierung ist die Verteilung der in einem Unternehmen zu erfüllenden Aufgaben auf verschiedene organisatorische Einheiten. Die zunächst nur isoliert entwickelten Teilaufgabenbereiche sind in einem zweiten Schritt in angemessener Weise zu koordinieren. Des weiteren ist die Konfiguration eines Unternehmens zu entwickeln, es sind Leitungssysteme zu bilden. Außerdem sind Entscheidungsbefugnisse zu delegieren, d. h. es ist festzulegen, welche Instanzen für eine Organisation nach innen und/oder nach außen verbindliche Entscheidungen treffen können. Schließlich sind die formalen Regelungen, welche sich auf die Organisationsstruktur, den Informationsfluß und die Leistungsdokumentation beziehen (können), schriftlich zu fixieren.

Als vierte Teilfunktion des Management im funktionalen Sinne ist die **Führung** zu nennen. Während im Rahmen der Organisation mittels formaler Regelungen - also an Stellen, nicht an Mitarbeiter gerichtete Regelungen - eine gewisse Strukturierung des Unternehmens vorgenommen wird, erfolgt im Rahmen der Führung eine persönliche Beeinflussung von Mitarbeitern (*Pfohl*, 1981, S. 18 f.). Dieses erfolgt unter einem kurzfristigen und einem langfristigen Aspekt: Kurzfristig soll das Erreichen gemeinsam verfolgter Ziele ermöglicht werden, langfristig soll auf den Zusammenhalt von Individuen in einer Gruppe hingewirkt werden.

Neben diesen vier Teilfunktionen des Managements im funktionalen Sinne ist noch ein Management-Development erforderlich. Ausgangspunkt des **Management-Developments** ist das Management im institutionalen Sinne; sein Gegenstand ist die angemessene Weiterentwicklung insbesondere der Mitarbeiter mit Leitungsaufgaben eines Unternehmens.

Vertiefende Literatur zum "Marketing-Management-Konzept"

Aaker, D. A. (1984), Strategic Market Management, New York u. a. 1984
Becker, J. (1993), Marketing-Konzeption, Grundlagen des strategischen Marketing-Managements, 5. Aufl., München 1993
Cravens, D. W., Lamb, C. W. (1986), Strategic Marketing, Cases and Applications, 2. Aufl., Homewood, Ill. 1986
Kotler, P. (1991), Marketing Management, 7. Aufl., Englewood Cliffs 1991
Kreilkamp, E. (1987), Strategisches Management und Marketing, Berlin, New York 1987
Lambin, J. (1987), Grundlagen und Methoden strategischen Marketings, Hamburg u. a. 1987
Meffert, H. (1986), Marketing, 7. Aufl., Wiesbaden 1986

Nieschlag, R., Dichtl, E., Hörschgen, H. (1991), Marketing, 16. Aufl., Berlin 1991

Raffée, H., Wiedmann, K. P. (Hrsg.) (1989), Strategisches Marketing, 2. Aufl., Stuttgart 1989

Töpfer, A. (Hrsg.) (1984), Strategisches Marketing, Landsberg a. L. 1984

Teil 2: Marketing-Planung

A. Charakterisierung und Arten der Planung

Die betriebliche Planung läßt sich als systematisch-methodischer Prozeß der Erkenntnis und Lösung von Zukunftsproblemen kennzeichnen (*Wild*, 1982, S. 13). Eine Planung in diesem Sinne hat folgende Charakteristika:

- **Prozeßbezogenheit**
  Die Planung vollzieht sich innerhalb eines mehrstufigen Prozesses, der mehrere Phasen umfaßt.
- **Rationalität**
  Im Gegensatz zur Improvisation ist Planung durch ein systematisches Vorgehen charakterisiert, wozu auch eine umfassende Informationssuche und -verarbeitung gehört.
- **Zukunftsbezogenheit**
  Die Planung findet vor der Realisation von Maßnahmen statt; dies bedeutet, daß Planung immer im Zustand unvollkommener Information erfolgt.
- **Zielbezogenheit**
  Mit Hilfe der Planung wird versucht, die Zukunft im Hinblick auf die Erreichung bestimmter Ziele zu gestalten; die Planung setzt demnach voraus, daß die relevanten Ziele vollständig erfaßt und operationalisiert sind.

Objekte der betrieblichen Planung sind die zu verfolgenden Ziele, die grundsätzlich heranziehbaren Maßnahmen und die Ressourcen.

Die Planung umfaßt einige wesentliche **Aufgaben** (vgl. *Welge*, 1985, S. 35 ff.; *Wild*, 1982, S. 15 ff.):

- **Reduktion der Komplexität**
  Im Rahmen der Planung sollen geeignete Instrumente und Techniken herausgefunden werden, um häufig komplexe und schlecht strukturierte Probleme einer Lösung zugänglich zu machen.
- **Verbesserung der Informationsversorgung**
  Eine Planung soll dazu beitragen, den Informationsbedarf transparent zu machen und die Gewinnung und Verarbeitung von Informationen zu systematisieren.
- **Vorgabe von Leistungsgrößen**
  Ergebnis der Planung sind **Pläne**; durch sie wird das zukünftige Handeln strukturiert; damit wird dem Verhalten der Mitarbeiter ein Rahmen vorgegeben.
- **Minderung des Risikos von Fehlentscheidungen**
  Eine Planung soll die Früherkennung von Chancen und Gefahren gewährleisten und Möglichkeiten zu deren Wahrnehmung bzw. Bewältigung aufzeigen.
- **Abstimmung von Einzelmaßnahmen**
  Durch Koordination und Integration von Einzelplänen zu einem Gesamtplan wird das Verfolgen übergeordneter Unternehmensziele gewährleistet.
- **Motivations- und Anreizwirkung**
  Durch Beteiligung der Mitarbeiter am Planungsprozeß kann deren Identifikation mit dem Unternehmen und den Unternehmenszielen gefördert werden.

Üblicherweise wird der **Planungsprozeß** in folgende sechs Phasen untergliedert:
- die Zielbildung,
- die Problemanalyse,
- die Alternativensuche,
- die Prognose,
- die Bewertung und
- die Entscheidung.

Dabei gilt, daß der Planungsprozeß in der Praxis keineswegs in einer starren Rangfolge abläuft. So sind Problemanalyse, Alternativensuche und Bewertung über die Gesamtdauer des Planungsprozesses verteilt, wenn auch mit unterschiedlichen Gewichten; der Planungsprozeß zeichnet sich also durch zahlreiche Vor- und Rückkopplungsbeziehungen aus (vgl. *Bea*, 1988, S. 74). Welche Interaktionen zwischen den einzelnen Phasen bestehen, läßt

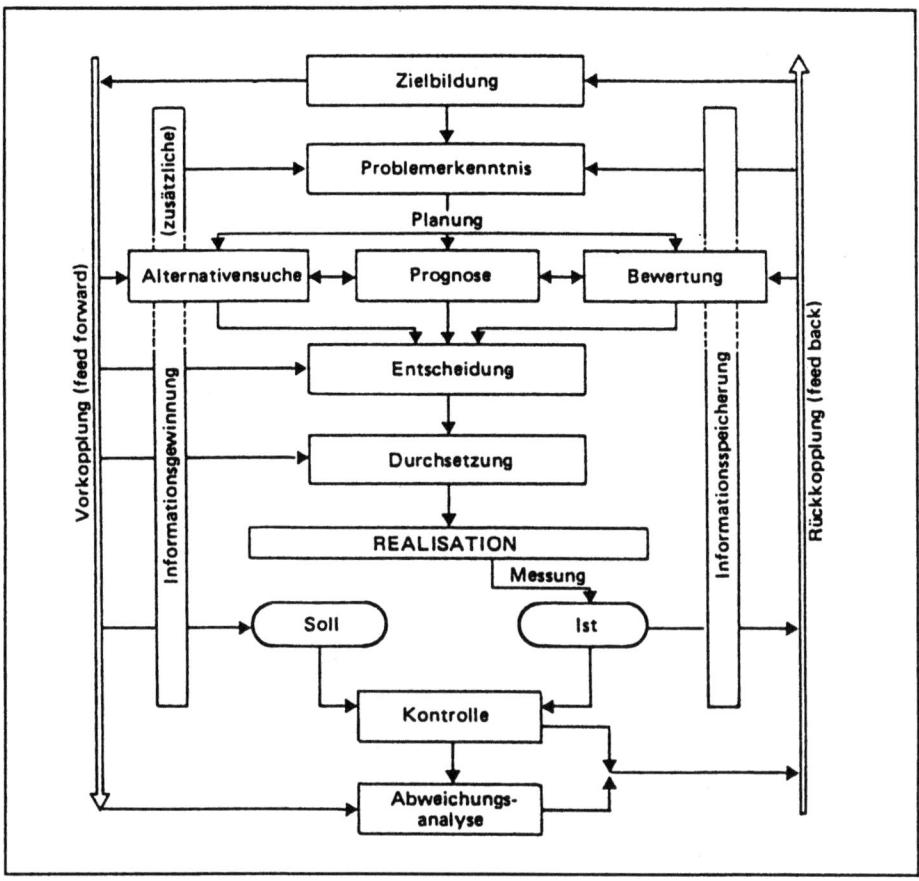

Quelle: *Wild, 1974, S. 37.*

Abb. 2.1: Der Prozeß der Planung, Realisation und Kontrolle

das Prozeßmodell der Abb. 2.1 erkennen. Die einzelnen Phasen umfassen außerdem mehrere Teilphasen; die Abb. 2.2 gibt einen Überblick über die einzelnen Teilphasen innerhalb der sechs Planungsphasen.

Nach dem Kriterium der **Planungshierarchien** differenziert man zwischen
- der strategischen,
- der taktischen und
- der operativen Planung

(*Wild*, 1982, S. 167 ff.; *Welge*, 1985, S. 159). Die **strategische Planung** ist langfristig angelegt, sie wird von der Unternehmensleitung durchgeführt

• Zielbildung	• Suche, Analyse und Ordnung von Zielen • Operationalisierung und Prüfung auf Realisierbarkeit • Prüfung auf Konsistenz bzw. Konflikte • Setzung von Prioritäten • Festlegung von Nebenbedingungen • Operationalisierung der Ziele nach Erreichungsgrad, Zeitraum und Zuständigkeiten • Zielauswahl und -revision
• Problem- analyse	• Erkenntnis und Analyse des Problems nach Ursachen und Ausmaß durch Diagnose/Prognose und Vergleich mit den Zielen • Beschreibung und Auflösung des Gesamtproblems in einzelne Elemente und Feststellung ihrer Abhängigkeitsbeziehungen • Abgrenzung des Problems und Ordnung (Strukturierung) nach Gegenständen, Zeitbezug, Schwierigkeitsgrad und Zielrelevanz • Detailanalyse der Ursachen und systematische Gliederung nach Ansatzpunkten zur Problemlösung bzw. Ursachenbehebung
• Alternati- vensuche	• Auffinden und Gliedern möglicher Ansatzpunkte für die Problemlösung • Suche nach Handlungsmöglichkeiten (Lösungsideen) • Gliederung und Ordnung der Einzelvorschläge • Konkretisierung und Strukturierung der Alternativen • Vollständigkeits- und Zulässigkeitsprüfung (Negativauswahl nicht realisierbarer Alternativen)
• Prognose	• Abgrenzung des Prognoseproblems • Bestimmung der erforderlichen Prognosen nach Inhalt, Präzision, zeitlicher Reichweite usw. • Analyse des Wirkungszusammenhangs zwischen zu prognostizierender Größe und Bestimmungsursachen bzw. Indikatoren • Aufstellung des Prognosemodells bzw. Anwendung des Auswahlverfahrens • Gewinnung der Prognose(n) • Angabe der Bedingungen, unter denen sie gilt • Abschätzung der Prognosesicherheit (wenn möglich: Wahrscheinlichkeit) und Beurteilung nach weiteren Gütekriterien • Auswahl einer Prognose • Konsistenzprüfung
• Bewertung	• Bestimmung der Bewertungsobjekte und der Ziele, an denen sie beurteilt werden sollen • Festlegung der Bewertungskriterien und ihrer (Kriterien-)Gewichte • Festlegung der Maßstäbe und Skalen(-niveaus) • Bestimmung der Kriterienwerte bzw. Aufstellung von Teil-Werturteilen • Wertsynthese zwecks Ermittlung der Gesamtbewertung durch Zusammenfassung der Teilurteile • Prüfung der Konsistenz der Werturteile
• Entschei- dung	• Entscheidungsziel und -kriterien festlegen • evtl. Entscheidungsmodell aufstellen • Vorauswahl zulässiger Entscheidungsalternativen bzw. Festlegung von Restriktionen • Auswahl der optimalen Alternative bzw. Bestimmung mehrstufiger Entscheidungsfolgen • Prüfung auf Konsistenz mit anderen Entscheidungen • evtl. Ressourcenzuordnung und Zuständigkeitsfestlegung (Durchführungsträger)

Quelle: *Nach Wild, 1982, S. 148 ff.*

Abb. 2.2: Teilphasen innerhalb der Planungsphasen

und stellt den Rahmen für die taktische und die operative Planung dar. Gegenstand der strategischen Planung ist die globale Analyse der Erfolgspotentiale eines Unternehmens und die Entwicklung von Strategien zur langfristigen Zukunftssicherung eines Unternehmens. Typische Objekte der strategischen Planung sind zukünftige Märkte, Technologien, langfristige Investitionen. Die **taktische Planung** umfaßt die mittelfristige Umsetzung strategischer Pläne auf konkrete Problem- und Handlungskomplexe; die Strategien werden inhaltlich konkretisiert und in mittelfristige Teilpläne zerlegt. Typische Fragestellungen sind die mittelfristige Investitions- und Finanzplanung, der Aufbau neuer Vertriebswege, die Entwicklung neuer Produkte. Die **operative Planung** ist eine kurzfristige, u. a. auch ablauforientierte Aktionsplanung. Sie umfaßt vor allem die Detailplanung für das laufende Geschäftsjahr und ist in der Regel mit konkreten Planvorgaben für die Aufgabenträger verbunden.

Eine vergleichende Übersicht über die wesentlichen Unterscheidungsmerkmale der einzelnen Planungsprobleme auf den verschiedenen Hierarchieebenen liefert die Abb. 2.3. **Strategische Planungsprobleme** sind dadurch charakterisiert, daß für sie ein Gesamtplan erstellt wird; die Aufgliederung in Teilpläne erfolgt erst bei der taktischen und operativen Planung. **Taktische und operative Teilpläne** weisen gegenüber strategischen Plänen einen höheren Detailliertheitsgrad auf; dementsprechend genauer sind auch die darin erfaßten Informationen. Weiterhin unterscheidet sich die strategische Planung von der taktischen und operativen Planung durch den langfristigen Planungshorizont; dementsprechend sind die zu lösenden Probleme eher vage strukturiert, während Gegenstand der taktischen und operativen Planung konkrete, gut abgegrenzte Probleme sind.

Merkmale von Planungs- und Kontrollproblemen / Ebene der Planung und Kontrolle	Aggregation/ Differenziertheit der Planung	Detailliertheit	Präzision/ Bestimmtheit der Information	Fristigkeit	Problemstruktur
strategisch	wenig differenziert (Gesamtplan)	globale Größen (Problemfelder)	grobe Informationen über die Größen	langfristig	schlecht-definierte Probleme
taktisch	→	→	→	→	→
operativ	stark differenziert (viele Teilpläne)	detaillierte Größen (Detailprobleme)	feine ("exakte") Informationen über die Größen	kurzfristig	wohl-definierte Probleme

Quelle: *Nach Pfohl, 1981, S. 123.*

Abb. 2.3: Charakterisierung strategischer, taktischer und operativer Planungs- und Kontrollprobleme

B. Strategische Marketing-Planung

I. Grundlagen

1) Inhalt und Aufgaben der strategischen Marketing-Planung

Für Unternehmen, die marktorientiert agieren - die also ihre Aktivitäten an den Gegebenheiten und Bedürfnissen der von ihnen bearbeiteten Märkte ausrichten - stellt die strategische Marketingplanung das Kernstück der strategischen Unternehmensplanung dar (*Kreilkamp*, 1987, S. 53). **Inhalt** der strategischen Marketing-Planung ist die Erstellung von produkt- bzw. marktbezogenen Strategien zur langfristigen Erfolgssicherung des Unternehmens. Eine rationale strategische Marketing-Planung setzt voraus, daß die langfristigen Erfolgspotentiale wie auch etwaige Bedrohungen des Unternehmens rechtzeitig erkannt und in den Planungsprozeß einbezogen werden. Neben einer Betrachtung potentieller und aktueller Abnehmer und Wettbewerber müssen globale Umweltfaktoren wie z. B. die technologische Entwicklung analysiert und prognostiziert werden. Das strategische Marketing-Denken beinhaltet, daß nicht auf Umweltveränderungen reagiert werden soll, sondern daß diese aktiv in den Planungsprozeß einbezogen werden sollen, um die daraus resultierenden Chancen und Risiken durch Entwicklung geeigneter Strategien frühzeitig zu nutzen bzw. zu umgehen. Unter einer **Strategie** versteht man dabei die Art und Weise, wie ein Unternehmen seine aktuellen und potentiellen Stärken einsetzt, um Veränderungen der Umweltbedingungen zielgerichtet zu begegnen (*Kreikebaum*, 1981, S. 22). Eine Strategie in diesem Sinne beinhaltet, daß nicht nur die vorhandenen, sondern auch die potentiellen Wettbewerbsvorteile zieladäquat genutzt werden; damit muß auch bei der Analyse der internen Wettbewerbsbedingungen die langfristige, zukunftsorientierte Sicht dominieren.

Bei der strategischen Planung können drei **hierarchische Stufen** (*Hofer/Schendel*, 1984, S. 27 ff.) unterschieden werden:
- die strategische Planung auf Unternehmensebene,
- die strategische Planung auf Geschäftsbereichsebene und
- die strategische Planung auf Funktionsbereichsebene.

Im Rahmen der strategischen Planung auf **Unternehmensebene** werden die Geschäftsbereiche festgelegt, in denen die Unternehmung tätig sein soll; es erfolgt eine Rahmenplanung wie auch eine Ressourcenzuteilung für die einzelnen Geschäftsbereiche. Träger der strategischen Planung auf Unternehmensebene ist das Top Management. Die strategische Planung auf **Geschäftsbereichsebene** bezieht sich auf die Festlegung geeigneter Strategien für die einzelnen Geschäftsbereiche; das Hauptaugenmerk richtet sich auf die jeweils bearbeiteten Märkte bzw. Marktsegmente. Träger der strategischen Planung auf Geschäftsbereichsebene ist das mittlere Management. Schließlich befaßt sich die strategische Planung auf **Funktionsbereichsebene** vorwiegend mit der optimalen Nutzung der in den Funktionsbereichen einzusetzenden Ressourcen. Offensichtlich ist, daß die strategische Planung auf den verschiedenen Ebenen nicht isoliert erfolgen darf, sondern zu einem konsistenten strategischen Konzept integriert werden muß.

Von zentraler Bedeutung für die Implementation der strategischen Planung ist die Koordination der Planungsaktivitäten der einzelnen Ebenen. Folgende **Koordinationsverfahren** sind vorgeschlagen worden (*Wild*, 1982, S. 191 ff.):
- Top-Down-Verfahren,
- Bottom-Up-Verfahren,
- Down-Up-Verfahren.

Das auch als retrograde Planung bezeichnete **Top-Down-Verfahren** beinhaltet, daß auf der strategischen Planungsebene die langfristigen Ziele wie auch die Strategien ermittelt und in Form von Gesamt- und Rahmenplänen an die untergeordneten Planungsebenen weitergegeben werden. Daraus werden die Maßnahmen für die taktische und operative Ebene abgeleitet. Vorteilhaft bei diesem Verfahren ist, daß auf jeden Fall eine Zielkonvergenz erreicht wird: Dies resultiert daraus, daß die Planungsvorgaben von der Geschäftsleitung festgelegt werden und demnach von vornherein auf die obersten Unternehmensziele ausgerichtet sind. Allerdings ist das Top-Down-Verfahren für die untergeordneten Ebenen wenig motivierend. Darüber hinaus wird auf der obersten Führungsebene eine große zentrale Planungskapazität notwendig, da die Pläne für die untergeordneten Ebenen bereits einen hohen Grad an Konkretisierung aufweisen müssen.

Das **Bottom-Up-Verfahren** (auch progressive Planung genannt) stellt das genaue Gegenteil der Top-Down-Planung dar. Ausgangspunkt sind die konkretisierten Pläne der unteren Planungsebenen, die schrittweise auf den höheren Planungsebenen zusammengefaßt werden. Die unteren Planungsebenen entlasten damit die Unternehmensspitze und sind motivierter, allerdings besteht die Gefahr, daß die Teilpläne auf den verschiedenen Planungsebenen nicht auf ein gemeinsames Oberziel ausgerichtet sind. Hieraus entsteht u. U. ein hoher Koordinationsaufwand, der letztlich auf die Führungsspitze entfällt. Die Koordinationsprobleme bei den beiden bisher dargestellten Verfahren beruhen darauf, daß die Planung auf einer Ebene nur bei Kenntnis der Planungsaktivitäten anderer Ebenen durchführbar ist.

Das **Down-Up-Verfahren** (auch Gegenstromverfahren genannt) versucht, die beiden erstgenannten Verfahren zu kombinieren. Im Kern besteht das Down-Up-Verfahren aus einem Top-Down-Vorlauf und einem Bottom-Up-Rücklauf. Zunächst wird auf der obersten Planungsebene ein zentraler Rahmenplan erstellt, der in Teilpläne für die nachgeordnete Planungsebene zerlegt wird. Diese nimmt eine Konkretisierung vor und leitet die Teilpläne an die nächstniedrigere Planungsebene weiter usw. bis zur letzten Ebene der Planungshierarchie. Hier beginnt der Bottom-Up-Rücklauf: Die Teilpläne werden konkretisiert, auf ihre Realisierbarkeit hin überprüft und ggf. korrigiert; die Teilpläne werden wieder schrittweise (von unten nach oben) im Rahmenplan integriert; in der Regel finden dabei Unterzyklen in Form von Rückkopplungen statt (vgl. Abb. 2.4). Durch dieses Verfahren wird einerseits gewährleistet, daß auch die unteren Ebenen am Planungsprozeß mitwirken, was sich motivationsfördernd auswirkt; andererseits wird es dadurch möglich, eine gemeinsame Ausrichtung auf die verfolgten Oberziele zu erreichen.

2) Strategische Geschäftseinheiten

Strategische Geschäftseinheiten (oder Strategische Geschäftsfelder) lassen sich als Unternehmenseinheiten kennzeichnen, an welche die Entwicklung und Durchführung spezifischer Strategien von der Unternehmensleitung delegiert wird (*Hinterhuber*, 1992b, S. 141 ff.). Die Bildung Strategischer Geschäftseinheiten bildet eine wichtige Voraussetzung für eine Strategieentwicklung, da im allgemeinen in unterschiedlichen Geschäftsbereichen auch unterschiedliche Strategien erforderlich sind. Die Bildung Strategischer Geschäftseinheiten sollte grundsätzlich unabhängig von der bestehenden Organisationsstruktur eines Unternehmens erfolgen. Die Abgrenzung von Strategischen Geschäftseinheiten sowie deren Eingliederung in die bestehende Organisationsstruktur dürfte allerdings umso leichter fallen, je stärker die Organisation marktorientiert ist (zu den verschiedenen

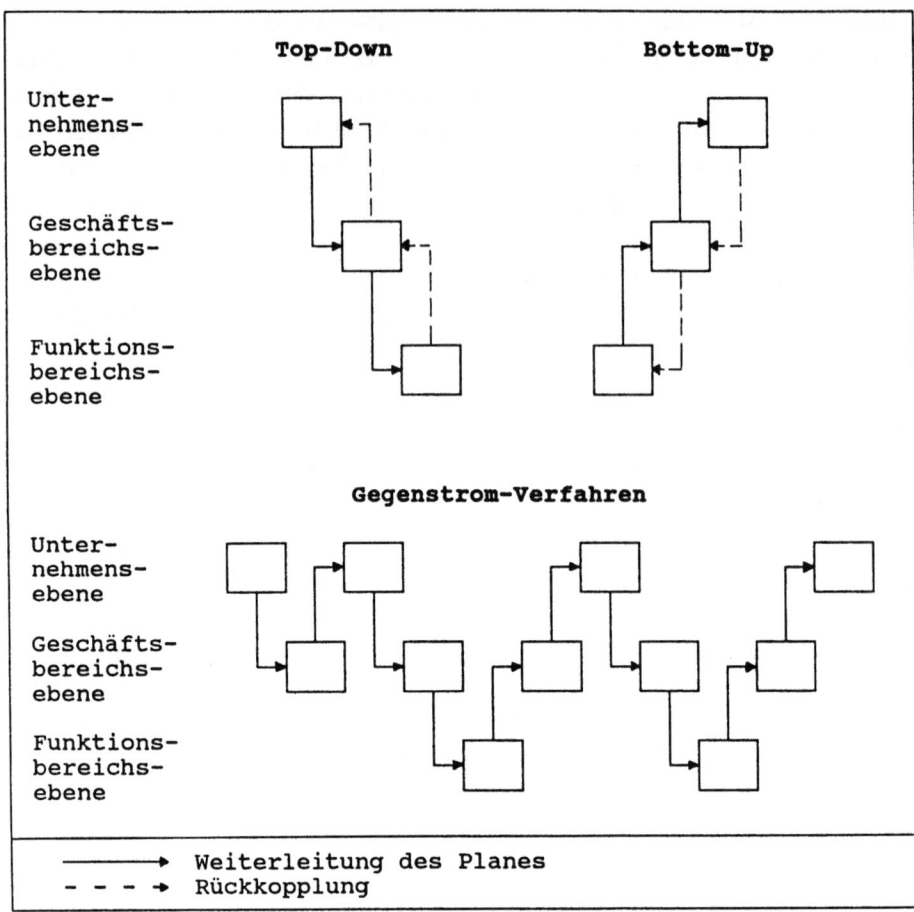

Abb. 2.4: Die Koordination strategischer Teilpläne verschiedener Ebenen

Organisationsformen vgl. die Ausführungen in Teil 4 dieses Bandes). Generell soll die Bildung Strategischer Geschäftseinheiten marktorientiert erfolgen; unternehmensinterne Kriterien wie beispielsweise Standorte oder gemeinsam genutzte Produktionsfaktoren spielen bei der Bildung von Strategischen Geschäftseinheiten keine Rolle. Mögliche **Kriterien** zur Bildung Strategischer Geschäftseinheiten sind
- Produkte,
- Märkte,
- Produkt-Markt-Kombinationen sowie
- Problemlösungskomplexe.

Darüber hinaus müssen Strategische Geschäftseinheiten folgende **Bedingungen** erfüllen (*Hinterhuber*, 1992b, S. 142 f.):
- **Eigenständigkeit der marktbezogenen Aufgaben**
Die marktbezogene Aufgabe einer Strategischen Geschäftseinheit muß unabhängig sein von jener einer anderen Strategischen Geschäftseinheit, d. h. die Bildung Strategischer Geschäftseinheiten muß in diesem Sinne möglichst überschneidungsfrei erfolgen. Die Beachtung dieser Bedingungen bei der Bildung Strategischer Geschäftseinheiten ermöglicht es, für die einzelnen Strategischen Geschäftseinheiten eigenständige Marketing-Strategien zu entwickeln und zu implementieren.
- **Identifizierbarkeit der Konkurrenten**
Die Strategischen Geschäftseinheiten müssen so definiert werden, daß ihre Wettbewerber eindeutig festzustellen sind.
- **Unabhängigkeit der Entscheidungen**
Entscheidungen in den einzelnen Strategischen Geschäftseinheiten sollten sich möglichst wenig gegenseitig bedingen.
- **Führungseffizienz**
Die Führungskräfte der Strategischen Geschäftseinheiten müssen für ihre Entscheidungen die Verantwortung tragen; sie müssen ferner die Kontrolle über die in den Funktionsbereichen einzusetzenden Ressourcen besitzen.
- **Betätigung auf einem externen Markt**
Unternehmensbereiche, die z. B. Halbfabrikate an andere Bereiche des Unternehmens liefern, stellen keine Strategischen Geschäftseinheiten dar.

3) Der strategische Planungsprozeß

Eine detaillierte Darstellung der Struktur des strategischen Planungsprozesses findet sich in der Abb. 2.5. Die erste Stufe besteht darin, strategische **Marketing-Ziele** zu definieren. Strategische Marketing-Ziele sind auf eine mehrere Jahre umfassende Planungsperiode bezogen. Sie bestimmen den langfristigen Handlungsrahmen für Marketing-Entscheidungen; für die taktische und operative Marketing-Planung müssen sie präzisiert und operationalisiert werden. Eine große Bedeutung innerhalb der strategischen Marketing-Planung kommt der **Umwelt- und der Unternehmensanalyse** zu; wesentliche Teilbereiche der Umweltanalyse sind dabei die Analyse der globalen Umwelt und die Branchenanalyse. Ergebnis der Umweltanalyse sind die **Chancen und Risiken** für den Wettbewerb in den bearbeiteten In-

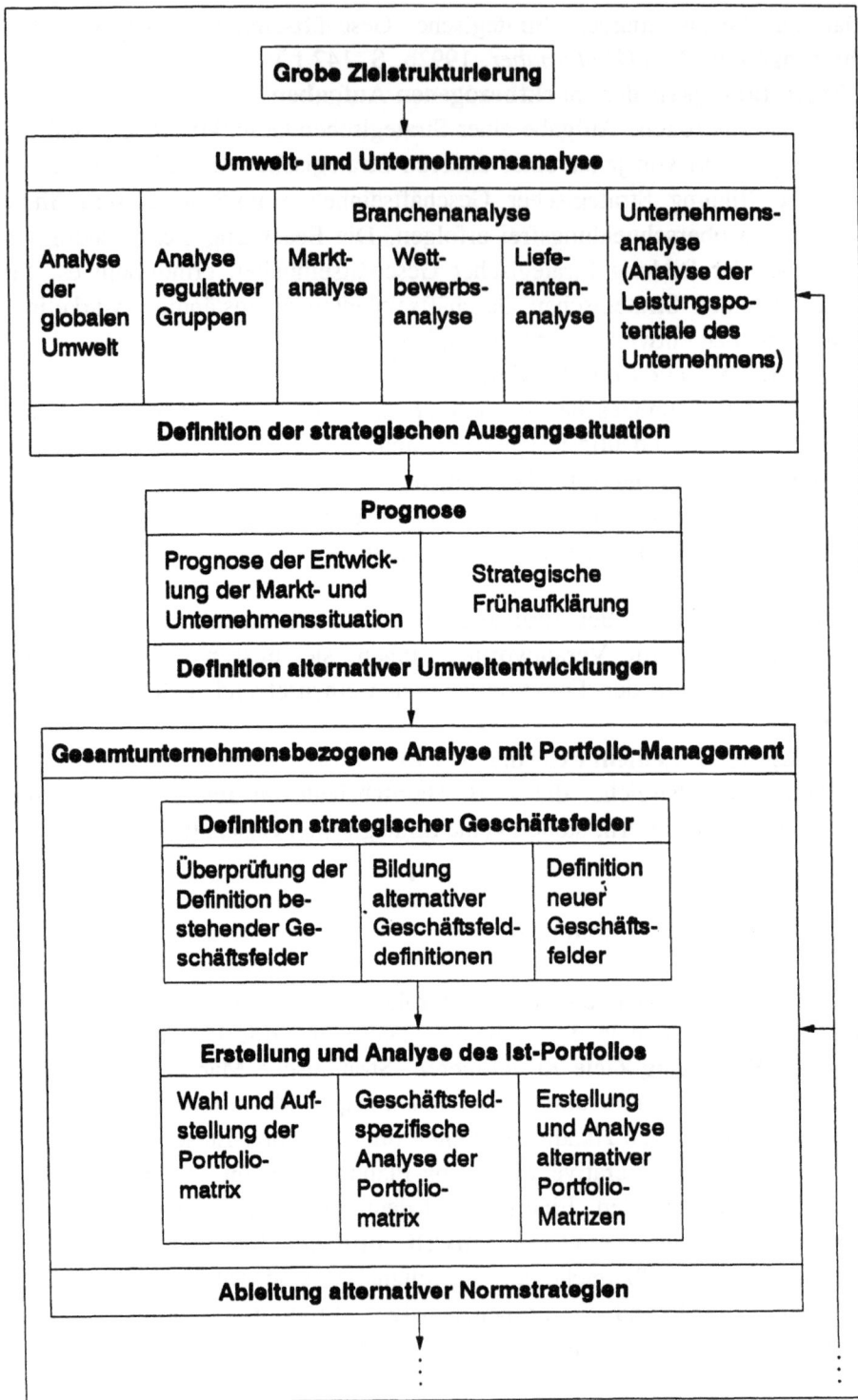

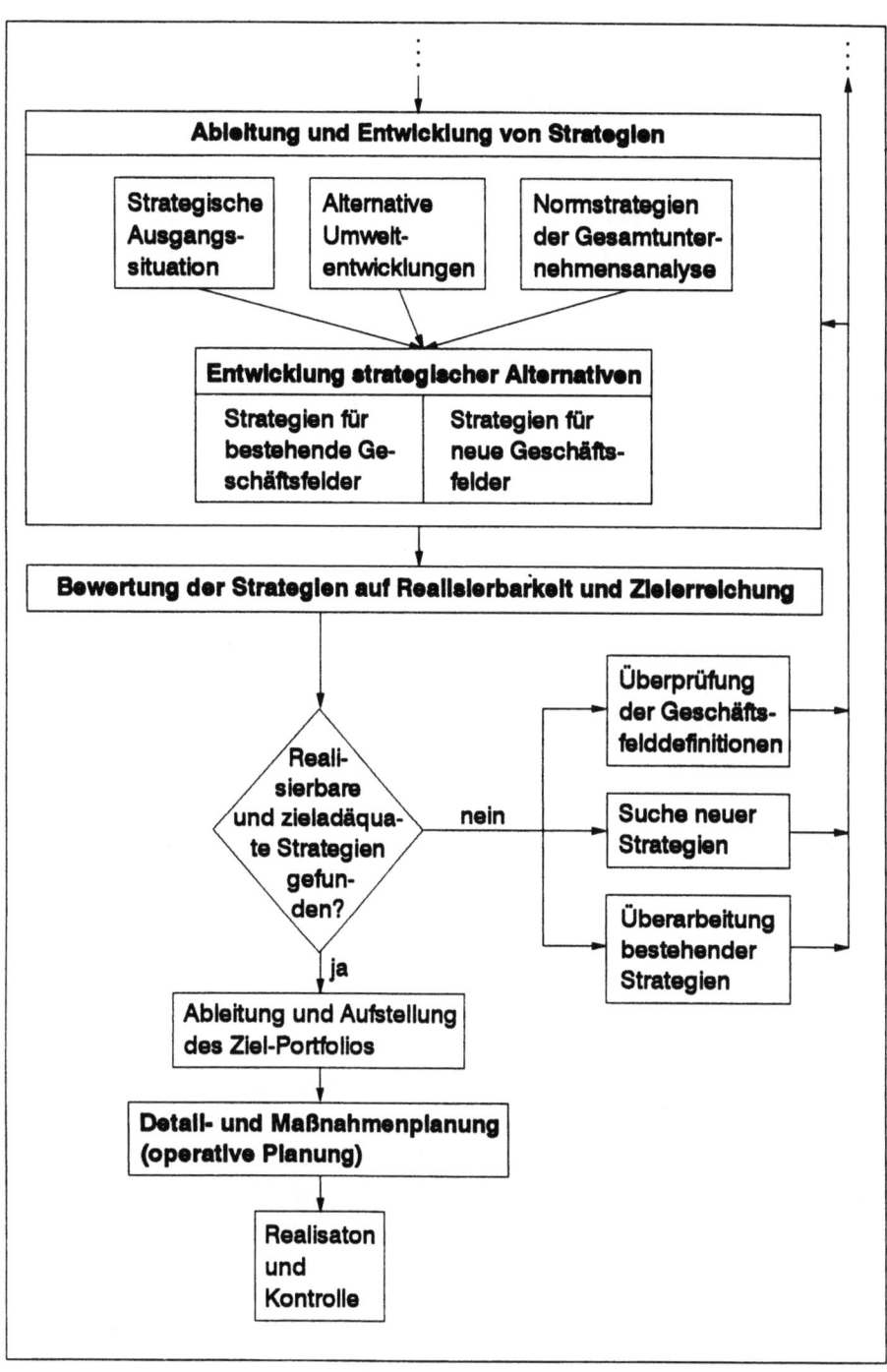

Quelle: *Kreilkamp, 1987, S. 64 f.*

Abb. 2.5: Struktur des strategischen Planungsprozesses

dustriesektoren. Diese werden in der Unternehmensanalyse den **Stärken und Schwächen** des Unternehmens in bezug auf die wichtigsten Konkurrenten gegenübergestellt (*Hinterhuber*, 1992a, S. 81). Durch die Umwelt- und Unternehmensanalyse wird die strategische Ausgangssituation des Unternehmens definiert; im Rahmen der sich daran anschließenden **Umwelt- und Unternehmensprognose** wird versucht, die weitere Entwicklung des Unternehmens und seiner Märkte vorherzusagen. Bei der **Portfolio-Analyse** werden die Chancen und Risiken den Stärken und Schwächen der einzelnen Geschäftsbereiche in Matrix-Form gegenübergestellt. Je nach der Position der Strategischen Geschäftseinheiten innerhalb des Portfolios können für die einzelnen Geschäftsbereiche **Normstrategien** ermittelt werden. Solche Normstrategien sind allgemein strategische Stoßrichtungen, die ein Unternehmen in bezug auf die einzelnen Strategischen Geschäftseinheiten einschlagen kann (*Kreilkamp*, 1987, S. 454). Sie stellen relativ grob formulierte Strategievorschläge dar, die noch überprüft und konkretisiert werden müssen. Die ermittelten Strategievorschläge werden detailliert auf Realisierbarkeit und Zielerreichung hin überprüft, um eine Strategieauswahl zu ermöglichen. Ist die optimale Strategie gewählt, muß sie noch in taktische und operative Maßnahmen umgesetzt werden. Auf den Planungsprozeß folgt die Realisation der geplanten Maßnahmen und deren spätere Kontrolle.

II. Die Zielsuche und -ordnung als Grundlage der strategischen Marketing-Planung

Voraussetzung für eine rationale strategische Planung ist eine Vorgabe der zu verfolgenden Ziele. Unter einem **Ziel** versteht man einen in der Zukunft angestrebten Sollzustand, der durch Maßnahmen erreicht werden soll. Zweck der Zielbildung ist zum einen, den Rahmen für die unternehmerischen Aktivitäten abzustecken, zum anderen, über die Ableitung von Plangrößen eine Erfolgskontrolle zu ermöglichen. Generell lassen sich ökonomische und psychologische Marketing-Ziele unterscheiden. **Ökonomische Marketing-Ziele** können in Geld- oder Mengendimensionen angegeben werden; zu nennen sind
- monetäre Zielgrößen wie Umsatz, Gewinn, Deckungsbeitrag, Gesamtkapitalrentabilität sowie
- mengenorientierte Zielgrößen wie Absatzmenge.

Psychologischen Marketing-Zielgrößen wie Image, Bekanntheitsgrad oder Mitarbeitermotivation kommt in bezug auf die Erzielung von Marketingerfolgen wie auch auf die Steuerung des Marketingprozesses eine erhebliche Bedeutung zu. Dies gilt ganz speziell für das Imageziel. Durch eine Vielzahl von Maßnahmen wird versucht, "Vorbedingungen" für die Realisierung monetärer Ziele zu schaffen.

Die **Suche der zu verfolgenden Marketing-Ziele** kann mit Hilfe von intuitiv-kreativen Techniken wie Brainstorming, Brainwriting, Synektik bzw. mit Hilfe von systematisch-logischen Techniken wie z. B. der morphologischen Methode erfolgen (zu den einzelnen Techniken vgl. die Ausführungen in **Marketing 2**, *Berndt*, 1992b, S. 39 ff.). Ein Beispiel für einen morphologischen Kasten zur Zielfindung findet sich in der Abb. 2.6.

Ziel-dimensionen	Ausprägungen				
Zielinhalt	Gewinn	Markt-anteil	Bekannt-heit	Image	Kosten
Zielausmaß	Maxi-mierung	+ 5%	+ 10%	Mini-mierung	- 10%
Zeitlicher Bezug	1. Hj. 1995	1995	1995/96	1995 - 1999	

Abb. 2.6: Ein beispielhafter morphologischer Kasten zur Zielfindung

Ergebnis einer Zielsuche kann eine Vielzahl an Zielvariablen sein, die noch in eine **hierarchische Ordnung** gebracht werden müssen; hierfür kann die Relevanzbaum-Analyse herangezogen werden. Aufgabe der **Relevanzbaum-Analyse** ist es, ausgehend von einem Oberziel die relevanten Unterziele zu finden und hierarchisch so zu strukturieren, daß der jeweilige Beitrag zur Erfüllung des Oberziels quantifiziert wird. Von den verschiedenen Verfahren der Relevanzbaum-Analyse soll das Verfahren PATTERN an-

hand eines Beispiels erläutert werden (vgl. hierzu *Berthel*, 1976). Die einzelnen **Schritte von PATTERN** sind
- Aufstellung einer Ziel-Mittel-Hierarchie;
- Ermittlung von Kriterien zur Beurteilung der Unterziele im Hinblick auf die Erfüllung des jeweils übergeordneten Zieles;
- Ermittlung von Gewichtungsfaktoren für die Kriterien, welche die relative Bedeutung der einzelnen Beurteilungskriterien repräsentieren;
- Ermittlung von Signifikanzzahlen für die einzelnen Teil- und Unterziele;
- Errechnung relativer Relevanzzahlen;
- Errechnung absoluter Relevanzzahlen;
- Interpretation der absoluten Relevanzzahlen.

Ausgangspunkt der Analyse ist im Beispiel das Oberziel "Erhöhung des Marktanteils". Dieses Oberziel kann durch die Unterziele "Verbesserung der Marktpräsenz" und "Verbesserung der Produktqualität" erreicht werden. Die Verbesserung der Marktpräsenz wiederum kann durch die Teilziele "Ausbau des Händlernetzes" und "Erhöhung des Bekanntheitsgrades" erreicht werden, die Verbesserung der Produktqualität durch die Teilziele "Erhöhung der F&E-Aufwendungen" und "Verbesserung der Qualitätskontrolle". Es resultiert die **Ziel-Mittel-Hierarchie** der Abb. 2.7. Die einzelnen Ziele werden als Z^i_j bezeichnet, wobei der Index i die Hierarchieebene (i=1,...,n), der Index j das j-te Ziel auf einer Ebene i darstellt (j=1,...,m).

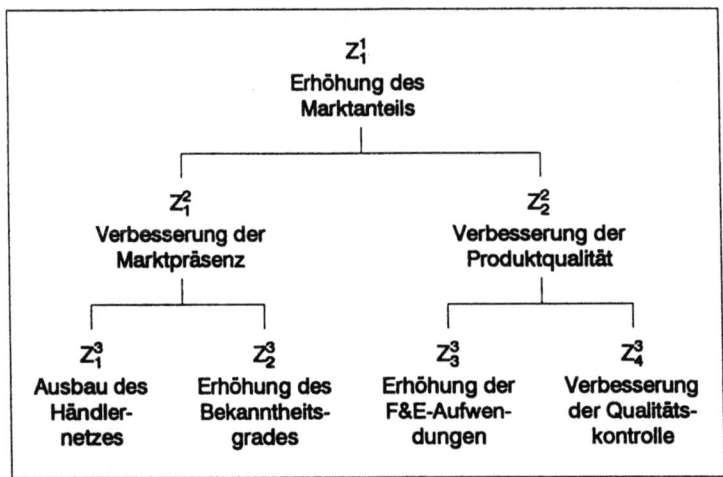

Abb. 2.7: Beispiel für eine Ziel-Mittel-Hierarchie

In einem ersten Schritt sind **Kriterien** zu ermitteln, die zur Beurteilung der einzelnen Unterziele im Hinblick auf die Erfüllung des jeweils übergeordneten Zieles herangezogen werden können. Dabei kann ein Kriterium sowohl für den ganzen Relevanzbaum, als auch für einzelne Ebenen gelten (*Badelt*, 1978, S. 129). Im Beispiel soll davon ausgegangen werden, daß sowohl auf der zweiten Ebene als auch auf der dritten Ebene die Kriterien "Absatzmengenwirkung" (k_1) und "Kosten" (k_2) von Bedeutung sind. Die Kriterien werden mit k_l bezeichnet (l=1,...,s) und mit dem Faktor q_l gewichtet; dabei muß gelten:

$$0 \leq q_l \leq 1 \quad \text{und} \quad \sum_{l=1}^{s} q_l = 1 \; .$$

Der **Gewichtungsfaktor** q_l gibt an, welche Bedeutung dem Beurteilungskriterium k_l im Hinblick auf die Zielerfüllung zukommt. Im Beispiel wird $q_1 = 0{,}7$ und $q_2 = 0{,}3$ gesetzt. Dabei gilt z. B. folgendes: Zur Beurteilung der Eignung der Maßnahme "Ausbau des Händlernetzes" im Hinblick auf die Erfüllung des übergeordneten Zieles "Verbesserung der Marktpräsenz" ist die Wirkung dieser Maßnahme auf die Absatzmenge mit einem Gewichtungsfaktor von 0,7, die bei der Maßnahme entstehenden Kosten mit einem Faktor von 0,3 zu berücksichtigen.

In einem weiteren Schritt werden für die einzelnen Teil- und Unterziele mittels Expertenbefragung **Signifikanzzahlen** ermittelt. Die Signifikanzzahlen geben den Beitrag eines jeden Unterziels zur Erfüllung des Oberziels an und werden mit S^i_{jl} bezeichnet. Sie sind also als relativer Beitrag des j-ten Ziels auf der i-ten Ebene in bezug auf das l-te Kriterium zu interpretieren. Ihre Summe muß wiederum 1 ergeben. Üblicherweise werden Signifikanzzahlen und Kriteriengewichte in Matrixform zusammengefaßt (vgl. Abb. 2.8).

Anschließend werden für jedes Teilziel die **relativen Relevanzzahlen** ermittelt (*Badelt*, 1978, S. 132). Die relative Relevanzzahl eines Elements erhält man durch Produktbildung aus Signifikanzzahl und Kriteriengewicht und Addition über alle Kriterien, also

$$r^i_j = \sum_{l=1}^{s} S^i_{jl} \cdot q_l \quad \text{(für alle i, j)} \; .$$

	Kriterien k_l	Gewichte q_l	Ziele z_j^i				Σ
			z_1^2	z_2^2			
Ebene 2	k_1	0,7	0,6	0,4			1
	k_2	0,3	0,5	0,5			1
	Σ	1	z_1^3	z_2^3	z_3^3	z_4^3	
Ebene 3	k_1	0,7	0,2	0,4	0,1	0,3	1
	k_2	0,3	0,2	0,3	0,2	0,3	1
	Σ	1					

Abb. 2.8: Kriterien, Kriteriengewichte und Signifikanzzahlen

Die relative Relevanzzahl gibt an, welchen Beitrag das betrachtete Ziel j auf der i-ten Ebene zur Erfüllung des jeweils übergeordneten Zieles leistet. Beispielsweise ergibt sich:

$$r_1^2 = 0{,}6 \cdot 0{,}7 + 0{,}5 \cdot 0{,}3 = 0{,}57 \, ,$$

d. h. das Unterziel "Verbesserung der Marktpräsenz" trägt zur Erfüllung des übergeordneten Ziels "Erhöhung des Marktanteils" zu 57 % bei. Es resultiert der Relevanzbaum der Abb. 2.9; die Summe der Relevanzzahlen auf jeder Ebene muß 1 ergeben, da sich sowohl Signifikanzzahlen als auch Kriteriengewichte zu 1 addieren.

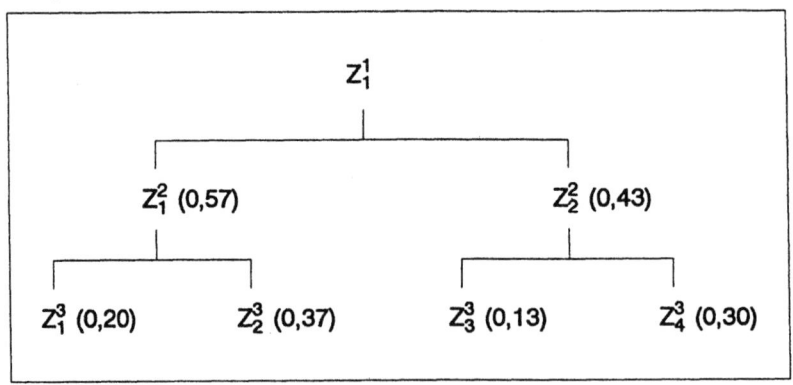

Abb. 2.9: Ein beispielhafter Relevanzbaum

In einem letzten Schritt werden die **absoluten Relevanzzahlen** ermittelt. Diese erhält man, indem man von der untersten Zielebene ausgehend entlang der einzelnen Pfade im Relevanzbaum die einzelnen relativen Relevanzzahlen über alle Ebenen miteinander multipliziert:

$$R_j = \prod_{i=1}^{n} r_j^i \quad \text{(für alle j)}.$$

Die absolute Relevanzzahl gibt an, inwieweit das Teilziel j auf der untersten Ebene zur Erfüllung des Oberziels beiträgt. Im Beispiel resultieren für die Teilziele auf der dritten Ebene:

$R_1 = 0,2 \cdot 0,57 = 0,114$;
$R_2 = 0,37 \cdot 0,57 = 0,211$;
$R_3 = 0,13 \cdot 0,43 = 0,056$;
$R_4 = 0,3 \cdot 0,43 = 0,129$.

Die Relevanzzahlen sind wie folgt zu **interpretieren**: Das Teilziel "Erhöhung des Bekanntheitsgrades" leistet den höchsten Beitrag zur Erfüllung des Ziels "Erhöhung des Marktanteils", das Teilziel "Erhöhung der F&E-Aufwendungen" den geringsten. Anhand der Ergebnisse der Relevanzbaumanalyse können damit also Zielprioritäten festgestellt werden.

III. Die Analyse der strategischen Position

Grundlage für die Ermittlung geeigneter Strategien ist die Feststellung der Ausgangsposition eines Unternehmens bzw. seiner einzelnen Geschäftsbereiche. Die Analyse der Ist-Situation kann bereits Hinweise für einen strategischen Handlungsbedarf liefern; zusätzlich muß die Position des Unternehmens für die Zukunft bestimmt werden, d. h. die Entwicklung der Umwelt und des Unternehmens muß für den gesamten Planungszeitraum prognostiziert werden. Die prognostizierte Entwicklung ist dann mit den Zielvorstellungen zu vergleichen; daraus kann eine strategische Lücke sichtbar werden, die mit Hilfe geeigneter Strategien zu schließen ist.

Bei der Analyse der strategischen Position eines Unternehmens wird zwischen der Umweltanalyse und der Analyse der internen Situation eines Unternehmens unterschieden.

1) Analyse und Prognose der Umwelt

a) Inhalte der Umweltanalyse und der Umweltprognose

Die Analyse der Umwelt gliedert sich in eine Analyse der weiteren Umwelt und in eine Branchenanalyse. Bei der Strategischen Planung auf **Unternehmensebene** liegt dabei der Schwerpunkt bei der Analyse der weiteren Umwelt; die Analyse der Branche wird dagegen verstärkt im Rahmen der strategischen Planung auf **Geschäftsbereichsebene** vorgenommen, da Branchenfaktoren von Geschäftsbereich zu Geschäftsbereich unterschiedlich sein dürften und die Geschäftsbereiche unmittelbar betreffen. Ergebnis der Analyse und Prognose der Entwicklung der Branche ist die **Branchenattraktivität** bzw. die **Marktattraktivität** für die einzelnen Marktsegmente. In Verbindung mit der Analyse und Prognose der weiteren Umwelt ergeben sich die Chancen und Gefahren der Betätigung auf den einzelnen Märkten. Das rechtzeitige Erkennen von Umweltveränderungen ermöglicht es dem Unternehmen, frühzeitig den möglichen Herausforderungen zielgerichtet zu begegnen.

(1) Analyse der weiteren Umwelt

Die generellen Teilbereiche der weiteren Umwelt (*Hinterhuber*, 1992a, S. 76 ff.; *Aaker*, 1984, S. 21 ff.; *Kreikebaum*, 1981, S. 28 ff.) lassen sich zunächst aufgliedern in
- wirtschaftliche Faktoren,
- demographische Faktoren,
- technologische Faktoren,
- sozio-kulturelle Faktoren und
- politisch-rechtliche Faktoren.

Bei den **wirtschaftlichen Faktoren** sind globale gesamtwirtschaftliche Bedingungen wie z. B.
- Zinsentwicklung,
- Entwicklung der Devisenkurse,
- Geldpolitik,
- Entwicklung der Rohstoffkosten (z. B. Ölpreise),
- Entwicklung des Bruttosozialprodukts und
- Einkommensentwicklung

zu nennen. Zu den **demographischen Faktoren** zählen beispielsweise

- Bevölkerungsentwicklung,
- Entwicklung der Altersstruktur sowie
- regionale Wanderungsbewegungen.

Zu den **technologischen Faktoren** gehören alle jene Faktoren, die den technologischen Stand einer Gesellschaft beschreiben, z. B.
- Entwicklung der Mikroelektronik,
- Fortschritte in der Umweltschutz-Technologie,
- Ausgaben (staatliche und private) für Forschung und Entwicklung und
- wichtige Patentanmeldungen.

Sozio-kulturelle Faktoren sind z. B.
- Wertewandel,
- Freizeitverhalten,
- Einstellungen der Bevölkerung zu bestimmten gesellschaftlichen Fragen (z. B. Umweltschutz) oder
- regionale Bräuche und Sitten.

Zu den **politisch-rechtlichen Faktoren** zählen schließlich
- Gesetzgebung von Bund und Ländern,
- Außenhandelsregelungen sowie
- Supranationale Regelungen (z. B. im Rahmen der EG).

(2) Branchenanalyse

Die **Branchenfaktoren** (vgl. *Lambin*, 1987; *Porter*, 1980, S. 47 ff.; *Hinterhuber*, 1992a, S. 78 ff.; *Aaker*, 1984, S. 47 ff.) umfassen alle jene Einflußfaktoren, die speziell für einen bestimmten Industriesektor gelten. Sie betreffen primär die einzelnen Strategischen Geschäftseinheiten, sind jedoch in allgemeiner Form auch bei der strategischen Planung auf Unternehmensebene zu berücksichtigen. Die Branchenfaktoren können allgemein unterteilt werden in
- Branchenstrukturfaktoren,
- Lieferantenfaktoren,
- Wettbewerbsfaktoren sowie
- Markt- und Kundenfaktoren.

Abb. 2.10 zeigt die einzelnen Bereiche der Analyse im Überblick. **Branchenstrukturfaktoren** charakterisieren die allgemeine Struktur eines Industriesektors; dazu gehören beispielsweise
- Marktform,
- Eintrittsbarrieren,
- Kapitalintensität der Branche,

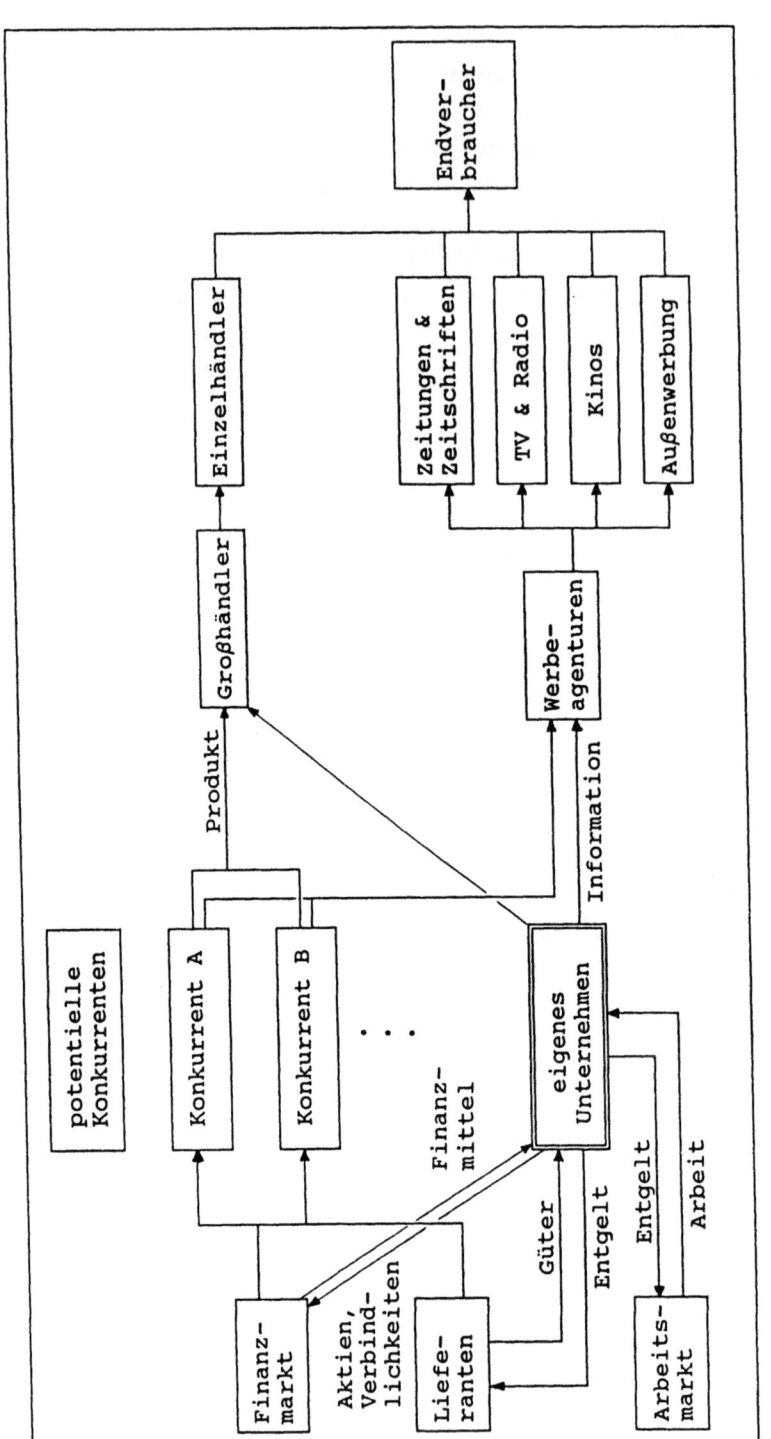

Quelle: *Hofer/Schendel, 1984, S. 124.*
Abb. 2.10: Branchen- und Wettbewerbsfaktoren

- Wertschöpfung innerhalb der Branche sowie
- technischer Wandel innerhalb der Branche.

Zu den **Lieferantenfaktoren** gehören alle jene Faktoren, die die Beschaffungsmärkte des Unternehmens (einschließlich Finanz- und Arbeitsmarkt) charakterisieren. Zu nennen sind
- Konzentrationsrate der Lieferanten,
- Größe der Lieferanten,
- Arbeitsangebot,
- Angebot an Roh-, Hilfs- und Betriebsstoffen sowie
- Angebot an Nominalgütern.

Wettbewerbsfaktoren dienen zur allgemeinen Beurteilung der Konkurrenz; sie umfassen beispielsweise
- Konzentrationsrate innerhalb der Branche,
- Marktanteilsentwicklung der einzelnen Wettbewerber,
- relative Größe der Konkurrenten,
- Rivalität unter den Konkurrenten und
- Produktions- und Absatzprogramm der Konkurrenten nach Breite und Tiefe.

Markt- und Kundenfaktoren sind für die strategische Marketing-Planung von besonderer Bedeutung. Die wesentlichen Inhalte sind
- Marktwachstum und Marktgröße,
- Nachfragerverhalten auf den einzelnen Märkten,
- Entwicklung der Bedürfnisstruktur,
- Markenwahlverhalten,
- Einstellungen und Präferenzen,
- Beschaffenheit und Größe der einzelnen Marktsegmente,
- Meinungsführerschaft innerhalb der einzelnen Marktsegmente,
- Preisempfindlichkeit der Konsumenten und
- Produktlebenszyklus.

Bei der **Umweltanalyse auf Geschäftsbereichsebene** kommt nach *Porter* (1980) folgenden Faktoren eine besondere Bedeutung zu:
- Bedrohung durch neue Konkurrenten,
- Rivalität innerhalb der Branche,
- Bedrohung durch Substitutionsprodukte sowie
- Verhandlungsmacht von Abnehmern und Lieferanten.

Die **Bedrohung durch neue Konkurrenten** ist davon abhängig, inwieweit der betreffende Markt durch Markteintrittsbarrieren gekennzeichnet ist. Die Hauptursachen für die Existenz von Eintrittsbarrieren sind (*Porter*, 1980, S.

7 ff.; *Hofer/Schendel*, 1984, S. 128):
- **Kostendegressionseffekte**
 Haben die etablierten Anbieter Kostenvorsprünge, z. B. wegen Economies of Scale oder Erfahrungskurveneffekten, müssen neue Anbieter entweder auf großer Basis in den Markt eindringen, um selbst Kostenvorteile zu erlangen - was mit einem hohen Risiko verbunden ist -, oder aber Kostennachteile in Kauf nehmen.
- **Ausmaß an Produktprofilierung**
 Je stärker profilierte Markenanbieter auf einem Markt sind, umso schwieriger wird es für neue Konkurrenten, in den Markt einzudringen.
- **Kapitalbedarf**
 Je höher der Kapitalbedarf ist, umso höher ist die Markteintrittsbarriere.
- **Kosten des Lieferantenwechsels**
 Ist für die Abnehmer der Wechsel zu einem anderen Lieferanten mit hohen Kosten verbunden - z. B. Umschulung der Mitarbeiter, Kosten für erforderlich werdende Komplementärprodukte -, wird es umso unwahrscheinlicher, daß sich ein neuer Lieferant etablieren kann.
- **Zugang zu Distributionskanälen**
 Unter Umständen müssen neue Anbieter eigene Vertriebswege aufbauen, wenn der Handel nicht kooperiert.
- **Staatliche Barrieren**
 Dazu gehören Lizenzregelungen, vorgeschriebene Befähigungsnachweise, Auflagen usw.

Die **Rivalität zwischen den einzelnen Wettbewerbern** ist insbesondere von der Phase im Marktlebenszyklus abhängig: Auf gesättigten oder gar schrumpfenden Märkten kommt es i. a. zu einem Verdrängungswettbewerb, der sich oft zum Preiskrieg entwickelt. Einen großen Einfluß auf die Rivalität hat auch die Verteilung der Marktanteile. Empirische Untersuchungen zeigten, daß bei annähernd gleicher Größe der Hauptkonkurrenten die Rivalität größer und die Rentabilität geringer ist, als wenn die Marktanteile große Unterschiede aufweisen (*Hofer/Schendel*, 1984, S. 126).

Die **Bedrohung durch Substitutionsprodukte** ist insbesondere für die Preissetzung von Bedeutung. Empfinden die Nachfrager die Produkte der einzelnen Anbieter als weitgehend untereinander substituierbar, so können höhere Preise als jene der Konkurrenzanbieter kaum durchgesetzt werden; dies führt - vor allem bei ungünstiger Kostenstruktur - zu Gewinnschmälerungen.

Die **Verhandlungsmacht der Abnehmer und der Lieferanten** ist in hohem Maße von deren Konzentrationsrate abhängig. Es empfiehlt sich, sowohl für den eigenen Geschäftsbereich als auch für die Hauptkonkurrenten Lorentz-Kurven anzufertigen. Bezüglich der Abnehmer kann beispielsweise so vorgegangen werden, daß zunächst ermittelt wird, wieviel Prozent des Gesamtumsatzes von den wichtigsten 10 % Kunden resultieren, wieviel Prozent des Umsatzes von den nächstwichtigen 10 % Kunden usw. Dabei können sich die Kurven der Abb. 2.11 ergeben. Diese Kurven zeigen auf, wie sich die Umsatzstruktur der eigenen Strategischen Geschäftseinheit (SGE) von der der Hauptkonkurrenten unterscheidet und können ein Anlaß sein, die Hauptkunden näher zu analysieren, um sie von der Konkurrenz abzuwerben. In analoger Weise läßt sich die Konzentrationsrate der Lieferanten feststellen.

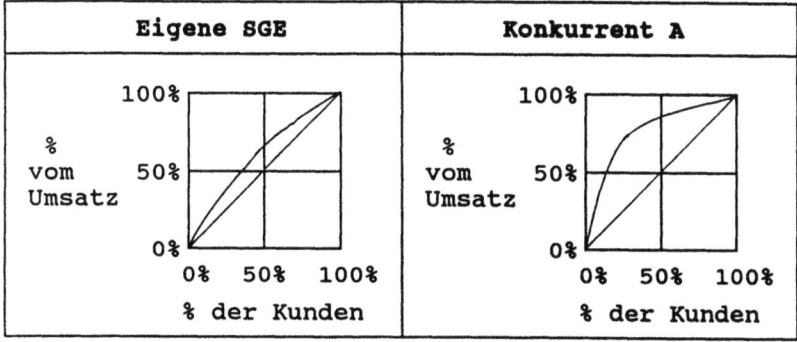

Quelle: *Nach Hofer/Schendel, 1984, S. 120.*

Abb. 2.11: Zwei beispielhafte Lorentz-Kurven zur Kundenkonzentration

Eine besondere Bedeutung für die Branchenattraktivität kommt dem Produktlebenszyklus zu. Im **Produktlebenszyklus** (zum Produktlebenszyklus vgl. die Ausführungen in **Marketing 2**, *Berndt*, 1992b, S. 28 ff.) wird die Umsatzentwicklung einer Produktmarke, einer Produktart oder einer Produktklasse (Branche) während deren Lebensdauer dargestellt. Der Produktlebenszyklus einer Produktklasse kann als Aggregation der Produktlebenszyklen einzelner Produktmarken bzw. von Produktgruppen verstanden werden (vgl. Abb. 2.12). Für die Branchenanalyse auf Unternehmensebene ist der Produktlebenszyklus der Produktklasse relevant, während der Schwerpunkt der Produktlebenszyklus-Analyse auf Geschäftsbereichsebene bei Produktarten und bei einzelnen Produktmarken

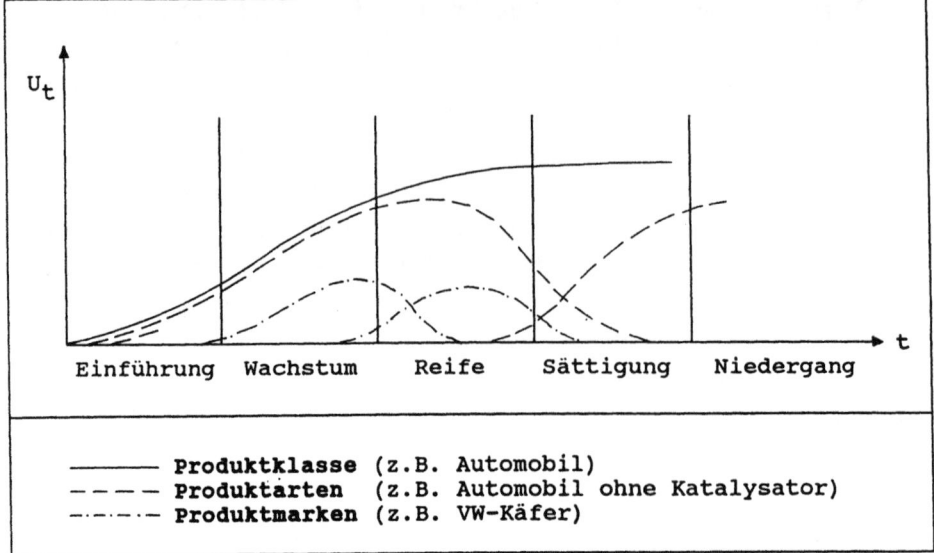

Abb. 2.12: Produktlebenszyklen einer Produktmarke, einer Produktart und der Produktklasse

liegt. Die einzelnen Phasen des Produktlebenszyklus wie auch die Faktoren, welche zur Phasenbestimmung herangezogen werden können, sind in Abb. 2.13 zusammengefaßt. Die Erfolgsaussichten auf einem Markt werden wesentlich dadurch bestimmt, in welcher Phase sich der Markt befindet. Eine Änderung der eigenen Wettbewerbsposition ist in den Phasen
- Einführung,
- Markträumung (Shake-Out) und
- Niedergang

am einfachsten zu realisieren (diese Phasen sind in der Abb. 2.13 durch schraffierte Flächen gekennzeichnet). Der Grund ist darin zu sehen, daß diese Phasen instabil sind (*Hofer/Schendel*, 1984, S. 107). So sind in der Markträumungsphase verstärkt Änderungen der Produkt- und Verfahrenstechnologie zu beobachten, neue Konkurrenten versuchen zunehmend, sich am Markt zu behaupten. In der Niedergangsphase führen die verringerten Gewinnaussichten zu einem Verdrängungswettbewerb; ein Unternehmen kann versuchen, in dieser Phase einen Vorsprung von der Konkurrenz zu erhalten, der ihm zumindest mittelfristig noch gute Gewinne ermöglicht. Zusätzlich können zeitlich befristete Chancen aufgrund eines Marktausstieges von Konkurrenten entstehen.

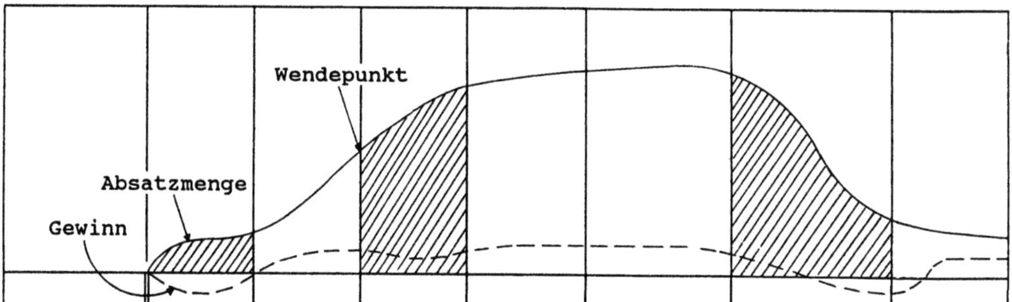

Stadium	Einführung	Wachstum	Markträumung	Reife	Sättigung	Niedergang	Versteinerung
Marktwachstum	schwach	sehr hoch	hoch	wie BSP-Wachstum	wie Bevölkerungswachstum	negativ	schwach bis keines
Änderung der Marktwachstumsrate	gering	steigt schnell	fällt schnell	fällt langsam	gering	fällt schnell, dann langsam, steigt dann u.U. wieder langsam	gering
Anzahl der Marktsegmente	sehr wenige	einige	einige	einige bis viele		wenige	wenige
Technologischer Wandel im Produktdesign	sehr groß	groß	mittel	gering	gering	gering	gering
Wandel in der Verfahrenstechnologie	gering	gering/mittel	sehr groß	groß/mittel	gering	gering	gering
Besonders betroffene Funktionsbereiche	F & E	Technik	Produktion	Marketing, Vertrieb Finanzen		Finanzen	Marketing, Finanzen

Quelle: *Nach Hofer/Schendel, 1984, S. 108.*

Abb. 2.13: Phasen des Produktlebenszyklus und deren Merkmale

b) Verfahren zur Analyse und zur Prognose von Umweltentwicklungen

Bei der **Analyse und Prognose der Branche** können die klassischen Verfahren der Marktforschung und der Marketing-Prognose angewandt werden (zu den einzelnen Verfahren vgl. ausführlich **Marketing 1**, *Berndt*, 1992a, S. 195 ff.). **Branchenstrukturfaktoren** lassen sich im allgemeinen aus sekundärstatistischem Datenmaterial, insbesondere aus Informationen von Wirtschaftsverbänden, Branchenberichten u. ä. gewinnen. **Lieferantenfaktoren** lassen sich in der Regel sekundärstatistisch aus unternehmensinternen Quellen erheben. **Wettbewerbsfaktoren** können Veröffentlichungen von Firmen oder Wirtschaftsverbänden entnommen werden. Die für die strategische Marketing-Planung besonders relevanten **Markt- und Kundenfaktoren** können ebenfalls sekundärstatistisch erhoben werden; für spezifische Daten muß jedoch ggf. eine primärstatistische Datengewinnung erfolgen. **Marktwachstum und Marktgröße** lassen sich mit Hilfe von Verfahren der Zeitreihenanalyse wie z. B. Regressionsanalyse, Gleitende Durchschnitte, Exponentielle Glättung prognostizieren (vgl. **Marketing 1**, *Berndt*, 1992a, S. 197 ff.). Das **Markenwahlverhalten** läßt sich aus Panel-Daten gewinnen; eine Prognose kann beispielsweise mit Hilfe eines Markoff-Modells erfolgen (vgl. **Marketing 1**, *Berndt*, 1992a, S. 205 ff.). Spezifische **Merkmale des Konsumentenverhaltens** wie z. B. Bedürfnisse, Einstellungen, Preisempfindlichkeit lassen sich durch Konsumentenbefragung erheben (vgl. **Marketing 1**, *Berndt*, 1992a, S. 227 ff.).

Bei der **Analyse und Prognose der weiteren Umwelt** können u. a.
- die strategische Frühaufklärung
- die Szenario-Analyse und
- die Cross-Impact-Analyse
eingesetzt werden.

(1) Strategische Frühaufklärung

Die strategische Frühaufklärung basiert auf folgendem Prinzip: Durch die rechtzeitige Wahrnehmung von Umweltveränderungen, insbesondere von Chancen und Gefahren, erhält die Unternehmung eine längere Reaktionszeit, bestehende Pläne zu revidieren; außerdem ist die Zahl der Handlungsalternativen weitaus größer, als wenn die Unternehmung von Umweltveränderungen überrascht wird. Die strategische Frühaufklärung ergänzt quasi als "Radarsystem" die strategische Planung; Umweltveränderungen sollen bereits zu einem Zeitpunkt erkannt und verarbeitet werden, wenn sie noch vergleichsweise vage und unstrukturiert sind.

Grundsätzlich vollzieht sich die Frühaufklärung in folgenden Schritten (vgl. *Schmidt*, 1994, S. 75):
- Ermittlung von Beobachtungsbereichen,
- Auswahl der Frühindikatoren,
- Bildung eines Gesamtindikators,
- Festlegung von Sollgrößen und Toleranzgrenzen je Indikator bzw. für den Gesamtindikator.

Die **Ermittlung von Beobachtungsbereichen** sollte im Rahmen der strategischen Frühaufklärung möglichst breit angelegt sein, um Veränderungen der Umwelt rechtzeitig erkennen zu können. Dies impliziert, daß möglichst viele Stellen im Unternehmen an der Beobachtung strategisch relevanter Entwicklungen beteiligt sein sollten.

Bei der Auswahl von Frühindikatoren sind zum einen theoretische Überlegungen, wie Ursache-Wirkungs-Beziehungen oder die Symptomeigenschaft bestimmter Indikatoren, von Bedeutung. Darüber hinaus ist jedoch für die Leistungsfähigkeit des Frühwarnsystems auch die empirische Analyse entscheidend (*Schmidt*, 1994, S. 75). Die einzelnen Indikatoren werden dabei i. d. R. in Form von **Kennzahlen** operationalisiert.

Zur Gewinnung von Frühwarnsignalen aus Indikatoren können eine ganze Reihe von Verfahren herangezogen werden, wie z. B. (vgl. i. e. *Schmidt*, 1994, S. 77 ff.)
- univariate statistische Analyse,
- multiple Diskriminanzanalyse,
- Logitanalyse,
- Diskontinuitätenanalyse,
- Diffusionsanalyse,
- Inhaltsanalyse sowie
- Mustererkennung.

Bei Heranziehung multivariater statistischer Verfahren ist die **Bildung eines Gesamtindikators** aus den einzelnen Indikatoren vorzunehmen. Schließlich sind für die herangezogenen Indikatoren bzw. für den Gesamtindikator **Sollgrößen und Toleranzgrenzen** festzulegen. Ein Handlungsbedarf wird dann lediglich bei Über- bzw. Unterscheidung der vorgegebenen Toleranzgrenzen ausgelöst.

Von den zahlreichen Ansätzen der strategischen Frühaufklärung (siehe i. e. *Schmidt,* 1994) erlangte das Konzept der **"schwachen Signale"** von *Ansoff* (1981) eine zentrale Bedeutung. Ansoff geht dabei von folgenden Punkten aus:
- Strategische Überraschungen kündigen sich durch schwache Signale an;
- schwache Signale müssen erkannt und verarbeitet werden;
- auf schwache Signale ist mit abgestuften strategischen Reaktionen zu reagieren: Je stärker die Signale, umso gezielter haben die Reaktionen zu erfolgen.

Unter einer **strategischen Überraschung** versteht man eine plötzliche, unvorhergesehene Veränderung der Unternehmens-Perspektive, die eine spürbare Gewinneinbuße oder aber den Entgang einer großen Chance nach sich zieht (*Ansoff,* 1981, S. 234). Im Zusammenhang mit einer strategischen Überraschung unterscheidet *Ansoff* (1981, S. 238 ff.) fünf verschiedene **Ungewißheitsgrade:**
- **Anzeichen der Bedrohung oder Chance**
  Der Informationsstand ist noch sehr vage, die Quelle der Bedrohung ist noch unbekannt.
- **Ursachen der Bedrohung oder Chance**
  Die Quelle der Bedrohung ist bekannt, nicht aber die Bedrohung selbst.
- **Konkrete Bedrohung oder Chance**
  Die Merkmale der Bedrohung, die Art der Wirkung, der allgemeine Wirkungsgrad, der Zeitpunkt der Wirkung sind bekannt; man kann aber noch keine konkreten Reaktionen einleiten.
- **Konkrete Reaktion**
  Erste Reaktionen können stattfinden, die Folgen der Reaktionen können aber noch nicht ermittelt werden.
- **Konkretes Ergebnis**
  Brauchbare Voraussagen über die Wirkungen der strategischen Überraschung auf den Gewinn und die Folgen der Reaktionen sind errechenbar.

Folgende mögliche **Reaktionsstrategien** für den Fall einer strategischen Überraschung gibt *Ansoff* (1981, S. 242 ff.) an:
- **Strategie des externen Handelns**
  Hier geht es um die unmittelbare Wahl der Strategie, deren Umsetzung in Pläne und Programme sowie deren Realisation. Die Vorbereitung der strategischen Reaktion ist Aufgabe der strategischen Planung. Konkrete

Handlungen können aggressiv oder defensiv sein, z. B.
- Chance wahrnehmen und in einen neuen Markt eindringen;
- Bedrohung abwehren oder den bedrohten Produktmarkt aufgeben.
- **Strategie der unternehmensinternen Bereitschaft**
Leistungspotential, Struktur und Ressourcen der Unternehmung sollen den Erfordernissen der konkreten Bedrohung oder Chance angepaßt werden; es soll die Bereitschaft zum externen Handeln erreicht werden. Mögliche Beispiele hierfür sind Strukturanpassung, Einrichtung neuer Anlagen, Bereitstellung alternativer Ressourcen.
- **Strategie der externen Flexibilität**
Diese Strategie soll gewährleisten, daß die Unternehmung in ihrer Umwelt so angesiedelt wird, daß die durchschnittliche Rentabilität langfristig angemessen ist und die Potentiale (technisch, ökonomisch) ausreichend diversifiziert sind, so daß Abweichungen von der erwarteten Entwicklung aufgefangen werden können.
- **Strategie der internen Flexibilität**
Diese Strategie soll gewährleisten, daß die Unternehmung ggf. schnell reagieren kann; Beispiele sind die Schaffung von Reaktionsbereitschaft beim Management und im Realgüterprozeß, flexible Planung, Bereithaltung flexibler Kapazitäten (d. h. **keine** Spezialisierung!).
- **Strategie der Umweltwahrnehmung**
Chancen und Risiken aus der Umwelt sollen erkannt werden; dies kann durch systematische Erhebung und Verarbeitung von Daten aus der Umwelt erreicht werden (vgl. den Überblick in Abschnitt a) dieses Kapitels).
- **Strategie der Selbstwahrnehmung**
Diese Strategie umfaßt Maßnahmen wie Erkennung von Stärken - Schwächen, Prüfung kritischer Ressourcen, Prüfung der Kapazität, Wertanalyse, Ergebnisanalyse.

Welche Zusammenhänge zwischen Ungewißheitsgrad und Reaktions-Strategie bestehen, ist in der Abb. 2.14 dargestellt. So können bereits bei ersten Anzeichen einer Bedrohung oder Chance zumindest die Umwelt und das Unternehmen genau beobachtet werden; auch kann man im Unternehmen selbst eine gewisse Flexibilität schaffen. Wird die Bedrohung oder die Chance konkreter, so können bereits Anpassungsmaßnahmen getroffen werden, um beim Eintritt der Bedrohung oder Chance schnell reagieren zu können.

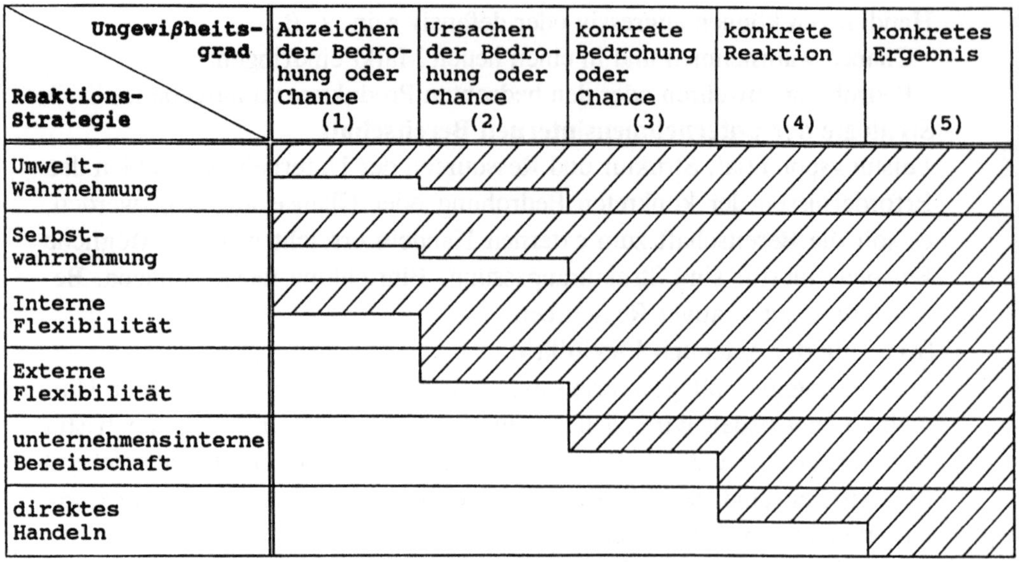

Ungewißheits-grad Reaktions-Strategie	Anzeichen der Bedrohung oder Chance (1)	Ursachen der Bedrohung oder Chance (2)	konkrete Bedrohung oder Chance (3)	konkrete Reaktion (4)	konkretes Ergebnis (5)
Umwelt-Wahrnehmung					
Selbst-wahrnehmung					
Interne Flexibilität					
Externe Flexibilität					
unternehmensinterne Bereitschaft					
direktes Handeln					

Quelle: *Ansoff, 1981, S. 248.*

Abb. 2.14: Zusammenhang zwischen Ungewißheitsgrad und Reaktions-Strategien

Der Ansatz von *Ansoff* ist insofern positiv zu **beurteilen**, als er einen umfassenden Rahmen für die Erfassung und Verarbeitung schwacher Signale liefert. Deutlich wird die Notwendigkeit, künftige Umweltentwicklungen zu antizipieren und ihnen bereits in frühem Stadium zu begegnen. Im Ansatz wird eingehend der Frage nachgegangen, wie Unternehmen auf schwache Signale reagieren können. Zu kritisieren wäre, daß der Ansatz zuwenig Anhaltspunkte bietet, was konkret unter schwachen Signalen zu verstehen ist, wie sie erfaßt, operationalisiert und beurteilt werden können.

(2) Die Szenario-Technik

Charakteristisch für Prognosen auf der Basis der Szenario-Technik ist, daß keine eindimensionale Vorhersage, sondern ein mehrdimensionales Spektrum alternativer Umweltentwicklungen (Szenarien) erstellt wird. Dabei werden die Prognosen nicht auf der Grundlage von Vergangenheitsdaten, sondern auf der Grundlage von Expertenaussagen, ggf. unter Berücksichtigung von Eintrittswahrscheinlichkeiten für die einzelnen zu Szenarien zu verknüpfenden Ereignisse, erstellt. In der Abb. 2.15 findet sich eine gra-

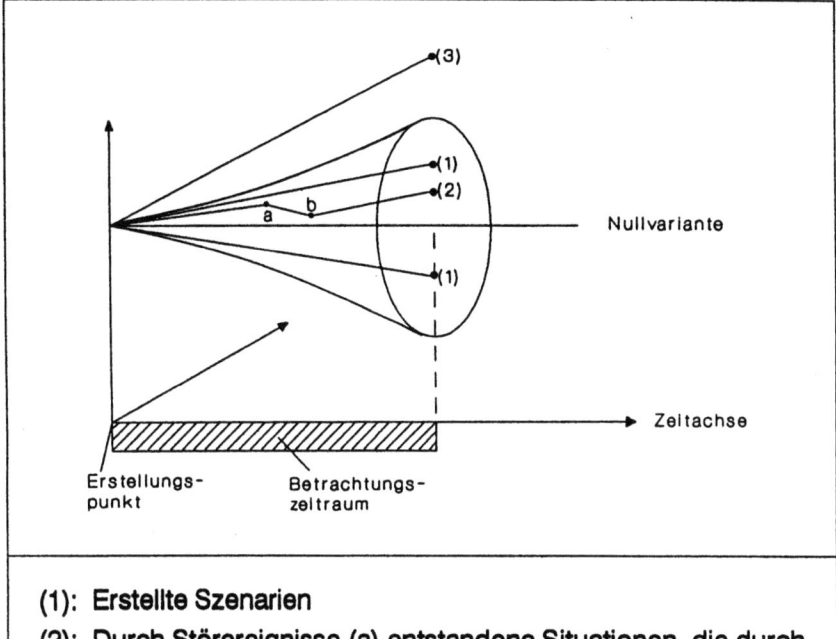

(1): Erstellte Szenarien
(2): Durch Störereignisse (a) entstandene Situationen, die durch Gegenmaßnahmen (b) weitgehend in die alte Richtung gedrängt werden
(3): Extreme, nicht vorhersehbare Entwicklung

Quelle: *Nach von Reibnitz, 1983, S. 73.*
Abb. 2.15: Graphische Darstellung alternativer Szenarien

phische Darstellung alternativer Szenarien. Es wird ersichtlich, daß sich die möglichen Szenarien immer mehr auseinanderentwickeln, je länger der Planungszeitraum ist. Die Schnittfläche symbolisiert alle denkbaren künftigen Situationen. Im Rahmen der Analyse werden dabei nur ausgewählte Entwicklungen charakterisiert, im einfachsten Fall ein Trendszenario, das die bisherige Entwicklung fortschreibt, ein optimistisches sowie ein pessimistisches Szenario. Die mit (1) gekennzeichneten Szenarien stellen alternative störungsfreie Entwicklungen dar; beim Szenario (2) wird dagegen ein mögliches Störereignis (a) berücksichtigt, das die prognostizierte Entwicklung in eine andere als die ursprüngliche Richtung führt. Gleichzeitig wird auch eine mögliche Gegenmaßnahme (b) antizipiert, durch die die Entwicklung wieder in die alte Richtung korrigiert werden kann. Das mit (3) gekennzeichnete Szenario stellt schließlich eine hypothetische extreme, nicht vorhersehbare Entwicklung dar, also eine Entwicklung, die bei der Szenario-Erstellung nicht berücksichtigt wird.

Die verschiedenen bislang entwickelten Szenario-Ansätze unterscheiden sich insbesondere im Hinblick auf die bei der Szenarioerstellung verwendeten Methode: Einige Ansätze sind rein verbal, andere wiederum gelangen - unter Zuhilfenahme von z. T. sehr anspruchsvollen mathematischen Methoden - zu wahrscheinlichkeitstheoretischen Aussagen bezüglich des Eintritts der ermittelten Szenarien. Die **Vorgehensweise bei einer verbalen Szenario-Analyse** wird anhand eines Beispieles erläutert (vgl. *von Reibnitz*, 1983, S. 77 ff.; *Gomez/Escher*, 1980, S. 417 ff.); sie umfaßt sechs Schritte:
- Eingrenzung des Untersuchungsfeldes,
- Ermittlung und Strukturierung der Einflußbereiche auf das Untersuchungsfeld,
- Ermittlung alternativer Ausprägungen für die einzelnen Deskriptoren,
- Bildung und Auswahl konsistenter Alternativenbündel,
- Ermittlung der relevanten Szenarien und Beschreibung der Szenarien,
- Berücksichtigung von Störereignissen.

1. Schritt: Eingrenzung des Untersuchungsfeldes

Als ein relevanter Umweltfaktor für die Entwicklung von Marketingstrategien wird die Entwicklung auf dem Arbeitsmarkt angesehen. Gegenstand der Analyse ist speziell die Untersuchung der 35-Stunden-Woche. Es sollen mögliche Ausgestaltungen der 35-Stunden-Woche sowie deren Konsequenzen in Form alternativer Szenarien verknüpft werden.

2. Schritt: Ermittlung und Strukturierung der Einflußbereiche auf das Untersuchungsfeld

Folgende **Einflußfaktoren** sollen berücksichtigt werden:
- Betriebsgröße,
- Regierung,
- Gesellschaft,
- Angebot an Fachkräften.

Diese Faktoren müssen mit Hilfe sogenannter **Deskriptoren** erfaßt werden; in diesem Beispiel werden die Auswirkungen der Betriebsgröße auf die Einführung der 35-Stunden-Woche durch die Zahl der Neueinstellungen beschrieben. Der Faktor "Regierung" wird durch die gesetzliche Regelung der Arbeitszeit beschrieben, der Faktor "Gesellschaft" durch das Verhalten der Mitarbeiter, das Angebot an Fachkräften durch die Zahl arbeitssuchender Fachleute.

3. Schritt: Ermittlung alternativer Ausprägungen für die einzelnen Deskriptoren

Die für möglich erachteten Ausprägungen der einzelnen Deskriptoren sind in Abb. 2.16 zu sehen. Die Ausprägungen der einzelnen Deskriptoren müssen vollständig erfaßt werden; außerdem sollen sie sich gegenseitig ausschließen.

4. Schritt: Bildung und Auswahl konsistenter Alternativenbündel

Hier ist von Experten zu ermitteln, welche Ausprägungen der einzelnen Deskriptoren sich gegenseitig verstärken, behindern oder gar ausschließen. Auf diese Weise werden Ereigniskombinationen ermittelt, die in sich konsistent sind.

Umwelt	Deskriptoren	Alternative Ausprägungen
Betriebsgröße	Neueinstellungen	B1: Neueinstellungen in allen Betrieben, finanzielle Rückschläge insb. für Kleinbetriebe B2: Neueinstellungen nur in größeren Betrieben, kleinere Betriebe steigern die Arbeitsproduktivität B3: Kaum Neueinstellungen, größere Unternehmen rationalisieren, kleinere steigern die Arbeitsproduktivität
Regierung	Arbeitszeitregelung	R1: Freiwillige Einführung R2: Gesetzliche Einführung
Gesellschaft	Mitarbeiterverhalten	G1: Lohnverzicht zugunsten anderer G2: Kein Lohnverzicht
Fachleute	Zahl der arbeitssuchenden Fachkräfte	F1: Viele arbeitslose Fachkräfte F2: Wenig arbeitslose Fachkräfte

Abb. 2.16: Umweltfaktoren, Deskriptoren und alternative Ausprägungen

Deskriptoren	Szenarien		
	A	B	C
Neueinstellungen	B_1	B_2	B_3
Arbeitszeitregelung	R_2	R_1	R_1
Mitarbeiterverhalten	G_1	G_2	G_2
Fachkraftangebot	F_2	F_1	F_2

Abb. 2.17: Mögliche Szenarien bezüglich der Einführung der 35-Stunden-Woche

5. Schritt: Ermittlung der relevanten Szenarien und Beschreibung der Szenarien

Aus den im 4. Schritt gebildeten Annahmebündeln wählt man drei bis fünf Sätze aus, die sowohl eine hohe Konsistenz aufweisen als auch eine hohe Unterschiedlichkeit. Beispielsweise können sich die in der Abb. 2.17 aufgeführten Szenarien ergeben. Diese Szenarien werden im folgenden beschrieben:

Szenario A:

Per Gesetz beschließt der Bundestag mit den Stimmen der regierenden Koalitionsparteien die Einführung der 35-Stunden-Woche bei vollem Lohnausgleich bei Betrieben mit einer Mitarbeiterzahl von mehr als zwanzig, sowie ohne vollen Lohnausgleich (dispositiv) bei Betrieben mit zwanzig oder weniger Beschäftigten. Daraufhin sinkt die Arbeitslosenzahl entscheidend, da vor allem die Großbetriebe eine hohe Anzahl Beschäftigungsloser aufnehmen. Kleinere Betriebe dagegen beschäftigen nur im Rahmen ihrer finanziellen Möglichkeiten zusätzliche Arbeiter und steigern ihre Nachfrage nach billigen Arbeitskräften wie Schüler, Studenten etc. für einfache Tätigkeiten, was zur vollen Konzentration der Facharbeiter in dem jeweiligen Bereich führt.

Szenario B:

Da die Tarifverhandlungen ergeben, daß die Mehrzahl der Arbeitnehmer nicht bereit ist, Lohneinbußen aufgrund der Einführung der 35-Stunden-Woche hinzunehmen, können auch die Arbeitgeber dem großen Ziel der Wochenarbeitszeitverkürzung, der weitgehenden Abschaffung der Arbeitslosigkeit, zumindest jedoch deren drastischer Verringerung, nicht nachkommen. Statt dessen wird in den kleinen und mittleren Betrieben nach Beschluß der 35-Stunden-Woche stärkeres Engagement der Mitarbeiter gefordert, und nur in den großen Unternehmungen werden, neben überproportional wachsender Rationalisierung, in begrenzter Anzahl Neueinstellungen vorgenommen, wobei vor allem das große Angebot an arbeitslosen Fachkräften genutzt wird. Auch hier wird nun allgemein verstärkt auf billige Aushilfskräfte wie Schüler, Studenten usw. gesetzt. Ein spürbarer Einfluß der verkürzten Wochenarbeitszeit auf die Arbeitslosenquote ist zwar erfolgt, doch erzielte die Aktion angesichts der finanziellen Einbußen sämtlicher Größenbereiche der Betriebe und der damit verbundenen Abneigung gegenüber weiterer Personalaufstockung nicht den gewünschten durchbrechenden Erfolg.

Szenario C:

Bei den Tarifverhandlungen steht die 35-Stunden-Woche mit vollem Lohnausgleich als Endergebnis. Dies kann die Unternehmen jedoch nicht zu großartigen Neueinstellungen veranlassen, da erstens wenig Fachkräfte unter den Arbeitslosen zu finden sind und so allein schon die Ausbildung ungelernter neuer Mitarbeiter zu hohen Kosten führen würde, und zum zweiten tritt die Kostenfrage in Verbindung mit dem vollen Lohnausgleich und der gleichzeitigen Neubeschäftigung erneut auf. Deshalb wird hier stark zukunftsorientiert rationalisiert, neue Systeme werden erworben und in den Produktionsprozeß integriert, um so auf lange Sicht den Stundenausfall zu kompensieren. In kleineren Betrieben, wo dies nur in bescheidenem Maße möglich ist, wird verstärkter Einsatz sowie höhere Arbeitsproduktivität der Arbeiter gefordert. Auch hier ist eine starke Zunahme von Aushilfskräften, wie z. B. Ferienjobber, zu verzeichnen. Das Ziel der 35-Stunden-Woche, die Reduzierung der Arbeitslosenzahl in großem Maße, ist als gescheitert zu betrachten.

6. Schritt: Berücksichtigung von Störereignissen

In diesem Schritt ist festzustellen, welche unvorhergesehenen Entwicklungen auftreten können und inwieweit sie die vorab ermittelten Szenarien beeinflussen. Gegebenenfalls sind die im 5. Schritt formulierten Szenarien zu revidieren.

Nachteilig an der bisher dargestellten Methode zur Szenarioerstellung ist das Fehlen jeglicher Aussagen bezüglich der Eintrittswahrscheinlichkeiten der einzelnen Szenarien. Es wurden alternative Ansätze entwikkelt, bei denen dieser Mangel behoben wird. Zu nennen ist hier das Verfahren der Cross-Impact-Analyse, auf das später genauer eingegangen wird, und der Ansatz von *Sarin* (1979), der im folgenden erläutert werden soll. Den Ansätzen ist gemeinsam, daß zunächst für die einzelnen Ereignisse durch Expertenschätzungen Eintrittswahrscheinlichkeiten ermittelt werden; auf analytischem oder simulativem Wege werden dann für die einzelnen Ereigniskombinationen gemeinsame Wahrscheinlichkeiten bestimmt; die einzelnen Ereigniskombinationen repräsentieren jeweils ein bestimmtes Szenario. Bei der Ermittlung der Ereigniskombinationen ist auf Interdependenzen zwischen den Ereignissen zu achten, z. B. ob das Eintreten eines Ereignisses das Eintreten eines anderen Ereignisses begünstigt, behindert oder gar ausschließt. Diese Interdependenzen sind bei der Ermittlung der Szenariowahrscheinlichkeiten zu berücksichtigen.

Sarin geht von einer Tabelle aus, bei der die einzelnen denkbaren Szenarien als Kombinationen der relevanten Ereignisse aufgelistet sind. Wie aus der Abbildung 2.18 ersichtlich wird, gibt es bei n Ereignissen genau $N = 2^n$ denkbare Szenarien als ihre Kombinationen. Die gesuchten Szenariowahrscheinlichkeiten werden mit y_s (s=1,...,N) bezeichnet, der Spaltenvektor der Szenariowahrscheinlichkeiten mit Y, der zugehörige transponierte Wahrscheinlichkeitsvektor mit Y'. Die Spaltenvektoren der einzelnen Ereignisse, welche Kombinationen aus "0" und "1" enthalten, werden mit a_i (i=1,...,n) bezeichnet. *Sarin* ordnet nun den einzelnen Ereignissen e_i Eintrittswahrscheinlichkeiten p(i) zu, die von Experten zu schätzen sind.

Auf wahrscheinlichkeitstheoretischem Wege sind anschließend die gemeinsamen Wahrscheinlichkeiten für das gleichzeitige Eintreten der Ereignisse e_i und e_j, $p(i \cdot j)$, sowie die bedingten Wahrscheinlichkeiten $p(i \mid j)$ zu schätzen; dabei gilt: $p(i \cdot j) = p(i \mid j) \cdot p_i$. Im folgenden wird vom einfacheren

Szenarien	Wahrscheinlichkeiten	Ereignisse e_i								
s	y_s	e_1	e_2	e_3	e_4	e_5	e_6	e_7	e_8	e_9
1	y_1	1	1	1	1	1	1	1	1	1
2	y_2	1	1	1	1	1	1	1	1	0
3	y_3	1	1	1	1	1	1	1	0	0
.	.				.					
.	.				.					
.	.				.					
.	.				.					
N-1	y_{N-1}	0	0	0	0	0	0	0	0	1
N	y_N	0	0	0	0	0	0	0	0	0

1 : Ereignis tritt ein
0 : Ereignis tritt nicht ein

Abb. 2.18: Kombinationsmöglichkeiten der Ereignisse zu N Szenarien

Fall ausgegangen, die Ereignisse seien voneinander unabhängig. In einem weiteren Schritt werden die gemeinsamen Wahrscheinlichkeiten dreier Ereignisse e_i, e_j, e_k ermittelt, $p(i \cdot j \cdot k)$ usw., bis man zur Schätzung der gemeinsamen Wahrscheinlichkeit aller Ereignisse $p(1 \cdot 2 \cdot ... \cdot n)$ gelangt. Der gesuchte Vektor Y der Szenariowahrscheinlichkeiten ergibt sich unter Zuhilfenahme der Matrizenrechnung aus folgendem Gleichungssystem:

$Y' \cdot a_i = p(i)$ $(i=1,...,n)$
$Y' \cdot (a_i * a_j) = p(i \cdot j)$ $(i=1,...,n-1, j>i)$
$Y'(a_i * a_j * a_k) = p(i \cdot j \cdot k)$ $(i=1,...n-2, j>i, k>j)$
$Y' \cdot (a_1 * a_2 * ... * a_n) = p(1 \cdot 2 \cdot ... \cdot n)$.

Die Operation "*" bedeutet, daß eine komponentenweise Multiplikation zweier Vektoren (Vektorprodukt) vorgenommen wird. Für die einzelnen Szenariowahrscheinlichkeiten y_s gilt

$$\sum_{s=1}^{N} y_s = 1, \quad y_s \geq 0 \quad \text{(für alle s)}.$$

Die Lösung des Gleichungssystems liefert im Anschluß die gesuchten Szenariowahrscheinlichkeiten, mit deren Hilfe sich die wahrscheinlichsten

Szenarien herauskristallisieren und in eine geordnete Rangfolge bringen lassen, die zu weiterer Bearbeitung herangezogen werden können.

Als **Vorteile** der Szenariotechniken im Vergleich zu Extrapolationsverfahren sind zu nennen:
- Die mit Hilfe von Szenarien erstellten Prognosen sind nicht eindimensional, sondern mehrdimensional, d. h. sie berücksichtigen mehrere Einflußfaktoren auf den Prognosegegenstand.
- Es wird nicht eine deterministische Prognose, sondern mehrere alternative Prognosen, ggf. mit den zugehörigen Eintrittswahrscheinlichkeiten, erstellt.
- Durch die Berücksichtigung der Interdependenzen der einzelnen Faktoren wird das Prognoseproblem besser durchdacht.
- In den Szenarien kann der Einfluß möglicher Störfaktoren berücksichtigt werden; dadurch wird es möglich, bereits im Prognosestadium Strategien zur Bewältigung der Störfaktoren zu ermitteln.

(3) Die Cross-Impact-Analyse

Das bereits erwähnte Verfahren der Cross-Impact-Analyse ist wie die Szenario-Methode eine Technik zur Prognose von Umweltentwicklungen auf der Basis von Expertenurteilen; eine Cross-Impact-Analyse kann auch für eine Szenarioerstellung verwendet werden. Von den zahlreichen Ansätzen der Cross-Impact-Analyse soll hier exemplarisch die Methode von *Gordon/Hayward* (1968) anhand eines Beispieles dargestellt werden. Die Cross-Impact-Analyse vollzieht sich in fünf **Schritten**:
- Definition der relevanten Umweltereignisse,
- Schätzung der unbedingten Eintrittswahrscheinlichkeiten der Ereignisse P_i und deren Eintrittszeitpunkte t_i,
- Ableitung der Verknüpfungsfunktion,
- Schätzung der Interdependenzen zwischen den einzelnen Ereignissen,
- Berechnung der revidierten Wahrscheinlichkeiten der Ereignisse.

Gegenstand der **beispielhaften Analyse** soll die Frage sein, inwieweit Umweltverschmutzung, Entwicklung der Ölpreise und staatliche Reglementierungen zusammenwirken. Die möglicherweise eintretenden Entwicklungen stellen einen bedeutsamen Teilbereich der weiteren Umwelt dar.

1. Schritt: Definition der relevanten Umweltereignisse

Die Ereignisse $E_i (i=1,...,n)$ sollen präzise und voneinander isoliert angegeben werden. Im Beispiel wird von folgenden Ereignissen ausgegangen:

E_1: Das Waldsterben beschleunigt sich um 10 %;
E_2: die BRD beschließt strengere Abgasnormen;
E_3: die regenerierte OPEC verdoppelt die Ölpreise,
E_4: die BRD führt Tempolimit ein.

2. Schritt: Schätzung der unbedingten Eintrittswahrscheinlichkeiten der Ereignisse P_i und derer Eintrittszeitpunkte t_i

Der Zeitpunkt der Prognoseerstellung sei t_0 = 1988; die Experten haben folgende Schätzungen abgegeben:

$P_1 = 0{,}7; t_1 = 1990;$
$P_2 = 0{,}4; t_2 = 1991;$
$P_3 = 0{,}1; t_3 = 1991;$
$P_4 = 0{,}6; t_4 = 1992.$

3. Schritt: Ableitung der Verknüpfungsfunktion

Mit Hilfe der Verknüpfungsfunktion sollen die unbedingten Eintrittswahrscheinlichkeiten der Ereignisse in bedingte Wahrscheinlichkeiten überführt werden. Gesucht ist die Wahrscheinlichkeit, daß Ereignis i eintritt, wenn Ereignis j eingetreten ist (P_{ij}). Die Verknüpfungsfunktion wird als quadratisch angenommen:

$$P_{ij} = a \cdot P_i^2 + b \cdot P_i + c .$$

Dabei sind
P_i : unbedingte Eintrittswahrscheinlichkeit des Ereignisses E_i;
P_{ij} : bedingte Eintrittswahrscheinlichkeit von Ereignis i nach Eintreten des Ereignisses j $(i=1,...,n, j=1,...,n)$.

Es gilt: $P_{ij} = 0$, wenn $P_i = 0$

$$0 = a \cdot 0^2 + b \cdot 0 + c$$
$$c = 0$$

Es gilt ferner: $P_{ij} = 1$, wenn $P_i = 1$

$$1 = a \cdot 1^2 + b \cdot 1 + 0$$
$$a + b = 1$$
$$b = 1 - a .$$

Einsetzen in obige Gleichung führt zu:

$$P_{ij} = a \cdot P_i^2 + (1-a) \cdot P_i .$$

Es wird nun angenommen, die Beziehung zwischen P_i und P_{ij} sei von der **Diffusionszeit** (Zeit zwischen dem Eintritt von E_j und dem Wirksamwerden auf E_i) und von der Stärke des Einflusses des Ereignisses j auf Ereignis i, S_{ji}, abhängig. Zu diesem Zwecke wird der Parameter a in linearer Abhängigkeit von t_{im}, t_M und S_{ji} ausgedrückt:

$$a = k \cdot S_{ji} \cdot \frac{(t_M - t_{im})}{t_M} .$$

Dabei sind

S_{ji} : Stärke des Einflusses von E_j auf E_i ($0 \leq S_{ji} \leq 1$); S_{ji} wird als "Impact" bezeichnet.

t_{im} : Tatsächlicher Eintrittszeitpunkt des Ereignisses i (m=1,...,M); der Index m repräsentiert den Abstand (in Jahren) des Eintrittszeitpunktes des Ereignisses i vom Ausgangszeitpunkt t_0; soll z. B. Ereignis 1 1990 auftreten, dann ist für $t_0 = 1988$ $t_{1m} = 2$.

t_M : Zeitpunkt der Zukunft, für den die Prognose erstellt wird; t_M wird - analog zu t_{im} - als Zeitintervall (in Jahren) ausgehend von t_0 gemessen, nicht als absolute Jahreszahl. Es muß gelten:
$t_0 \leq t_{im} \leq t_M$.

Wegen $P_{ij} = a \cdot P_i^2 + (1 - a) \cdot P_i$ muß gelten:
- Bei positivem Zusammenhang ist $-1 \leq a \leq 0$;
- bei negativem Zusammenhang ist $0 \leq a \leq 1$.

Diese Bedingungen gewährleisten, daß im Falle eines positiven Zusammenhangs das Eintreten von Ereignis j die Wahrscheinlichkeit des Eintretens des Ereignisses i erhöht und umgekehrt. Dies bedeutet, daß für den positiven Fall folgende Beziehung gilt:

$$-1 \leq k \cdot S_{ji} \cdot \frac{(t_M - t_{im})}{t_M} \leq 0 .$$

Da aber wegen $t_M \geq t_{im}$ gilt:

$$S_{ji} \cdot \frac{t_M - t_{im}}{t_M} > 0 ,$$

folgt, daß für positive Zusammenhänge $k = -1$ gelten muß. Analog gilt bei negativen Zusammenhängen: $k = +1$. Die Verknüpfungsfunktion resultiert aus den vorangegangenen Schritten damit als

$$P_{ij} = k \cdot S_{ji} \cdot \frac{(t_M - t_{im})}{t_M} \cdot P_i^2 + \left[1 - k \cdot S_{ji} \cdot \frac{(t_M - t_{im})}{t_M} \right] \cdot P_i .$$

4. Schritt: Schätzung der Interdependenzen zwischen den einzelnen Ereignissen

Die Interdependenzen zwischen zwei Ereignissen E_i, E_j werden durch sogenannte "Impacts" S_{ji} erfaßt (vgl. Schritt 3); **Impacts** sind Zahlen zwischen 0 und 1, deren Betrag die **Stärke** des Zusammenhangs angibt. Durch den Parameter k wird die **Richtung** des Zusammenhangs erfaßt. Die Interdependenzen $k \cdot S_{ji}$ werden in Matrixform eingetragen (vgl. die Abb. 2.19). In der Matrix der Interdependenzen müssen die Werte, die einen positiven Zusammenhang repräsentieren, mit einem negativen Vorzeichen versehen werden, wohingegen vor die Impacts negativer Zusammenhänge ein positives gesetzt werden muß. Beispielsweise gilt folgendes:
- Tritt Ereignis 1 auf (das Waldsterben beschleunigt sich um 10 %), so fördert es sehr stark das Eintreten von Ereignis 2 (die BRD beschließt strengere Abgasnormen).
- Wenn die BRD strengere Abgasnormen beschließt (E_2), so hat dies überhaupt keinen Einfluß auf Ereignis 3 (OPEC verdoppelt Ölpreise);

	Eintritts-wahrschein-lichkeit	Ein-tritts-zeitpunkt	Dann ist der Einfluß auf Ereignis ... :			
Wenn das Ereignis ... eintrifft	P_i	t_{im}	E_1	E_2	E_3	E_4
E_1: Waldsterben beschleunigt sich um 10 %	0,70	1990	▓	- 0,8	0	- 0,6
E_2: BRD beschließt strengere Abgasnormen	0,40	1991	+ 0,3	▓	0	- 0,3
E_3: Regenerierte OPEC verdoppelt Preise	0,10	1991	0	- 0,1	▓	- 0,5
E_4: BRD führt Tempolimit ein	0,60	1992	+ 0,1	- 0,2	0	▓
+ : abschwächender Einfluß - : verstärkender Einfluß						

Abb. 2.19: Beispiel einer Cross-Impact-Matrix

dagegen resultiert ein abschwächender Einfluß auf Ereignis 1 (Beschleunigung des Waldsterbens).

5. Schritt: Berechnung der revidierten Wahrscheinlichkeiten der Ereignisse

Stehen bestimmte Ereignispaare in einem zwingenden Vorläufer-Nachfolger-Verhältnis, so wird die Gruppe der Vorläufer zuerst ausgewertet. Der Computer sucht sich mittels eines Monte-Carlo-Mechanismus ein Ereignis heraus. Dann erzeugt er eine Zufallszahl zwischen 0 und 1 und vergleicht diese mit der ursprünglichen Wahrscheinlichkeit des Ereignisses. Ist sie höchstens gleich groß, so "tritt das Ereignis ein". In diesem Fall werden die Wahrscheinlichkeiten der übrigen Ereignisse mittels der Verknüpfungsfunktion angepaßt, und der Computer wiederholt den Vorgang mit dem nächsten Ereignis, bis alle Ereignisse getestet sind. Das ergibt einen Durchlauf der Matrix. Es wird eine hinreichend große Zahl von Durchläufen durchgeführt (z. B. 1000), und als Durchschnitt der Ergebnisse erhält man die revidierten absoluten Wahrscheinlichkeiten der Ereignisse.

Im **Beispiel** wurde die Prognose für das Jahr 1993 erstellt, d. h. $t_M = 5$. Die Ergebnisse der Simulation für unterschiedliche t_{im}-Werte sind in der

Unbedingte Wahrscheinlichkeiten p_i	Bedingte Wahrscheinlichkeiten p_{ij}	Eintrittszeitpunkte t_{im} (in Jahren)				
		1	2	3	4	5
0,70	p_{1j}	0,67	0,68	0,68	0,69	0,70
0,40	p_{2j}	0,53	0,50	0,47	0,43	0,40
0,10	p_{3j}	0,10	0,10	0,10	0,10	0,10
0,60	p_{4j}	0,71	0,69	0,66	0,63	0,60

Abb. 2.20: Ergebnisse der Simulation für alternative Eintrittszeitpunkte

Abb. 2.20 zusammengefaßt. Es wird ersichtlich, daß bei positiven Zusammenhängen (im Beispiel Ereignis 4) bei zunehmendem Abstand zwischen t_M und t_{im} die bedingten Wahrscheinlichkeiten P_{4j} immer größer werden. Dies ist einleuchtend, da je früher ein Ereignis eintritt, d. h. je kleiner t_{im} ist, umso stärker kann es sich auf ein anderes Ereignis auswirken (bei festem t_M). Im Extremfall ist $t_M = t_{im}$, dann ist auch $P_{ij} = P_i$, da dann das zu schätzende Ereignis mit dem Eintritt des beeinflussenden Faktors zusammenfällt, letzterer also keine Möglichkeit hat, auf das untersuchte Ereignis einzuwirken.

Die Methode der Cross-Impact-Analyse hat folgende **Vorteile**:
- Künftige Entwicklungen werden anhand mehrerer Faktoren beschrieben; dabei werden die Interdependenzen zwischen den Faktoren explizit betrachtet;
- den einzelnen Ereigniskombinationen lassen sich Eintrittswahrscheinlichkeiten zuordnen; damit wird die bei der Umweltprognose bestehende Risikosituation angemessen abgebildet;
- die Methode zeichnet sich gegenüber anderen dadurch aus, daß das Problem der Abhängigkeit der Einflüsse von der zeitlichen Reihenfolge Berücksichtigung findet.

Als **Nachteil** ist hier insbesondere die willkürliche Festlegung der quadratischen Verknüpfungsfunktion zu nennen.

(4) Verfahrensvergleich

Betrachtet man Frühwarnsysteme, die Szenario-Methode und die Cross-Impact-Analyse im Vergleich, so läßt sich Folgendes anmerken:
- Positiv bei allen Verfahren ist die Tatsache, daß Zukunftsentwicklungen nicht auf der Basis von Vergangenheitswerten extrapoliert werden, sondern daß versucht wird, auch unvorhersehbare Entwicklungen (schwache Signale, Störereignisse) zu antizipieren.
- Bei dem Ansatz von *Ansoff* werden Reaktionsstrategien empfohlen; dies ist bei der Szenario-Methode und der Cross-Impact-Analyse in dieser Form nicht der Fall. Allerdings lassen sich die beiden letztgenannten Ansätze dahingehend erweitern, daß die Auswirkungen von Strategien auf das Eintreten der berücksichtigten Ereignisse explizit einbezogen werden.
- Die Cross-Impact-Analyse erlaubt es, künftige Entwicklungen mit Eintrittswahrscheinlichkeiten zu versehen; dies wird auch von einigen Szenario-Ansätzen gewährleistet. Dagegen sind bei dem Ansatz von *Ansoff* keine wahrscheinlichkeitstheoretischen Aussagen möglich.

2) Analyse der internen Situation

Auch bei der Analyse der internen Situation kann zwischen einer Analyse auf Unternehmensebene und einer Analyse auf Geschäftsbereichsebene unterschieden werden. Die Analyse der internen Situation eines Unternehmens kann in drei **Teilbereiche** untergliedert werden:
- Analyse der strategischen Entwicklung des Unternehmens in der Vergangenheit,
- Identifikation der strategischen Erfolgsfaktoren,
- Analyse der relativen Wettbewerbsvor- und -nachteile.

a) Analyse der strategischen Entwicklung in der Vergangenheit

Die strategische Entwicklung, d. h. der Erfolg oder Mißerfolg eines Unternehmens in der Vergangenheit, wird üblicherweise anhand ökonomischer Größen wie Gewinnentwicklung, Umsatzentwicklung, Return on Investment (ROI) und Marktanteil gemessen. Der Return on Investment ist definiert als Quotient zwischen Gewinn und eingesetztem Kapital (vgl. *Aaker*, 1984, S. 134):

$$\text{ROI} = \frac{\text{Gewinn}}{\text{eingesetztes Kapital}}.$$

Bei der Ermittlung des Gewinnes und des ROI ist zu berücksichtigen, daß die Zugrundelegung von Bilanzwerten mit Problemen verbunden ist (vgl. hierzu im einzelnen *Aaker*, 1984, S. 135 f.).

b) Identifikation der strategischen Erfolgsfaktoren

Zur Identifikation der strategischen Erfolgsfaktoren ist eine Reihe empirischer Untersuchungen durchgeführt worden. Zu nennen sind beispielsweise
- die PIMS-Studie,
- die Long-Run Economies of Scale,
- das Erfahrungskurven-Konzept und
- das Preiserfahrungskurvenkonzept.

Die **PIMS-Studie** (Profit Impact of Market Strategies) ist ein Versuch, aus einer "Strategischen Datenbank" einer großen Zahl von Unternehmungen ein Diagnose- und Prognosemodell zu entwickeln, das auf bestehende Marktsegmente angewandt werden kann. Die Daten sind nach Geschäftsbereichen (ca. 2.000) geordnet; für jeden Geschäftsbereich werden regelmäßig ca. 200 quantifizierte Sachverhalte erhoben. Ziel der PIMS-Studie ist es, die allgemeinen Determinanten des Erfolgs zu identifizieren. Als Erfolgskennziffern werden Return on Investment und Cash-Flow verwendet, die Zusammenhänge werden mit Hilfe statistischer Methoden i. S. von Wirkungsprognosen erfaßt. Als zentrale Determinanten des Erfolgs wurden im Rahmen der PIMS-Studie der Marktanteil und die Produktqualität identifiziert (vgl. *Kreikebaum*, 1981, S. 78 ff.). Die Ergebnisse der PIMS-Studie sind allerdings nur bedingt verallgemeinbar:
- Die Zusammenhänge werden ausschließlich durch Querschnittsanalysen erfaßt; Investitionen, die langfristig den Erfolg erhöhen, vermindern im Anschaffungszeitpunkt den Return on Investment.
- Es werden zwar viele Variablen betrachtet, die Abhängigkeiten werden jedoch jeweils zwischen höchstens zwei Variablen und dem Return on Investment untersucht.
- Die Untersuchungseinheiten sind nicht repräsentativ; erfolgreiche Unternehmen sind im PIMS-Programm überdurchschnittlich vertreten.
- Qualitative Merkmale werden kaum berücksichtigt.

Hildenbrandt (1992) hat eine kausalanalytische Studie mit den PIMS-Daten zur Beziehung zwischen relativer Produktqualität, Marktanteil und Rentabilität durchgeführt. Im Gegensatz zu vorausgegangenen Studien aus der PIMS-Forschung mit Querschnittsdaten werden Veränderungsdaten über einen Zeitraum von fünf Jahren analysiert. Die zwei wichtigsten Ergebnisse lauten:
- Die relative Produktqualität ist der wichtigste strategische Faktor zur Erhöhung des Marktanteils.
- Das Marktanteilswachstum hat bei kleineren Unternehmen eine relativ größere Wirkung auf die Rentabilität als bei großen Unternehmen.

Das Konzept der **Long-Run Economies of Scale** basiert darauf, daß größere Unternehmungen i. a. geringere Stückkosten aufweisen. Man unterscheidet
- produktspezifische Economies of Scale,
- anlagenspezifische Economies of Scale und·
- unternehmensspezifische Economies of Scale.

Produktspezifische Economies of Scale basieren i. w. auf den Gesetzen der Massenproduktion. Sie entstehen aufgrund der Erhöhung der Produktionsmenge eines bestimmten Erzeugnisses und resultieren beispielsweise aus einer Fixkostendegression, aus einer Änderung der Fertigungstechnologie oder aus einer höheren Spezialisierung der Mitarbeiter (*Bea/Beutel*, 1984, S. 315). **Anlagenspezifische** Economies of Scale beruhen dagegen auf der Tatsache, daß bei einer Erhöhung der Kapazität die Investitionsausgaben i. a. unterproportional zunehmen. Dies schlägt sich in geringeren Fixkosten pro Stück bei wachsender Kapazität nieder. **Unternehmensspezifische** Economies of Scale resultieren schließlich daraus, daß größere Unternehmen die Gemeinkosten in den Bereichen Rechnungswesen, F&E, Marketing auf mehrere Produktionsstätten verteilen können, so daß in diesen Bereichen mit zunehmender Unternehmensgröße Fixkostendegressionseffekte zu erzielen sind. Im Beschaffungsbereich können darüber hinaus Rabattvorteile wahrgenommen werden (vgl. *Bea/Beutel*, 1984, S. 315 f.). Das Konzept der Long-Run Economies of Scale besagt zusammenfassend, daß die Unternehmensgröße über die Stückkostensenkung positiv mit dem Erfolg korreliert.

Das **Erfahrungskurven-Konzept** stellt einen Zusammenhang zwischen der kumulierten Ausbringungsmenge und den Stückkosten eines Produktes her.

Die kumulierte Ausbringungsmenge ist ein Indikator der angesammelten "Erfahrung" eines Unternehmens. Zentrale Aussage des Erfahrungskurven-Konzepts ist, daß bei einer Verdoppelung der kumulierten Ausbringungsmenge die auf die Wertschöpfung bezogenen und in konstanten Geldeinheiten ausgedrückten Stückkosten um einen konstanten, prognostizierbaren Anteil fallen, der i. a. zwischen 10 % und 30 % liegt (*Hinterhuber*, 1992b, S. 39 f.; *Lambin*, 1987, S. 188). Dieser Effekt stellt sich allerdings nicht automatisch ein, sondern resultiert aus ständigen Bemühungen eines Unternehmens, das vorhandene Rationalisierungspotential und Verbesserungsmöglichkeiten auszuschöpfen. Die wichtigsten Ursachen für Erfahrungseffekte sind:
- Lerneffekte in Produktion, Verwaltung, Vertrieb,
- Verbesserung von Arbeitsteilung und Spezialisierung sowie
- Verbesserungen in der Produktionstechnik, Rationalisierung.

Der funktionale Zusammenhang zwischen Stückkosten und kumulierter Ausbringungsmenge (vgl. *Lambin*, 1987, S. 190) lautet in allgemeiner Form:

$$k(X(t)) = k_0 \cdot \left[\frac{X(t)}{X(t_0)} \right]^{-\beta}$$

mit
$k(X(t))$: Stückkosten in Periode t;
k_0 : Stückkosten zu Beginn des Betrachtungszeitraums;
$X(t)$: kumulierte Ausbringungsmenge in Periode t;
$X(t_0)$: kumulierte Ausbringungsmenge bis zum Beginn des Betrachtungszeitraums;
β : Kostenelastizität.

Die Kostenelastizität beschreibt die relative Änderung der Stückkosten bei einer relativen Änderung der kumulierten Ausbringungsmenge. In der Praxis wird bei der Betrachtung des Erfahrungskurvenkonzeptes von einer Verdoppelung der kumulierten Ausbringungsmenge ausgegangen (vgl. *Lambin*, 1987, S. 190). Bezeichnet man mit δ den Prozentsatz der Stückkostensenkung bei einer Verdoppelung der kumulierten Ausbringungsmenge in Periode t, von $X(t)$, dann gilt:

$$\delta = \frac{k(2 \cdot X(t))^{-\beta}}{k(X(t))^{-\beta}} = 2^{-\beta}.$$

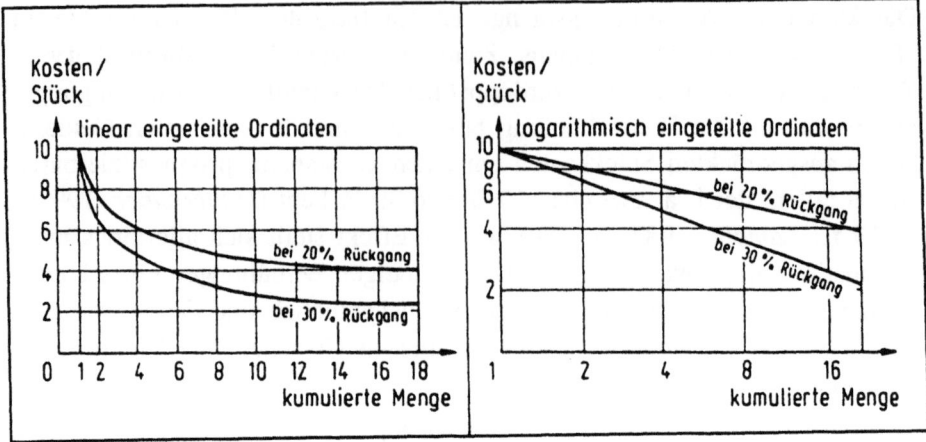

Quelle: *Kreilkamp, 1987, S. 336.*

Abb. 2.21: Die Erfahrungskurve bei linear und logarithmisch eingeteilten Ordinaten

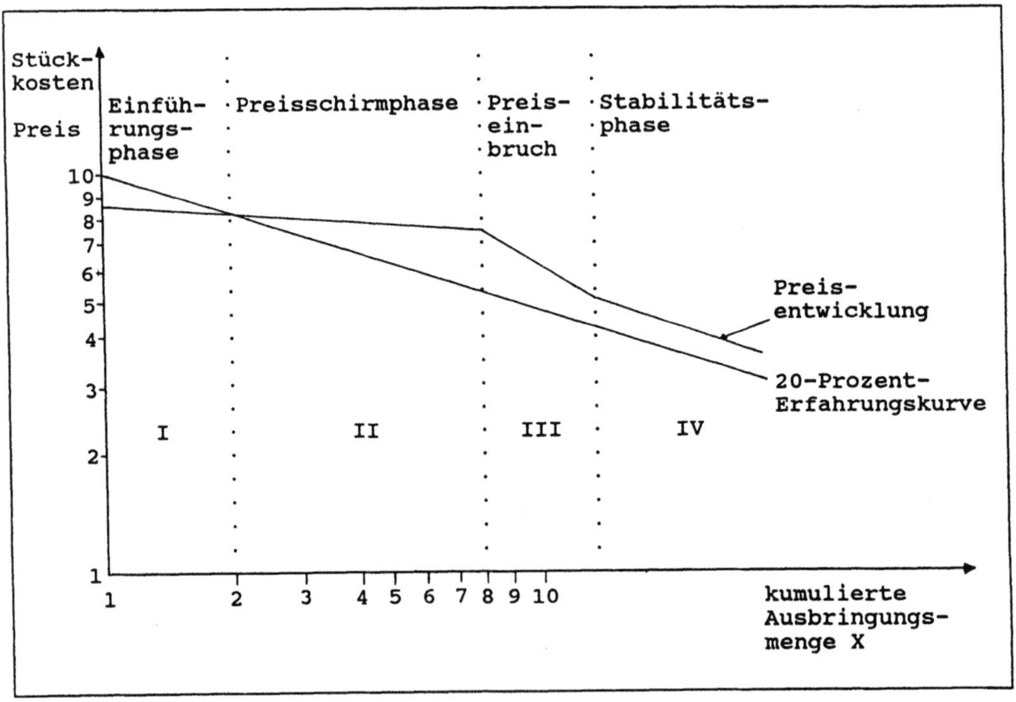

Quelle: *Nach Bea/Beutel, 1984, S. 331.*

Abb. 2.22: Preisentwicklung und Erfahrungskurveneffekt

Eine Kostensenkung um 30 % (δ = 0,7) entspricht etwa einem ß-Wert in Höhe von 0,5146, eine Kostensenkung um 20 % (δ = 0,8) führt zu ß = 0,3219. Die Abb. 2.21 zeigt die Zusammenhänge graphisch.

Das **Preiserfahrungskurven-Konzept** basiert auf Beobachtungen des Preissetzungsverhaltens in der Praxis: Wenn neue Produkte eingeführt werden und die Stückkosten gemäß einer Erfahrungskurve sinken, so entwickelt sich der Preis häufig gemäß der Abb. 2.22 (die Achsen sind hier logarithmisch eingeteilt). In der Einführungsphase (I) liegt der Preis unter den Stückkosten; Ziel ist eine schnelle Marktdurchdringung. Aufgrund des Erfahrungskurveneffekts sinken die Stückkosten laufend, der Preis wird jedoch zunächst konstant gehalten. Diese als "Preisschirm" bezeichnete Phase (II) ermöglicht hohe Gewinne, solange der Innovator noch weitgehend allein auf dem Markt ist. Durch die hohen Gewinne werden jedoch Konkurrenten angelockt, so daß es zum Preiseinbruch (Phase III) kommt: Der Preis muß fallen, damit der Marktführer seine Position halten kann. Die Phase IV ist dann erreicht, wenn sich der Wettbewerb stabilisiert und die Gewinnspanne wieder eine angemessene Höhe erreicht; der Preis entwickelt sich dann parallel zur Erfahrungskurve (*Bea/Beutel*, 1984, S. 330 ff.). Das Preiserfahrungskurven-Konzept besagt also, daß im Hinblick auf zukünftige Gewinne eine schnelle Marktdurchdringung zu empfehlen ist - ggf. zunächst unter Inkaufnahme von anfänglichen Verlusten -, um möglichst schnell die Ausnutzung von Erfahrungskurven-Effekten zu erzielen und um damit Preissenkungspotentiale zu schaffen für den Fall, daß neue Konkurrenten eintreten. Typisch war diese Strategie beispielsweise für die japanischen Motorrad- und Automobilhersteller bei der Durchdringung des europäischen Marktes; die anfänglich erfolgte Niedrigpreispolitik erlaubte es den japanischen Herstellern, diesen Marktanteil in Europa rapide zu steigern und damit Kostendegressionseffekte zu nutzen.

c) Analyse der relativen Wettbewerbsvorteile und -nachteile

Die Analyse der Entwicklung in der Vergangenheit und die Identifikation strategischer Erfolgsfaktoren muß durch eine Analyse der relativen Wettbewerbsvorteile und -nachteile (Stärken-Schwächen-Analyse) ergänzt werden. Üblicherweise erfolgt die **Stärken-Schwächen-Analyse** nach den einzelnen Funktionsbereichen. In der Abb. 2.23 findet sich eine Checkliste, welche die wichtigsten Beurteilungskriterien für die Wettbewerbsposition

Produktions- und Verkaufsprogramm	- Art der Produkte - Zusammensetzung des Produktionsprogramms - Produktqualität, -preis, -image, -design - Altersaufbau der Produkte - Lieferfähigkeit
Produktionspotential	- Modernität und Qualität der Verfahren und Anlagen - Elastizität der Produktionsanlagen - Zugang zu Rohstoffen und deren Verfügbarkeit - Qualität der Fertigungsplanung und -steuerung - Automatisierungsgrad
Stand der Forschung und Entwicklung	- F&E-Budget - vorhandenes Know-how - Kreativität und Können des Personals - eigene Patente und Lizenzen - Intensität und Wirksamkeit der F&E-Aktivitäten
Personal	- Altersstruktur der Belegschaft - vorhandene Fähigkeiten - Ausbildungsstand - Motivation und Arbeitsfreude - Grad der gewerkschaftlichen Organisation - Lohn- und Gehaltsniveau

Absatz	- Vertriebspotential: - Kapazität und Standorte der Lager
	                                        - Länge und Pünktlichkeit der Lieferzeiten
	- Verkaufsorganisation: - Vertriebswege
	                                         - Verkauf an Großhandel, Einzelhandel, Endabnehmer
	- Aufwand und Erfolg der - Marktforschung
	  Marketingaktivitäten: - Werbung

Kostensituation	- Produktionskosten - Vertriebs- und Verwaltungsgemeinkosten - Personalkosten - F&E-Kosten - Kosten für die Lagerhaltung - bestehende Kostenkontrolle
Finanzsituation	- Eigenkapitalausstattung - finanzieller Überschuß - Möglichkeiten der Beteiligungs- und Fremdfinanzierung - Waren-, Forderungs- und Verbindlichkeitsbestand - Bankverbindungen
Führungssystem	- Eigner oder Manager - Personen- oder Kapitalgesellschaft - Qualität der Planung und der Organisation - Qualität der Produktionsplanung und -steuerung - Betriebsklima

Quellen: *Kreikebaum, 1981, S. 60; Hinterhuber, 1992a, S. 85ff.; Kreilkamp, 1987, S. 234 ff.*

Abb. 2.23: Checkliste für die Stärken-Schwächen-Analyse eines Unternehmens

eines Unternehmens enthält. Die einzelnen Positionen müssen geeignet bewertet werden. Eine übliche Vorgehensweise besteht in der Verwendung von Rating-Skalen, z. B. von -10 (sehr schlecht) bis +10 (sehr gut). In gleicher Weise können auch die Stärken und Schwächen der wichtigsten Konkurrenten bewertet werden. Mit Hilfe eines **Stärken-Schwächen-Profils** kann dann die eigene Wettbewerbsposition im Vergleich zur Konkurrenz dargestellt werden (vgl. Abb. 2.24). Dies ermöglicht eine Identifizierung der Bereiche, in denen das Unternehmen Wettbewerbsvorteile bzw. Wettbewerbsnachteile gegenüber der Konkurrenz besitzt (vgl. *Hinterhuber*, 1992a, S. 77 ff.). Schwierigkeiten bei der Stärken-Schwächen-Analyse ergeben sich bei der Quantifizierung von eher qualitativen Sachverhalten, z. B. der Qualität der Mitarbeiter.

Auch im Rahmen der **Stärken-Schwächen-Analyse auf Geschäftsbereichsebene** erfolgt für jede strategische Geschäftseinheit eine detaillierte Untersuchung der Wettbewerbsvorteile und -nachteile in verschiedenen Teilbereichen wie

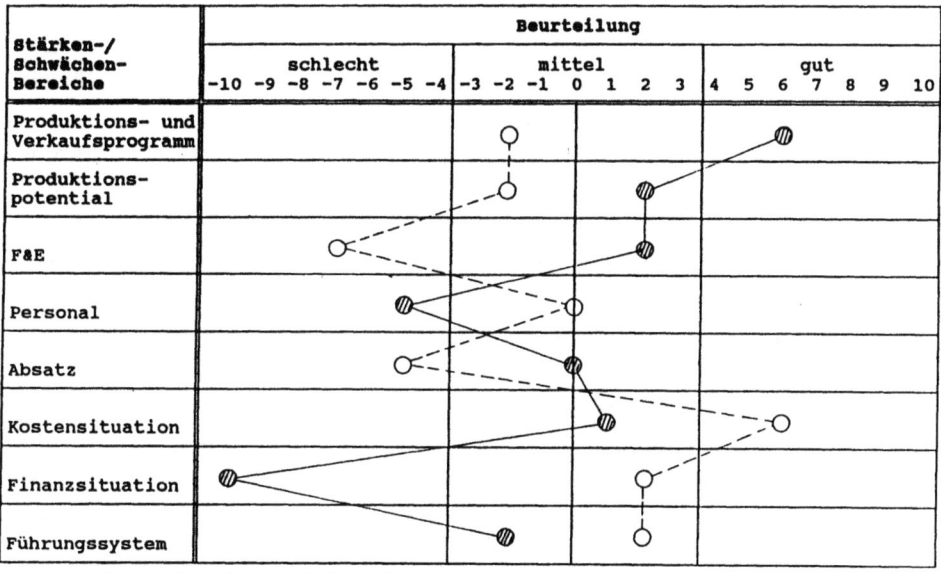

Quelle: *In Anlehnung an Hinterhuber, 1992a, S. 94.*

Abb. 2.24: Beispiel für ein eigenes Stärken-Schwächen-Profil im Vergleich zum wichtigsten Konkurrenten

- Management-Qualität,
- Know-how,
- Produktion,
- Finanzsituation und
- Marketing.

Im Gegensatz zur Management-Analyse auf Unternehmensebene liegt bei der Management-Analyse auf Geschäftsbereichsebene der Schwerpunkt auf dem mittleren Management bis hin zu den einzelnen Abteilungsleitern. Wesentliche **Kriterien zur Beurteilung der Management-Qualität** sind z. B.
- Innovationsfähigkeit,
- Problemlösungsfähigkeit,
- Professioneller Einsatz,
- Administrative Fähigkeit,
- Führungsverhalten,
- Urteilsfähigkeit,
- Durchsetzungsvermögen.

Ergänzt werden muß diese eher qualitativ orientierte Betrachtung durch leistungsbezogene Kriterien. Sowohl den qualitativen als auch den quantitativen Kriterien kommt ein unterschiedliches Gewicht zu, je nachdem, welche Position die betrachtete Strategische Geschäftseinheit im Gesamtunternehmensportfolio innehat und damit welche Normstrategie für sie empfehlenswert ist (vgl. ausführlich Abschnitt V. in diesem Teil). So kommen bei Investitions- und Wachstumsstrategien eher unternehmerische Fähigkeiten wie Innovationsfähigkeit und Problemlösungsdenken, aber auch Durchsetzungsvermögen zum Tragen, um kreative Ideen auch realisieren zu können. Bei selektiven Strategien ist insbesondere Urteilsfähigkeit gefragt, da die grundsatzstrategische Stoßrichtung oftmals ungeklärt ist, diese also weitgehend durch die Intuition und Erfahrung des Managers bestimmt werden muß. Bei Desinvestitionsstrategien spielen insbesondere administrative Fähigkeiten eine Rolle, um einen geordneten Rückzug unter einer rationalen Ressourcenausschöpfung vollziehen zu können. Die Abb. 2.25 zeigt die wesentlichen Zusammenhänge im Überblick, wobei gleichzeitig angegeben wird, ob die Leistungsbeurteilung der Manager eher anhand kurzfristiger oder langfristiger Ergebnisse zu erfolgen hat.

Das **Know-how** einer Strategischen Geschäftseinheit kann durch Faktoren (*Hofer/Schendel*, 1984, S. 149) wie
- Anteil des spezialisierten Personals am Gesamtpersonal,
- technischer Stand der Anlagen/der Produkte im Vergleich zur Konkurrenz

Strategien	Wichtigste Führungs-qualitäten	Beurteilung der Führungskräfte aufgrund	
		laufender Ergebnisse	zukünftiger Gewinne
Offensiv-Strategien	Unternehmerische Fähigkeiten, innovatives Verhalten	nicht sinnvoll	sinnvoll
Investitions- und Wachstums-Strategien	Unternehmerische Fähigkeiten, heuristische Kompetenz	nicht sinnvoll	sinnvoll
Defensiv-Strategien	Urteilsfähigkeit	sinnvoll	teils
Abschöpfungs-/Desinvestions-Strategien	Administrative Fähigkeiten	sinnvoll	nicht sinnvoll

Quelle: *Hinterhuber, 1992b, S. 154.*

Abb. 2.25: Wichtigste Führungsqualitäten und Beurteilungskriterien für Führungskräfte in Abhängigkeit von den Normstrategien

und
- Umsatzanteil der Neuprodukte am Gesamtumsatz
beschrieben werden.

Im Bereich der **Produktion** ergeben sich Stärken und Schwächen zunächst aus der Kostensituation, insbesondere im Vergleich zu den Hauptkonkurrenten. Weitere wichtige Faktoren sind Kapazitätsauslastung, Automatisierung, Produktivität.

Der **Finanzsituation** einer Strategischen Geschäftseinheit kommt eine große Bedeutung zu. Während bei der Stärken-Schwächen-Analyse auf Unternehmensebene eine eher kurzfristige Betrachtung überwiegt, liegt das Schwergewicht hier eher bei der mittel- bis langfristig zu erwartenden finanziellen Situation (*Hofer/Schendel*, 1984, S. 146). Die Aufmerksamkeit richtet sich überwiegend auf die langfristigen Gewinne und auf die gesamte Vermögensverwendung - also einschließlich des Anlagevermögens. Basis für die Finanzanalyse auf Geschäftsbereichsebene sind Daten über Umsätze und Kosten in der Vergangenheit sowie Prognosen über deren weitere Entwicklung. Die isolierte Betrachtung dieser Bereiche muß jedoch durch eine weitergehende Analyse ergänzt werden. Im einzelnen sind folgende **Methoden** zu nennen (*Cravens/Lamb*, 1986, S. 29 ff.):

- **Break-Even-Analyse**
Zweck der Break-Even-Analyse (vgl. im einzelnen **Marketing 2**, *Berndt*, 1992b, S. 59 ff. und S. 402 ff.) ist es festzustellen, wieviele Einheiten des betrachteten Produktes verkauft werden müssen, um z. B. eine Kostendeckung zu erreichen. Die Break-Even-Menge errechnet sich im Grundmodell wie folgt:

$$\text{Break-Even-Stückzahl} = \frac{\text{Fixkosten}}{\text{Deckungsbeitrag pro Stück}}.$$

- **Deckungsbeitrags-Analyse**
Der Stückdeckungsbeitrag errechnet sich als Differenz zwischen Preis und variablen Stückkosten; entsprechend lassen sich die Deckungsbeiträge der einzelnen Strategischen Geschäftseinheiten errechnen.

- **Analyse des Reingewinns**
Zugrundezulegen ist folgendes Rechenschema (*Cravens/Lamb*, 1986, S. 32):

	Umsatz
-	Herstellungskosten
=	Rohgewinn
-	Verwaltungs- und Vertriebskosten
=	Gewinn vor Steuern
-	Steuern
=	<u>Reingewinn</u>

- **Finanzkennzahlen**
Einen Überblick über gängige Finanzkennzahlen liefert die Abb. 2.26. Derartige Finanzkennzahlen können zur Beurteilung der Leistung der einzelnen Strategischen Geschäftseinheiten herangezogen werden.

Zur Beurteilung der **Marketing-Effektivität** sind die Ausprägungen der einzelnen absatzpolitischen Instrumente zu überprüfen. Im Hinblick auf die Produktpolitik sind beispielsweise die Produktqualität und die Nebenleistungen (Garantie, Service, Kundendienst) im Vergleich zu den Konkurrenten zu untersuchen; im Rahmen der Distribution ist z. B. zu überprü-

Erfolgsorientierte Kennzahlen:

- Gesamtkapitalrentabilität = $\dfrac{\text{Jahresüberschuß + Fremdkapitalzinsen}}{\text{Gesamtkapital}}$

- Umsatzgewinnrate = $\dfrac{\text{Betriebsergebnis}}{\text{Umsatz}}$

- Deckungsbeitragssatz = $\dfrac{\text{Deckungsbeitrag}}{\text{Umsatz}}$

Liquiditätskennzahlen:

- Liquidität 1. Grades = $\dfrac{\text{Zahlungsmittel}}{\text{kurzfristige Verbindlichkeiten}}$

- Liquidität 2. Grades = $\dfrac{\text{monertäres Umlaufvermögen}}{\text{kurzfristige Verbindlichkeiten}}$

- Liquidität 3. Grades = $\dfrac{\text{Umlaufvermögen}}{\text{kurzfristige Verbindlichkeiten}}$

Kapitalstrukturkennzahlen:

- Eigenkapitalquote = $\dfrac{\text{Eigenkapital}}{\text{Gesamtkapital}}$

- Verschuldungsgrad = $\dfrac{\text{Fremdkapital}}{\text{Eigenkapital}}$

Aktivitätskennzahlen:

- Umschlagshäufigkeit des Umlaufvermögens = $\dfrac{\text{Umsatz}}{\text{durchschnittl. Bestand des Umlaufvermögens}}$

- Lagerumschlagshäufigkeit = $\dfrac{\text{Umsatz}}{\text{durchschnittl. Bestand an Vorräten}}$

Quelle: *In Anlehnung an Cravens/Lamb, 1986, S. 34 f.*
Abb. 2.26: Finanzkennzahlen

fen, inwieweit die bisherigen Absatzwege zur Erreichung der Marketing-Ziele geeignet sind; ferner sind die Aufteilung der Vertretergebiete, die Besuchsfrequenz u. ä. zu untersuchen und ggf. zu revidieren. Bei der Preispolitik ist z. B. die relative Preishöhe im Vergleich zur Konkurrenz oder die Preisempfindlichkeit der Konsumenten zu analysieren. Bei der Kommunikationspolitik ist zunächst eine Werbeerfolgskontrolle vergangener Aktivitäten durchzuführen; die Entwicklung des eigenen Kommunikationsetats im Vergleich zu den Konkurrenten ist ebenfalls zu untersuchen. Auch personenbezogene Merkmale, wie z. B. die Qualifikation der Marketing-Leitung und der Mitarbeiter im Marketing-Bereich, können einen personalpolitischen Handlungsbedarf aufdecken.

Ergebnis der internen Analyse der einzelnen Strategischen Geschäftseinheiten sind die jeweiligen Stärken und Schwächen im Vergleich zu den Hauptkonkurrenten. Die Ergebnisse der Analyse können wiederum mit Hilfe eines Stärken-Schwächen-Profils dargestellt werden, wobei es sich hier empfiehlt, eine vergleichende Beurteilung der eigenen Stärken und Schwächen nach den einzelnen Abnehmergruppen - z. B. Großhandel, Einzelhandel, Endverbraucher - vorzunehmen. Auf diese Weise können detailliertere Aussagen über die Wettbewerbsvorteile und -nachteile jeder einzelnen Strategischen Geschäftseinheit gewonnen werden.

IV. Die Lückenanalyse

Gegenstand der Lückenanalyse ist ein Vergleich zwischen den angestrebten Zielen und den in die Zukunft projizierten Zielerreichungsgraden. Basis für die Lückenanalyse sind demnach genau definierte **Ziele**. Im Rahmen einer Lückenanalyse werden üblicherweise finanzielle Zielgrößen wie Umsatz, Gewinn oder Cash-Flow herangezogen. Die Lückenanalyse basiert auf dem Verfahren der Trendextrapolation. Zunächst wird eine Zielprojektion durchgeführt, durch welche die Entwicklung der Zielgröße - beispielsweise des Umsatzes - für den strategischen Planungszeitraum festgelegt wird. In einem weiteren Schritt wird die Entwicklung des nach dem aktuellen Stand zu erwartenden Umsatzes in die Zukunft extrapoliert (vgl. *Kreilkamp*, 1987, S. 249 f. und *Kreikebaum*, 1981, S. 58 f.). Dies geschieht i. a. durch Verfahren der Zeitreihenanalyse auf der Basis von Vergangenheitsdaten (vgl. hierzu die Ausführungen in Band **Marketing 1**, *Berndt*, 1992a). Diese Prognose repräsentiert die Umsatzentwicklung für den Fall, daß die bisherigen Aktivitäten unverändert beibehalten werden und wird üblicherweise als **Basisgeschäft** bezeichnet. Die Abb. 2.27 zeigt, daß zwischen beiden Projektionen in aller Regel eine Lücke entsteht. Diese Lücke kann in eine strategische und in eine operative Lücke aufgespalten werden. Dies geschieht dadurch, daß man die Umsatzentwicklung für den Fall prognostiziert, daß das Basisgeschäft effizienter bewältigt wird, beispielsweise durch Rationalisierungsmaßnahmen, intensitätsmäßige Anpassung, Mitarbeitermotivation (*Kreikebaum*, 1981, S. 59). Diese Entwicklung wird als **po-**

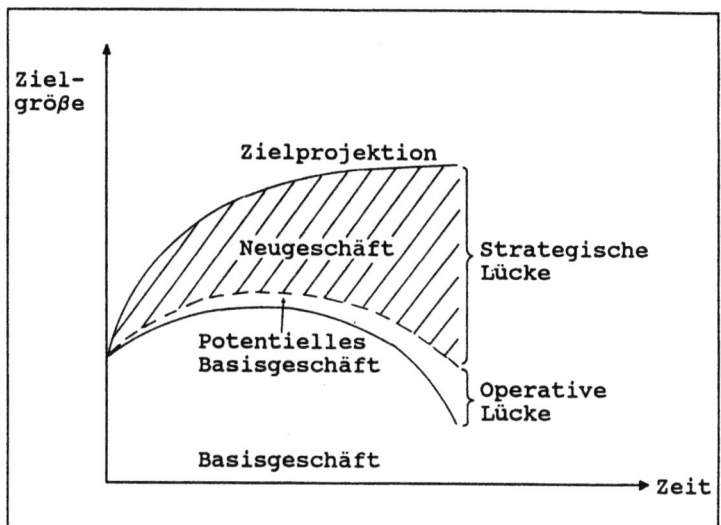

Quelle: *Kreilkamp, 1987, S. 250.*

Abb. 2.27: Strategische und operative Lücke im Rahmen der Lückenanalyse

tentielles Basisgeschäft bezeichnet und repräsentiert diejenige Umsatzentwicklung, die sich ergeben würde, falls das Unternehmen unter Beibehaltung der bisherigen Strategie seine Potentiale ausschöpft. Die Differenz aus dem potentiellen Basisgeschäft und dem Basisgeschäft stellt die **operative Lücke** dar; diese kann durch operative Maßnahmen zur Effizienzsteigerung geschlossen werden. Dagegen sind zum Schließen der **strategischen Lücke**, welche sich als Differenz zwischen der Zielprojektion und dem potentiellen Basisgeschäft ergibt, langfristig angelegte Strategien erforderlich, die die Erweiterung des Basisgeschäfts zum Gegenstand haben. Würde lediglich das Basisgeschäft fortgeführt, so ergäbe sich mit der Zeit eine Degeneration des Geschäftes. Gründe hierfür sind beispielsweise:
- der Produktlebenszyklus,
- bestehende Patente und Lizenzen laufen aus.

Erforderlich sind in einem solchen Falle Maßnahmen wie z. B. Produktinnovation und Produktdifferenzierung, die Suche nach neuen Zielgruppen im bestehenden Markt oder die Erschließung neuer Märkte, beispielsweise im Ausland.

Analog zur Lückenanalyse auf Unternehmensebene kann auch auf Geschäftsbereichsebene eine Lückenanalyse durchgeführt werden. Während auf Unternehmensebene die gesamtunternehmerische Entwicklung im Vordergrund steht, wird auf Geschäftsbereichsebene bei den einzelnen Strategischen Geschäftseinheiten angesetzt. Beispielsweise kann die angestrebte Entwicklung der Zielgrößen (z. B. Umsätze oder Gewinn) der prognostizierten Ist-Entwicklung gegenübergestellt werden. Ein **Beispiel** soll die Zusammenhänge verdeutlichen (vgl. die Abb. 2.28 und 2.29). Für Produkt A wird ein jährliches Wachstum der Zielgrößen Umsatz bzw. Gewinn von 15 % angestrebt; der Vergleich dieser Soll-Entwicklungen mit den zugehörigen extrapolierten Ist-Entwicklungen zeigt, daß das Ziel eines jährlichen Wachstums von 15 % im betrachteten Planungszeitraum nicht erreicht werden kann; die Abweichungen zwischen Soll-Entwicklung und prognostizierter Ist-Entwicklung werden im Zeitablauf immer größer. Die auf diese Weise ermittelten Lücken können - analog zur Lückenanalyse auf Unter-

Produkt A Wachstumsziel: 15% p.a.							
Umsatzlückenanalyse							
Umsätze in TDM \ Jahr	1990	1991	1992	1993	1994	1995	1996
Soll-Entwicklung	115	132	152	174	201	231	266
extrapolierte Normalentwicklung	110	121	133	146	161	177	194
Umsatzlücke	5	11	19	28	40	54	72
Gewinnlückenanalyse							
Gewinne in TDM \ Jahr	1990	1991	1992	1993	1994	1995	1996
Soll-Entwicklung	17	19	22	26	30	34	39
extrapolierte Normalentwicklung	16	18	19	21	24	26	29
Gewinnlücke	1	1	3	5	6	8	10

Quelle: *Nach Welge, 1985, S. 320.*

Abb. 2.28: Eine beispielhafte Lückenanalyse auf Geschäftsbereichsebene

nehmensebene - in eine strategische und eine operative Lücke aufgespalten werden.

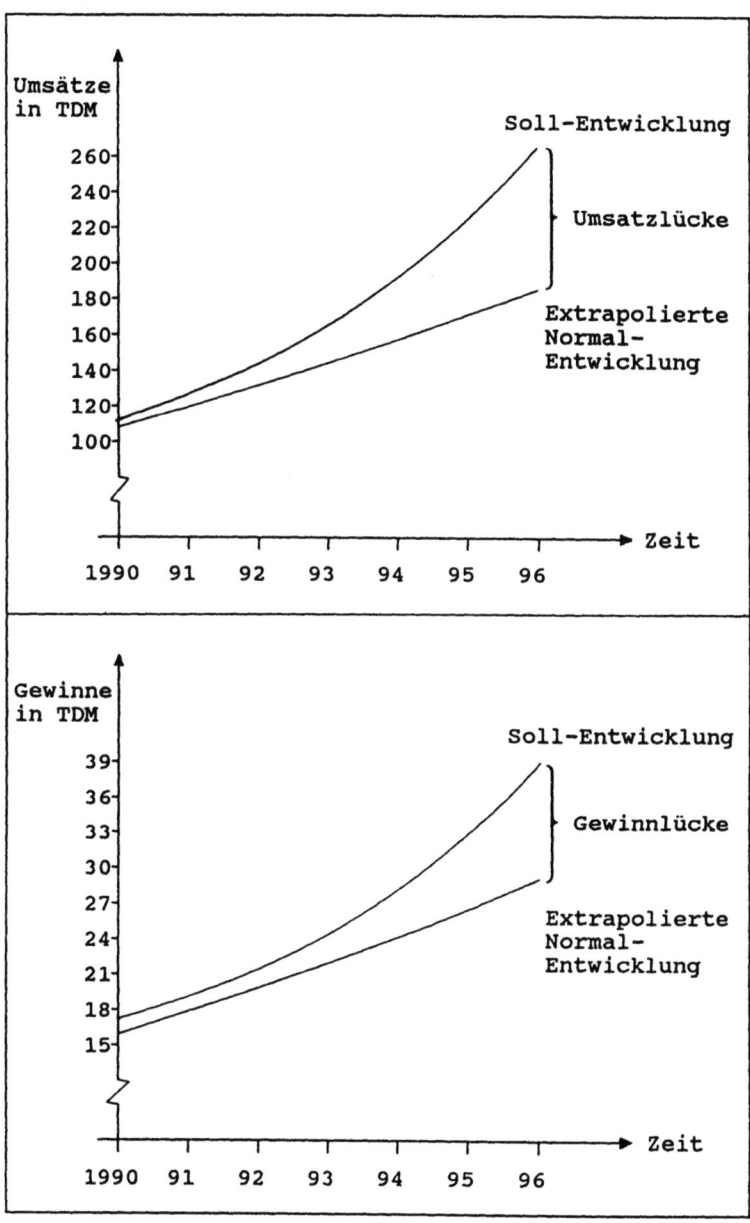

Quelle: *Nach Welge, 1985, S. 321.*
Abb. 2.29: Umsatz- und Gewinnlücke

Entscheidend bei der Lückenanalyse ist, daß im Rahmen der Zielprojektion die Ergebnisse der Umweltanalyse und der Stärken-Schwächen-Analyse einbezogen werden i. d. S., daß das Unternehmen mit seinen vorhandenen und zukünftigen Potentialen die Zielprojektion auch erfüllen kann. Eine umfassende Potentialanalyse bildet daher die Voraussetzung für die Lückenanalyse. Nachteilig an der Lückenanalyse ist zum einen die Tatsache, daß sie wie jede Trendextrapolation auf der **Zeitstabilitätshypothese** beruht. Schwerwiegender ist jedoch der Einwand, daß es sich um eine reine Entwicklungsprognose handelt. Einzige erklärende Variable ist die Zeit; absatzpolitische Maßnahmen werden allenfalls implizit bei der Prognose des potentiellen Basisgeschäfts berücksichtigt. Die Potential- und Lückenanalyse ist nur ein relativ grobes Instrument der Unternehmensanalyse und der Analyse auf Geschäftsbereichsebene; sie schafft nur einen allgemeinen Rahmen für weitere Analysen. Zwar zeigt die Lückenanalyse strategische Probleme auf und regt damit eine Alternativensuche zur Lückenschließung an, sie liefert jedoch keine Aussagen darüber, welche Strategien ergriffen werden sollen, um die Lücke zu schließen (*Welge*, 1985, S. 319 ff.). Insbesondere bei der Prognose der Normalentwicklung zeigt sich der stark extrapolative Charakter der Lückenanalyse. Im Zusammenhang mit der Ermittlung einer Gewinnlücke entsteht auf Geschäftsbereichsebene das zusätzliche Problem der Gewinnermittlung einzelner Strategischer Geschäftseinheiten oder gar Produkte: Die Zurechenbarkeit von Kosten zu den einzelnen Geschäftsfeldern kann problematisch sein.

V. Die Portfolio-Analyse als Instrument der strategischen Marketing-Planung auf Unternehmensebene

1) Begriff und Arten von Portfolios

Mit Hilfe der Portfolio-Analyse kann die aktuelle oder die prognostizierte strategische Position eines Unternehmens bzw. seiner einzelnen Geschäftsbereiche in einer Matrix abgebildet werden. Die **strategische Position** wird durch zwei Komponenten bestimmt:
- die Umweltdimension und
- die Unternehmensdimension.

Die Umweltdimension resultiert aus der Umweltanalyse, die Unternehmensdimension aus der Analyse der internen Situation. Die einzelnen Portfolio-Modelle unterscheiden sich danach, welche Variablen zur Charakterisierung der Umweltdimension und der Unternehmensdimension herangezogen werden.

a) Boston-Consulting-Group-Matrix

Die einfachste Portfolio-Matrix wurde von der Boston Consulting Group auf der Basis des Erfahrungskurven-Konzepts entwickelt. Dabei ist von folgender Grundidee ausgegangen worden: Je höher die Wachstumsrate des Marktes und je höher der eigene Marktanteil sind, umso größer ist der kumulierte Gesamtabsatz im Vergleich zu den Wettbewerbern und damit die Rentabilität des eingesetzten Kapitals (*Kreilkamp*, 1987, S. 448). Bei der Boston-Consulting-Group-Matrix (vgl. Abb. 2.30) wird die **Umweltdimension** durch das durchschnittlich erwartete reale Marktwachstum der nächsten fünf Jahre operationalisiert; die **Unternehmensdimension** wird durch den relativen Marktanteil bezogen auf den stärksten Konkurrenten beschrieben. Die einzelnen Strategischen Geschäftseinheiten werden als Kreise in der Matrix positioniert (*Hofer/ Schendel*, 1984, S. 30), wobei die Größe der Kreise das in den Strategischen Geschäftseinheiten gebundene Kapital repräsentiert.

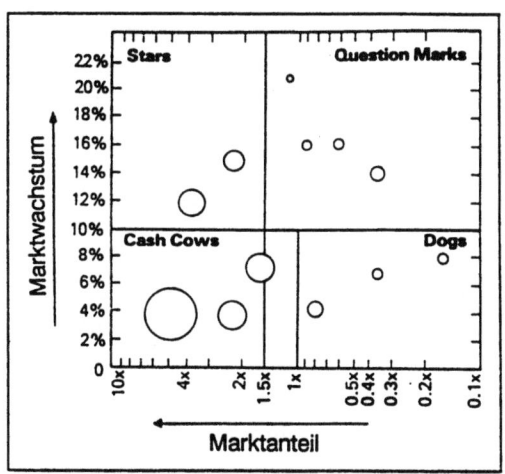

Quelle: *Hofer/Schendel, 1984, S. 30*.
Abb. 2.30: Portfolio-Matrix der Boston Consulting Group

Mit Hilfe von zwei Hilfslinien wird das Portfolio in vier Quadranten aufgeteilt. Die erste Hilfslinie liegt bei einem Marktwachstum von 10 %, die zweite Hilfslinie bei einem relativen Marktanteil von 1,5. Die Position der ersten Hilfslinie basiert auf der Überlegung, daß viele Firmen eine Rendite nach Steuern von 10 % p. a. anstreben (vgl. *Hofer/Schendel*, 1984, S. 30); bei Erfüllung dieses Ziels kann eine Strategische Geschäftseinheit aus eigenen Mitteln ein Marktwachstum von 10 % finanzieren und damit die eigene Position halten, d. h. es ist keine Fremdkapitalaufnahme erforderlich. Wächst der Markt stärker oder will man die eigene Wettbewerbsposition verbessern, so müssen Fremdmittel aufgenommen werden. Die Unterteilung des relativen Marktanteils bei 1,5 beruht auf Erfahrungswerten: Die Boston Consulting Group stellte fest, daß hohe und sichere Erträge in der Regel erst dann erwirtschaftet werden, wenn der eigene Marktanteil mindestens 50 % größer ist als beim stärksten Konkurrenten (*Kreilkamp*, 1987, S. 450 f.). Gängig ist auch eine Hilfslinie bei einem relativen Marktanteil von 1, wenn also der gleiche Marktanteil wie beim Hauptkonkurrenten vorliegt.

Entsprechend der Position der einzelnen Strategischen Geschäftseinheiten in den vier Matrixfeldern lassen sich die Geschäftsbereiche in folgende **Gruppen** (*Hofer/Schendel*, 1984, S. 31) einteilen:
- **Stars** sind Geschäftsbereiche, die aufgrund der guten Wettbewerbsposition auf stark wachsenden Märkten ihre Wettbewerbsposition aus eigenen Mitteln halten können. Bei nachlassendem Marktwachstum werden sie zu Cash-Cows.
- **Cash-Cows**: Die Einnahmenüberschüsse dieser Geschäftseinheiten müssen nicht mehr in vollem Umfang reinvestiert werden, da das Marktwachstum nachgelassen hat; aus diesem Grunde erbringen sie einen deutlich positiven Cash-Flow. Cash-Cows sind für Gewinn und Liquidität eines Unternehmens weitgehend verantwortlich.
- **Question-Marks** beanspruchen die meisten finanziellen Mittel. Wegen ihrer schlechten Wettbewerbsposition können sie auf stark wachsenden Märkten ohne finanzielle Unterstützung durch die Cash-Cows nicht bestehen; je nach Erfolgsaussichten sollen sie entweder zu Stars ausgebaut oder aufgegeben werden.
- **Dogs** sind schließlich Geschäftsbereiche, die auf schrumpfenden Märkten eine schwache Wettbewerbsposition innehaben. Sie sollten schnell aufgegeben werden, da sie in der Regel nicht imstande sind, für die finanziellen Mittel zur eigenen Erhaltung aufzukommen.

Kritik an der Boston-Consulting-Group-Matrix läßt sich an folgenden Punkten (vgl. *Hofer/Schendel*, 1984, S. 31 f.) üben:
- Die Verwendung einer 4-Felder-Matrix stellt eine große Vereinfachung zur Beurteilung der strategischen Position einer Strategischen Geschäftseinheit dar.
- Die Marktwachstumsrate repräsentiert die Marktattraktivität nur unzureichend.
- Der relative Marktanteil gibt nur wenig Aufschlüsse über die Wettbewerbsposition, da er weitgehend von der Marktabgrenzung abhängig ist.

b) 9-Felder-Matrix von McKinsey

Die Mängel der Boston-Consulting-Group-Matrix werden durch die 9-Felder-Matrix von McKinsey weitgehend behoben. Im Gegensatz zur Boston-Consulting-Group-Matrix, bei der die strategische Position einer Geschäftseinheit bezüglich der beiden Dimensionen jeweils nur durch eine Variable beschrieben wird (Marktwachstum bzw. Marktanteil), werden bei der McKinsey-Matrix zur Charakterisierung der Marktattraktivität bzw. der Wettbewerbsposition jeweils mehrere Variablen herangezogen. Die **Marktattraktivität** wird durch Variablen wie (vgl. *Hinterhuber*, 1992a, S. 112 ff.)
- Marktwachstum,
- Marktgröße,
- Marktqualität,
- Versorgung mit Energie und Rohstoffen und
- Umweltsituation,

die **Wettbewerbsposition** durch
- Marktanteil,
- F&E-Potential,
- Produktionspotential und
- Qualität des Managements (jeweils in bezug auf den stärksten Konkurrenten)

charakterisiert. Die einzelnen Strategischen Geschäftseinheiten werden als Kreise in die Matrix eingetragen, wobei die Größe der Kreise üblicherweise die Umsätze oder Deckungsbeiträge der einzelnen Geschäftsbereiche repräsentiert (vgl. Abb. 2.31). Strategische Geschäftseinheiten mit hoher Marktattraktivität und starker Wettbewerbsposition erfordern i. a. hohe Investitionen, um die Wettbewerbsposition zu halten oder zu verbessern; Strategi-

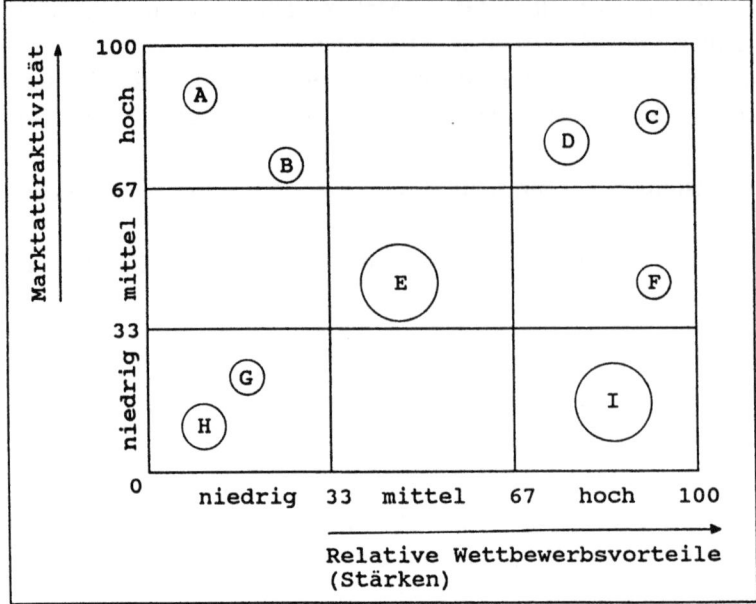

Quelle: *Hinterhuber, 1992a, S. 121.*
Abb. 2.31: Portfolio-Matrix nach McKinsey

sche Geschäftseinheiten mit mittlerer bzw. schwacher Wettbewerbsposition auf weniger attraktiven Märkten sollen - je nach Tendenz - entweder zur Mittelfreisetzung für die Finanzierung der erfolgversprechenden Geschäftsbereiche genutzt oder mittel- bis langfristig aufgegeben werden (*Kreilkamp*, 1987, S. 496 ff.). Die Interpretation der einzelnen Matrix-Felder erfolgt also analog zur Interpretation bei der Boston-Consulting-Group-Matrix, die Analyse ist jedoch differenzierter (vgl. auch die Ausführungen im folgenden Abschnitt B. V. 2)).

c) Geschäftsfeld-Ressourcen-Portfolio von Albach

Ein weiteres Portfolio-Konzept wurde von *Albach* (1979) entwickelt. Das Geschäftsfeld-Ressourcen-Portfolio entstand in den 70er Jahren aufgrund der damaligen Prognosen über die Rohstoffverknappung. Zentrale Fragen sind:
- Welche Produkte sind im Hinblick auf welche Ressourcen kritisch?
- Bestehen Substitutionsmöglichkeiten kritischer Ressourcen?

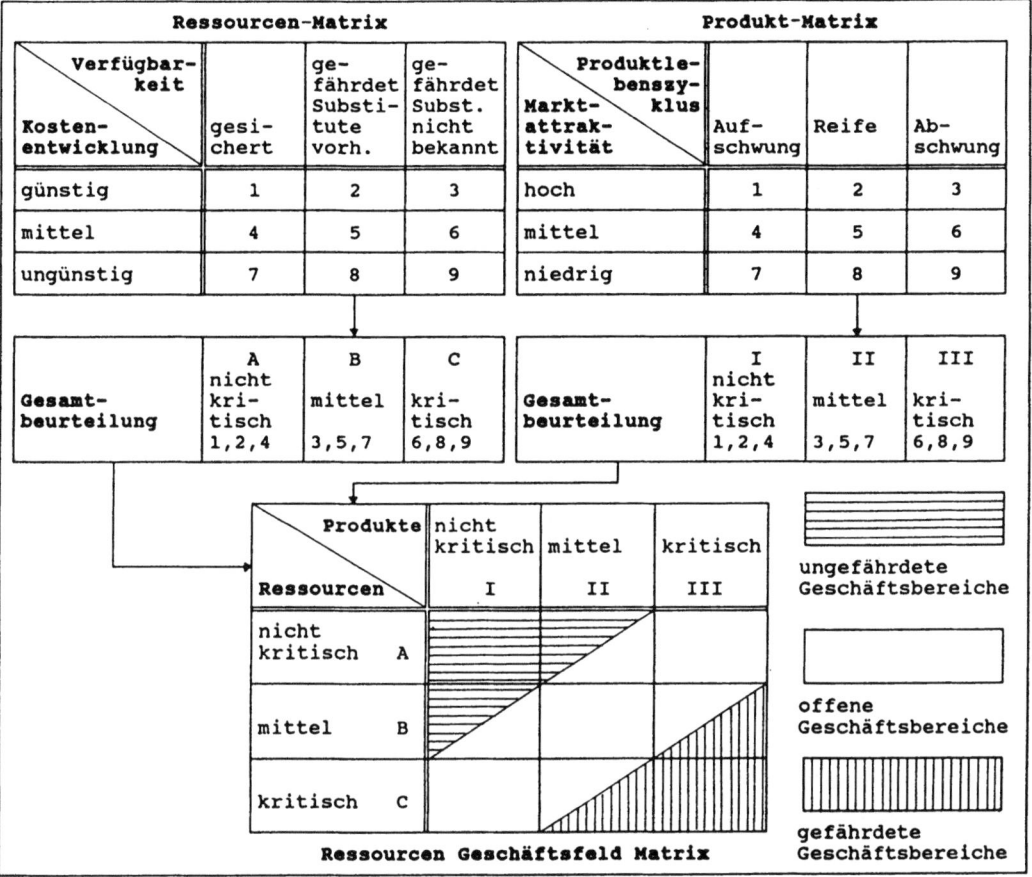

Quelle: *In Anlehnung an Albach, 1979, S. 75.*
Abb. 2.32: Das Geschäftsfeld-Ressourcen-Portfolio

Das Konzept von *Albach* basiert auf zwei verschiedenen Portfolio-Matrizen: einer beschaffungsmarktorientierten und einer absatzmarktorientierten. Der **Beschaffungsmarkt** wird anhand der Dimensionen "Verfügbarkeit" und "Kostenentwicklung" bewertet (vgl. Abb. 2.32). Ressourcen, bei denen eine ungünstige Kostenentwicklung zu erwarten ist und/oder bei denen die Verfügbarkeit stark eingeschränkt ist, sind als kritisch zu beurteilen (Felder 6, 8, 9). Der **Absatzmarkt** wird anhand der Dimensionen "Marktattraktivität" und "Phase im Produktlebenszyklus" charakterisiert. Kritische Produkte sind solche mit niedriger Marktattraktivität in der Reife- und Niedergangsphase (Felder 6, 8, 9). Die Beschaffungs- und Absatzdimension werden anschließend in ein Gesamtportfolio integriert. Daraus resultiert eine 9-Felder-Matrix, in welcher die einzelnen Strategischen Geschäftseinheiten gemäß der Ressourcen- und der Absatzdimension positioniert werden. Ungefährdete Strategische Geschäftseinheiten sollen gefördert, gefährdete Strategische Geschäftseinheiten sollen sofort oder stufenweise liquidiert werden.

2) Positionierung der Strategischen Geschäftseinheiten in dem Unternehmensportfolio

Unter einer **Positionierung** versteht man die Bewertung einer Strategischen Geschäftseinheit im Hinblick auf die beiden Dimensionen der Portfolio-Matrix (Umwelt- und Unternehmensdimension). Die Ausprägungen der Strategischen Geschäftseinheiten bezüglich der einzelnen Dimensionen werden in die Portfolio-Matrix eingetragen; daraus resultiert die strategische Position des Geschäftsbereichs. Die zentrale Frage bei der Positionierung ist die Vorgehensweise bei der Bewertung der Portfolio-Dimensionen. Die Problematik der Positionierung der einzelnen Strategischen Geschäftseinheiten soll hier exemplarisch anhand der McKinsey-Matrix erörtert werden; für die anderen Portfolio-Modelle können analoge Vorgehensweisen angewandt werden. Grundsätzlich kann zwischen
- einer (deterministischen) Punktpositionierung und
- einer (stochastischen) Bereichspositionierung
unterschieden werden.

a) Punktpositionierung

Bei der Punktpositionierung werden zunächst die einzelnen Variablen, die zur Charakterisierung der Marktattraktivität, V_i ($i=1,...,n$) bzw. der Wettbewerbsposition, V_j ($j=1,...,m$) herangezogen werden, gemäß ihrer relativen Bedeutung gewichtet. Die Gewichte werden mit g_i ($i=1,...,n$) bzw. mit g_j ($j=1,...,m$) bezeichnet; ihre Summe ist für jede Dimension gleich Eins. Die Ausprägungen der einzelnen Variablen, welche für eine bestimmte Strategische Geschäftseinheit k gelten ($k=1,...,K$), werden als e_{ik} bzw. e_{jk} bezeichnet; diese werden z. B. auf einer Punkteskala von 0 - 100 erfaßt, wobei folgende drei Klassen unterschieden werden:

0 - 33 : ungünstig,
34 - 67 : mittel,
68 - 100 : günstig.

Wie bei einem Scoring-Modell ergibt sich die **Position der Strategischen Geschäftseinheit** k *(Kreilkamp*, 1987, S. 491 ff.) bezüglich einer Dimension als gewichtete Gesamtpunktzahl über alle Variablen, für die Marktattraktivität also als

$$P_k MA = \sum_{i=1}^{n} g_i \cdot e_{ik}$$

und für die Wettbewerbsposition als

$$P_k WP = \sum_{j=1}^{m} g_j \cdot e_{jk}.$$

Die Gesamtpunktzahlen $P_k MA$ und $P_k WP$ liegen ebenfalls im Intervall [0; 100]. Für jede Geschäftseinheit resultiert also ein bestimmter Wert jeweils bezüglich der Marktattraktivität und der Wettbewerbsposition, wobei wiederum die Klassen "ungünstig", "mittel" und "günstig" unterschieden werden können. Die Position der Geschäftseinheit ergibt sich durch Eintragung der beiden Werte in die Portfolio-Matrix; auf diese Weise können Strategische Geschäftseinheiten mit starker, mittlerer und schwacher Marktattraktivität bzw. Wettbewerbsposition identifiziert werden.

Der **Nachteil** der Punktpositionierung liegt darin, daß eventuell auftretende Unsicherheiten bezüglich der Ausprägungen der einzelnen betrachteten Variablen nicht berücksichtigt werden; die Punktpositionierung basiert also auf der Annahme, die künftige Entwicklung - z. B. des Marktwachstums - sei mit Sicherheit bekannt. Tritt die erwartete Entwicklung jedoch nicht ein, so sind die auf der Basis der Portfolio-Analyse ermittelten Strategien wenig sinnvoll, da sie auf einer falschen Positionierung der Strategischen Geschäftseinheit beruhen.

b) Bereichspositionierung

Zur Behebung der Mängel der Punktpositionierung kann alternativ eine Bereichspositionierung vorgenommen werden, die der Unsicherheit Rechnung

trägt (vgl. hierzu *Kirsch/Trux*, 1979). Eine Bereichspositionierung vollzieht sich in folgenden **Schritten**:
- Ermittlung der Ursachen des Risikos; dabei geht es um jene Variablen zur Charakterisierung der Marktattraktivität bzw. der Wettbewerbsposition, für die mehrwertige Erwartungen existieren.
- Für die unsicheren Inputgrößen werden **Wahrscheinlichkeitsverteilungen** geschätzt.
- Aus den Wahrscheinlichkeitsverteilungen der Inputgrößen wird - ggf. unter Hinzuziehung deterministischer Inputgrößen - mittels der **Monte-Carlo-Simulation** die Wahrscheinlichkeitsverteilung der Zielgröße - hier der Marktattraktivität bzw. der Wettbewerbsposition - ermittelt. Zunächst wird aus jeder Verteilung nach dem Zufallsprinzip jeweils ein Stichprobenwert gezogen; zusammen mit den deterministischen Inputgrößen wird - unter Berücksichtigung der Variablengewichte - jeweils **ein** Wert der Zielgröße ermittelt. Mehrmalige Wiederholung dieses Schrittes ergibt eine Wahrscheinlichkeitsverteilung der Zielgröße (eine ausführliche Beschreibung der Monte-Carlo-Simulation befindet sich in Band **Marketing 2**, *Berndt*, 1992b, S. 63 ff.).

Für jede Strategische Geschäftseinheit ermittelt man hierdurch jeweils eine Wahrscheinlichkeitsverteilung für die Marktattraktivität bzw. für die Wettbewerbsposition. Die Positionierung der betrachteten Strategischen Geschäftseinheit erfolgt dabei auf der Basis folgender Überlegung: Ziel ist es, die Position der Strategischen Geschäftseinheit mit einer bestimmten Wahrscheinlichkeit (z. B. 90 %) anzugeben. Für beide Dimensionen werden aus diesem Grunde die 90 %-Konfidenzintervalle ermittelt. Diese Konfidenzintervalle werden in der Portfolio-Matrix als Achsen einer Ellipse eingetragen; die resultierende Ellipse ist als Bereich der Matrix zu interpretieren, in welchem die betrachtete Strategische Geschäftseinheit mit einer Wahrscheinlichkeit von 90 % liegt. Graphisch werden die Zusammenhänge in der Abb. 2.33 veranschaulicht. Das Zentrum der Ellipse resultiert aus den Erwartungswerten der Wettbewerbsposition und der Marktattraktivität. Offensichtlich ist, daß die Zuordnung einer Strategischen Geschäftseinheit zu einem bestimmten Matrixfeld nicht mehr eindeutig sein muß. Entsprechende Fälle müssen im Hinblick auf die Strategieentwicklung besonders sorgfältig überprüft werden.

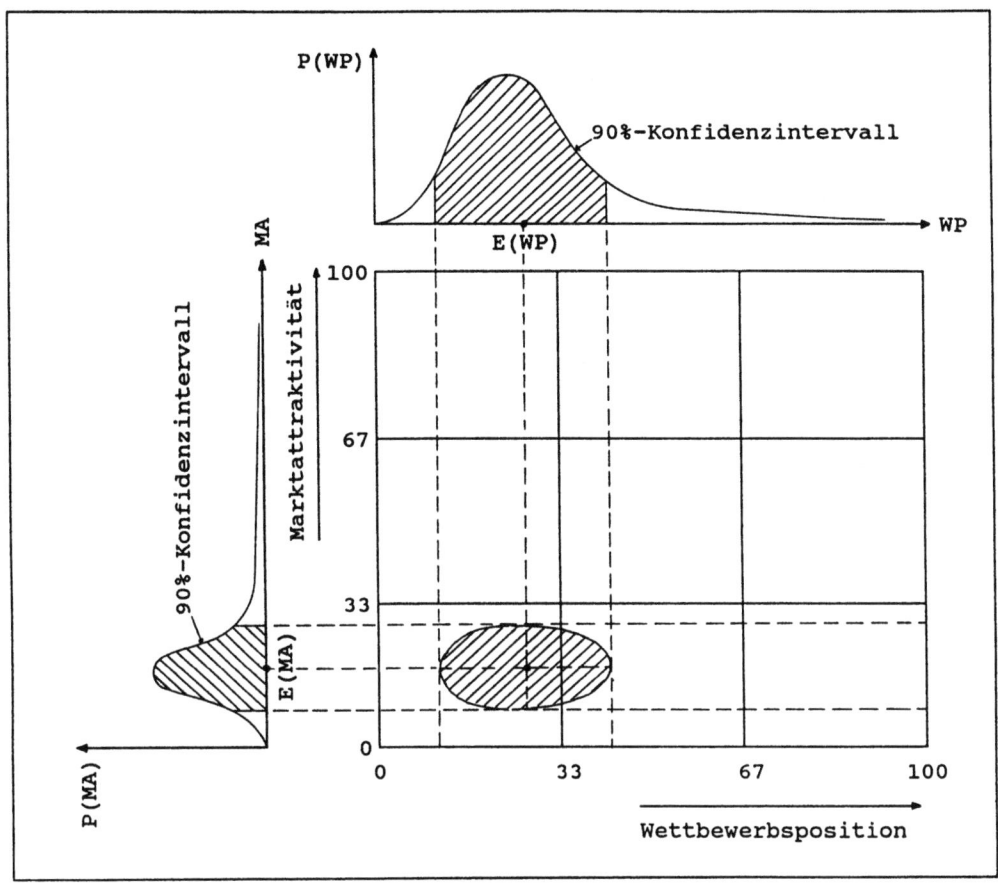

Quelle: *In Anlehnung an Kirsch/Trux, 1979, S. 57.*
Abb. 2.33: Bereichspositionierung einer Strategischen Geschäftseinheit

3) Die Ermittlung von Portfolio-Ungleichgewichten

Ein ausgewogenes Portfolio setzt voraus, daß die "Cash-Cows" genügend Mittel erwirtschaften, um das Wachstum der "Stars" und der erfolgversprechenden "Question Marks" zu finanzieren. Aus diesem Grunde ist es unerläßlich, die finanziellen Wirkungen des derzeitigen Portfolios für die Zukunft zu prognostizieren und zu quantifizieren. Aus dieser Analyse lassen sich Erkenntnisse darüber gewinnen, ob zwischen Mittelbindung und Mittelfreisetzung Ungleichgewichte bestehen; diese können erste Hinweise auf einen strategischen Handlungsbedarf liefern.

Die Ermittlung der Cash-Flow-Wirkungen der einzelnen Strategischen Geschäftseinheiten dient als Grundlage zur Abstimmung der Strategischen Geschäftseinheiten-Aktivitäten aus gesamtunternehmerischer Sicht. Der **Netto-Cash-Flow** (Mittelflußsaldo) einer Strategischen Geschäftseinheit (*Gälweiler*, 1982, S. 4836-11) umfaßt folgende Komponenten:
- Investitionen,
- Abschreibungen,
- Veränderungen des Umlaufvermögens,
- Veränderungen der Kundenzahlungen,
- Veränderungen der Lieferantenverbindlichkeiten und
- für die Selbstfinanzierung verfügbare Ergebnisanteile (Ergebnis nach Zinsen, Steuern, Ausschüttung).

Der Netto-Cash-Flow wird in der Regel für einen Planungszeitraum von 3 - 5 Jahren ermittelt. Die Abb. 2.34 zeigt das **Grundschema** zur Ermittlung des Netto-Cash-Flow einer Strategischen Geschäftseinheit. Der so festgestellte Netto-Cash-Flow zeigt, ob die betrachtete Strategische Geschäftseinheit in den nächsten 3 Jahren zusätzliche finanzielle Mittel benötigt oder ob Liquidität freigesetzt wird. Der Saldo der Cash-Flows aller Strategischen Geschäftseinheiten liefert Erkenntnisse über Mittelbedarf bzw. Mittelfreisetzung aus gesamtunternehmerischer Sicht.

Komponenten des Netto-Cash-Flow		1988	1989	1990	1991	1992	1993
		IST	IST	Budget	Planj.I	Planj.II	Planj.III
Investitionen	Mio. DM						
Abschreibungen (bilanz.)	Mio. DM						
Veränderungen des Umlaufvermögens	± Mio. DM						
Veränderung der Lieferantenverbidlichkeiten	± Mio. DM						
Veränderung der Kundenzahlungen	± Mio. DM						
Gesamtergebnis nach Zinsen, Steuern, Dividenden	± Mio. DM						
Netto-Cash-Flow	± Mio. DM						

Quelle: *Nach Gälweiler, 1982, S. 4836-16.*

Abb. 2.34: Tabellarische Darstellung des Netto-Cash-Flow für eine Strategische Geschäftseinheit

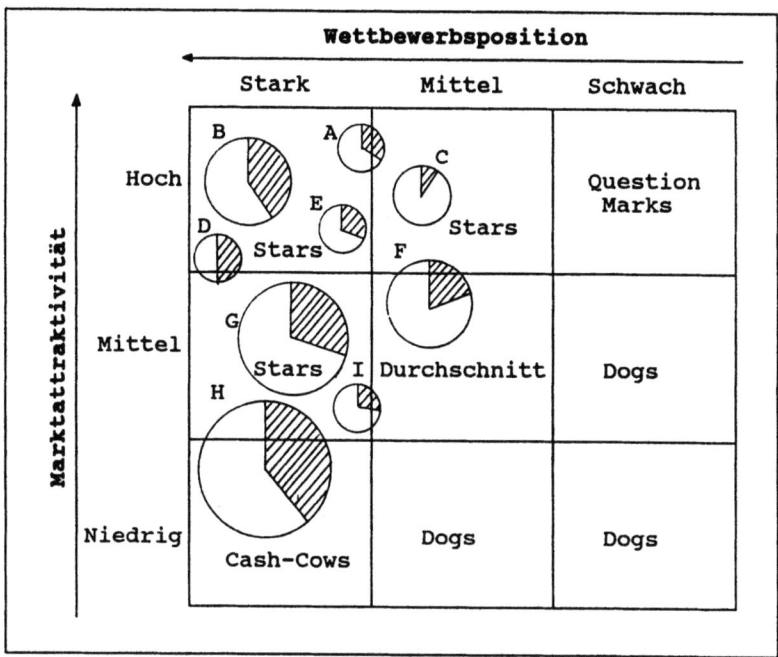

Quelle: *Nach Hofer/Schendel, 1984, S. 83.*

Abb. 2.35: Beispiel für ein optimales Unternehmensportfolio

Die Abb. 2.35 zeigt das Bild eines "optimalen" Portfolios im Hinblick auf das finanzielle Gleichgewicht, welches als Soll-Portfolio vorgegeben werden kann. Die Fläche der Kreise repräsentiert dabei das Marktvolumen der einzelnen Strategischen Geschäftseinheiten, die gestrichelten Segmente deren jeweiligen Marktanteil. Das Ist-Portfolio einer Unternehmung - bzw. das in die Zukunft extrapolierte Portfolio - ist mit einem derartigen "Soll-Portfolio" zu vergleichen. Dadurch wird ersichtlich, ob - und ggf. welche - Geschäftseinheiten "umpositioniert" und ob gegebenenfalls einzelne Strategische Geschäftseinheiten aufgegeben werden müssen.

Das in der Abb. 2.35 dargestellte Portfolio ist insofern optimal, als es genügend etablierte, erfolgreiche Strategische Geschäftseinheiten aufweist, um das Wachstum der erfolgversprechenden Strategischen Geschäftseinheiten zu finanzieren. In der Praxis dürfte die Realisierung eines solchen "optimalen" Portfolios kaum möglich sein, insbesondere dürften immer einige "Question Marks" und "Dogs" vorhanden sein, da man nicht erwarten kann, daß alle Geschäftsbereiche erfolgreich sind (*Hofer/Schendel*,

Basisproblem	Typische Symptome
Zu viele Dogs	- Unzureichender Cash-Flow - Unzureichender Gewinn - Unzureichendes Wachstum
Zu viele Question Marks	- Unzureichender Cash-Flow - Unzureichender Gewinn
Zu viele Cash-Cows	- Unzureichendes Wachstum - Überhöhter Cash-Flow
Zu viele Stars	- Überhöhter Mittelbedarf - Überhöhte Anforderungen an das Management - Instabiles Wachstum und instabiler Gewinn

Quelle: *Nach Hofer/Schendel, 1984, S. 85.*

Abb. 2.36: Die vier Grundtypen unausgewogener Portfolios

1984, S. 82 ff.). Trotzdem ist ein Zustand anzustreben, der mittel- bis langfristig dem optimalen Portfolio nahekommt. Die wesentlichen Nachteile eines suboptimalen, unausgewogenen Unternehmensportfolios sind in der Abb. 2.36 zusammengefaßt. Diesen Nachteilen ist gegebenenfalls mit Hilfe geeigneter Strategien zu begegnen. Welche Hinweise die Position im Unternehmensportfolio für die Strategieentwicklung liefert, wird ausführlich im nachfolgenden Abschnitt behandelt.

4) Die Ableitung strategischer Alternativen aus dem Unternehmensportfolio

Das Gesamtunternehmens-Portfolio bildet die Basis zur Ermittlung von **Normstrategien**. Normstrategien beschreiben die tendenzielle Stoßrichtung für die einzelnen strategischen Geschäftseinheiten; sie müssen im Rahmen der strategischen Planung auf Geschäftsbereichsebene näher konkretisiert werden. Bei der Ableitung von Strategien aus einem Portfolio-Modell ist zu unterscheiden zwischen
- Strategien für bereits bestehende Strategische Geschäftseinheiten und
- Strategien für neu einzurichtende Strategische Geschäftseinheiten.

a) Strategien für bestehende Geschäftsbereiche

Normstrategien für bestehende Geschäftsbereiche lassen sich unmittelbar aus deren strategischer Position im Unternehmensportfolio ableiten. Am

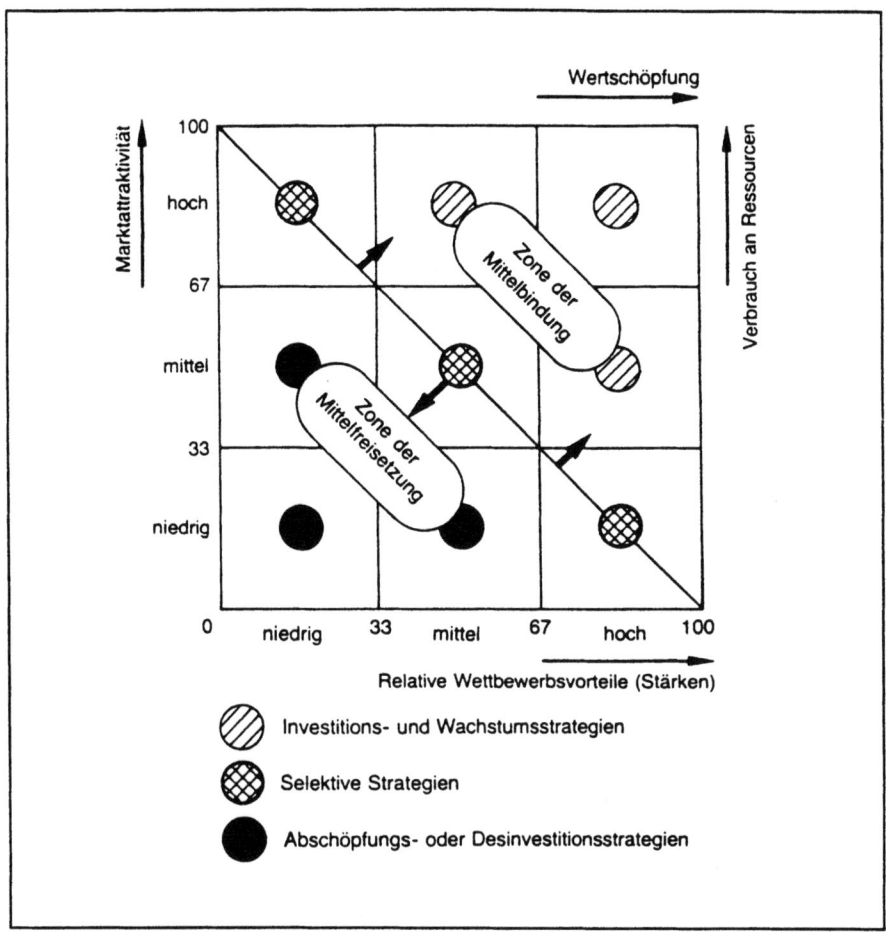

Quelle: *Hinterhuber, 1992a, S. 109.*
Abb. 2.37: Portfoliobereiche und zugehörige Normstrategien

Beispiel der McKinsey-Matrix können generell drei Bereiche (vgl. Abb. 2.37) unterschieden werden:
- die Zone der Mittelbindung,
- die Zone der Mittelfreisetzung und
- die Zone der selektiven Strategien.

Den einzelnen Bereichen können bestimmte **strategische Empfehlungen** (*Kreilkamp*, 1987, S. 495 f.) zugeordnet werden:
- Investitions- und Wachstumsstrategien,
- Abschöpfungs-/Desinvestitionsstrategien bzw.
- selektive Strategien.

Investitions- und Wachstumsstrategien (*Hinterhuber*, 1992a, S. 133) sind für solche Strategische Geschäftseinheiten geeignet, deren Marktattraktivität und relative Wettbewerbsposition mittel bis hoch sind. Diese Strategischen Geschäftseinheiten erfordern zunächst mehr finanzielle Mittel, als sie selbst erwirtschaften können; langfristig gesehen stellen sie jedoch das Erfolgspotential des Unternehmens dar. Ihnen sind genügend Mittel zuzuweisen, damit sie ihre Wettbewerbsposition auf wachsenden Märkten halten oder gar verbessern können.

Abschöpfungs- und Desinvestitionsstrategien sind für solche Geschäftsbereiche zu empfehlen, die langfristig keine Erfolgschancen haben. Bei Strategischen Geschäftseinheiten mit zumindest mittlerer Marktattraktivität bzw. Wettbewerbsposition, bei denen die Deckungsbeiträge noch positiv sind, wird die Unternehmung versuchen, die Cash-Flows dieser Strategischen Geschäftseinheiten ohne zusätzlichen Ressourceneinsatz zu maximieren, um wachsende Strategische Geschäftseinheiten zu finanzieren (Abschöpfungsstrategie). Ist kein positiver Cash-Flow mehr zu erwarten, so ist die Strategische Geschäftseinheit abzustoßen (Desinvestitionsstrategie) (*Hinterhuber*, 1992a, S. 133 ff.).

Selektive Strategien eignen sich für Geschäftsbereiche, die in der Portfolio-Matrix auf der Diagonalen liegen. Drei Arten von selektiven Strategien sind zu unterscheiden:
- Offensivstrategien,
- Defensivstrategien und
- Übergangsstrategien.

Strategische Geschäftseinheiten mit schwacher Wettbewerbsposition auf sehr attraktiven Märkten sollten i. a. eine **Offensivstrategie** verfolgen, um einen Wettbewerbsvorteil zu erringen; erscheint dies nicht möglich, ist es sinnvoller, die Strategische Geschäftseinheit aufzugeben, da eine Offensivstrategie einen hohen Mitteleinsatz erfordert, der zumindest langfristig mit hohen Erträgen kompensiert werden muß. **Defensivstrategien** eignen sich dagegen für Strategische Geschäftseinheiten, die auf unattraktiven Märkten eine starke Wettbewerbsposition innehaben. Ziel ist es, die eigene Wettbewerbsposition zu halten und u. U. Konkurrenten abzudrängen, um trotz des schrumpfenden Marktes einen ausreichend hohen Cash-Flow zu erwirtschaften. Eine **Übergangsstrategie** besteht schließlich darin, die Strategische Geschäftseinheiten in dem mittleren Portfolio-Feld je nach Erfolgsaussichten umzupositionieren, um dann später eine geeignete Strategie ergreifen zu können. Konkret ist zunächst zu versuchen, die eigene Wettbewerbsposition zu verstärken; bei einer Verbesserung der Marktattraktivität können die Strategischen Geschäftseinheiten dann zu Stars ausgebaut werden, bei einer Verschlechterung der Marktattraktivität kann eine Abschöpfungsstrategie ergriffen werden (*Hinterhuber*, 1992a, S. 135 ff.). Einen Überblick über die Charakteristika der einzelnen Normstrategien liefert die Abb. 2.38.

b) Strategien für neue Geschäftsbereiche

Strategien für neue Strategische Geschäftseinheiten stellen durchweg Investitions- und Wachstumsstrategien dar, da sie den Aufbau völlig neuer Geschäftsbereiche oder zumindest die Vergrößerung bestehender Geschäftsbereiche durch Hinzufügung neuer Betätigungsfelder zum Gegenstand haben. Nach dem Ausmaß der Ausweitung der Aktivitäten lassen sich drei **Grundtypen von Strategien** (*Aaker*, 1984, S. 233) unterscheiden:
- Produktinnovation,
- vertikale Integration und
- Diversifikation.

Im Rahmen einer **Produktinnovation** (vgl. hierzu **Marketing 2**, *Berndt*, 1992b, S. 28 ff.) besteht zunächst die Möglichkeit, die Produktlinie einer Strategischen Geschäftseinheit zu erweitern, also neue Produkte aufzunehmen, die das bisherige Sortiment ergänzen. Ferner können auch Produkte auf der Basis völlig **neuer Technologien** entwickelt werden; solche Produkte können die bisherigen technisch überholten Produkte ersetzen und damit neue Absatzpotentiale schaffen (vgl. *Bea*, 1982, S. 451). Des weiteren können neue Produkte entwickelt werden, die zwar keine Ergänzung der Produktlinie darstellen, jedoch das gleiche Marktsegment ansprechen.

Strategien der **vertikalen Integration** (*Aaker*, 1984, S. 241 ff.) zielen darauf ab, den vorhandenen Strategischen Geschäftseinheiten vor- oder nachgelagerte Tätigkeitsfelder als neue Strategische Geschäftseinheiten in das Unternehmensportfolio aufzunehmen. Auch eine Strategie der vertikalen Integration führt zu einer Erweiterung des Produktionsprogramms. Dabei unterscheidet man zwischen einer Vorwärtsintegration, bei der das Unternehmen eine nachgelagerte Produktionsstufe angliedert, und einer Rückwärtsintegration, bei der ein vorgelagerter Geschäftsbereich die Herstellung bisher fremdbezogener Inputgüter zu übernehmen hat. **Vorteile** einer vertikalen Integration liegen darin, daß

Investitions- und Wachstumsstrategien	Ziel:	Halten bzw. Ausbau der Wettbewerbsvorteile gegenüber der Konkurrenz
	Maßnahmen:	Die technischen und marketingpolitischen Anstrengungen müssen darauf gerichtet sein, Schwachstellen zu beseitigen, die solide Wettbewerbsposition zu konsolidieren bzw. weiter auszubauen und Konkurrenzunternehmungen abzuhalten, in diese Marktsegmente einzudringen
	Cash-Flow:	Kurzfristig negativ, mittel- und langfristig positiv
	Bedeutung:	Die strategischen Geschäftseinheiten tragen zum zukünftigen Gewinn und Wachstum der Unternehmung bei und erfordern hohe Investitionen
Selektive Strategien	Ziel:	Wachstum oder Gewinn
	A. Offensivstrategien:	Die Unternehmung muß Wettbewerbsvorteile gegenüber den wichtigsten Konkurrenzunternehmungen aufbauen (z.B. Erhöhung des relativen Marktanteils, Senkung der Stückkosten, stärkere Differenzierung usw.)
	Maßnahmen:	Die strategischen Geschäftseinheiten erfordern hohe Aufbauinvestitionen mit unsicheren ökonomischen Perspektiven und können zum zukünftigen Wachstum der Unternehmung beitragen
	Cash-Flow:	Kurz- bis mittelfristig negativ, langfristig positiv
	Bedeutung:	Aus diesen strategischen Geschäftseinheiten muß die Unternehmung die zukünftigen Gewinnpotentiale auswählen
	B. Übergangsstrategien:	Konsolidierung einer Investitions-/ Wachstumsstrategie oder einer Abschöpfungs- oder Desinvestitionsstrategie mit dem Ziel, den Cash-Flow ohne großen Ressourceneinsatz, jedoch durch Rationalisierungsmaßnahmen zu maximieren
	C. Defensivstrategien:	Die Unternehmung muß ihre relativen Wettbewerbsvorteile halten und Konkurrenzunternehmungen abhalten, in diese Marktsegment einzudringen
	Maßnahmen:	Kostensenkungsprogramme, Produktdifferenzierung, Verbesserung des Kundendienstes, Preispolitik usw.
	Cash-Flow:	Kurz- bis mittelfristig positiv
	Bedeutung:	Die strategischen Geschäftseinheiten tragen zum gegenwärtigen Gewinn der Unternehmung bei und erfordern geringe Investitionen zur Erhaltung der relativen Wettbewerbsvorteile
Abschöpfungs- und Desinvestitionsstrategien	Ziel:	Cash-Flow-Maximierung, Verlustminimierung
	Maßnahmen:	Ausnutzung aller Rationalisierungsreserven und Synergieeffekte in Produktion und Vertrieb
	Cash-Flow:	Kurzfristig positiv, mittel- und langfristig negativ
	Bedeutung:	Die strategischen Geschäftseinheiten können zum gegenwärtigen Gewinn beitragen und erfordern keine wesentlichen zusätzlichen Investitionen, sind aber im allgemeinen desinvestitionsverdächtig

Quelle: *In Anlehnung an Hinterhuber, 1992a, S. 133 ff.*

Abb. 2.38: Überblick über Normstrategien und deren Ausgestaltung

- Kosteneinsparungen möglich werden (z. B. durch Economies of Scale in Verwaltung, Außendienst u. a.),
- die betroffenen Strategischen Geschäftseinheiten von Lieferanten bzw. Abnehmern unabhängig werden,
- die "neuen" Strategischen Geschäftseinheiten später auch einen externen Markt erfolgreich bedienen können,
- technologische Entwicklungen der neuen Strategischen Geschäftseinheiten auch anderen Geschäftsbereichen zugute kommen können.

Nachteile können sich dadurch ergeben, daß
- zusätzliche Kosten entstehen, z. B. aufgrund eines erhöhten Koordinationsbedarfs, die die Kosteneinsparungen übertreffen,
- mangelndes Know-how auf dem betreffenden Tätigkeitsfeld zu Ineffizienz führt,
- eine rückläufige Marktentwicklung bei den ursprünglichen Geschäfts-einheiten die neuen Strategischen Geschäftseinheiten in gleichem Maße trifft und damit die gesamtunternehmerische Rentabilität verstärkt bedroht,
- die Bindung an unternehmensinterne Lieferanten oder an Abnehmer die Flexibilität mindert und die Anpassungsfähigkeit an veränderte Bedingungen auf den Beschaffungs- bzw. Absatzmärkten reduziert.

Eine **Diversifikationsstrategie** (vgl. *Aaker,* 1984, S. 252 ff.) besteht darin, sich mit neuen Produkten auf neuen Märkten zu betätigen. Eine Diversifikation in verwandten Feldern beinhaltet, daß die neuen Geschäftsbereiche mit den alten gewisse Gemeinsamkeiten aufweisen; dadurch wird es möglich, durch den Austausch oder die gemeinsame Nutzung von Fähigkeiten und Ressourcen Synergieeffekte zu erzielen. Bei der Diversifikation in völlig unterschiedliche Geschäftsfelder ist diese Möglichkeit in der Regel nicht gegeben; empirische Untersuchungen zeigen, daß Unternehmen, die in unterschiedliche Felder diversifizieren, unter dem Erfolg anderer Unternehmen bleiben. Auf der anderen Seite ist die **Risikostreuung** im Rahmen einer Diversifikation umso größer, je breiter gefächert die Geschäftsfelder sind. Eine Diversifikationsstrategie erfordert i. a. einen hohen Einsatz an finanziellen, personellen und technischen Ressourcen. Sie kann nicht nur durch Eigenaktivitäten, sondern auch durch Kooperation mit anderen Unternehmen oder durch externes Wachstum erfolgen (vgl. *Bea,* 1982, S. 45 f. und 1990, S. 28 ff.).

Generell sind neue Strategische Geschäftseinheiten dann aufzunehmen, wenn das Ist-Portfolio der Unternehmung anzeigt, daß keine oder nur wenige bestehende Geschäftseinheiten Aussicht haben, zu "Stars" ausgebaut zu werden. In diesem Fall empfiehlt es sich, für die bestehenden Strategischen Geschäftseinheiten Abschöpfungsstrategien zu verfolgen. Durch eine Maximierung des Cash-Flows und durch die Erwirtschaftung ausreichender finanzieller Mittel kann die Einrichtung und der Ausbau der neuen Strategischen Geschäftseinheiten finanziert werden, bis sich diese selbst erhalten können.

VI. Die Ermittlung von Marketingstrategien auf Geschäftsbereichsebene

Die Normstrategien auf der Grundlage des Gesamtunternehmensportfolios geben zwar Hinweise über die grundsätzliche strategische Stoßrichtung, sie sind jedoch relativ grob formuliert. Auf Geschäftsbereichsebene sind sie zu konkretisieren und zu überprüfen. Einem Vorschlag von *Tomczac* (1989, S. 137) folgend wird der Strategieformulierungsprozeß in drei **Ebenen** untergliedert:
- Strategie-Position,
- Strategie-Stil und
- Strategie-Substanz.

Bei der Ebene "**Strategie-Position**" wird zunächst grundsätzlich überprüft, ob die bisherige Marketingstrategie beibehalten werden kann oder nicht. Prinzipiell sind folgende Möglichkeiten gegeben:
- Beibehaltung der Marktposition,
- Umpositionierung oder
- Neupositionierung.

Eine **Beibehaltung der Marktposition** ist dann zu empfehlen, wenn die bisherige Strategie die Bedürfnisse der Zielgruppe ausreichend befriedigt und die Zielgruppe wirtschaftlich tragfähig ist. Zentrales Bestreben ist es in diesem Falle, die Kernzielgruppe zu erhalten. Im wesentlichen handelt es sich hierbei um eine Strategie der Marktdurchdringung, bei der zum einen die traditionellen absatzpolitischen Instrumente, zum anderen aber auch Rationalisierungsmaßnahmen, z. B. im Fertigungsbereich, zum Einsatz kommen (*Bea*, 1982, S. 451). Veränderungen finden hier nur auf instrumentaler Ebene statt, z. B. die Anpassung der Verpakkung an modische Strömungen oder die Aktualisierung der Werbekampagne (*Tomczac*, 1989, S. 117).

Bei der **Umpositionierung** wird die bisherige Zielgruppe zwar auch weitgehend erhalten, es erfolgt aber auch eine gewisse Zielgruppen-Verlagerung bzw. -Erweiterung. Gründe dafür können Einstellungsänderungen bei der bisherigen Zielgruppe, eine zu geringe Größe des Marktsegments oder die Imitation der eigenen Strategie durch die Konkurrenz sein. Die bisherige Marketingstrategie muß dahingehend verändert werden, daß auch die Bedürfnisse von Randzielgruppen befriedigt werden (*Tomczac*, 1989, S. 118). Typische Maßnahmen sind Produktdifferenzierung, ggf. in Verbindung mit einer Preisdifferenzierung, oder die Erschließung neuer Distributionswege, z. B. Vertrieb auch über Verbrauchermärkte, wenn bisher nur der Fachhandel beliefert wurde, u. ä.

Wenn auf der Basis der bisherigen Marketingstrategie keine Marktchancen mehr bestehen - beispielsweise, wenn das Produkt obsolet geworden ist -, so ist eine **Neupositionierung** erforderlich. Anzusprechen ist eine völlig neue Zielgruppe durch eine grundlegend unterschiedliche Marketingstrategie. Kern einer solchen Strategie ist es, ein neues (günstigeres) Preis-Leistungs-Verhältnis zu schaffen. Denkbar ist z. B. der Wechsel von einer Discounter-Strategie zu einer Markenartikler-Strategie. Auf instrumentaler Ebene ist an starke Qualitätsverbesserungen mit einhergehender Preiserhöhung oder auf die Hervorhebung eines einzigartigen Produktnutzens zu denken ("unique sellig proposition") (*Tomczac*, 1989, S. 118 f.).

Die zweite Ebene, der **Strategie-Stil**, zielt auf die Rolle ab, die ein Unternehmen im Vergleich zur Konkurrenz auf den aktuellen bzw. potentiellen Märkten einzunehmen beabsichtigt. Man unterscheidet
- Marktführer,
- Marktherausforderer,
- Marktmitläufer sowie
- Marktnischenbearbeiter.

Für **Marktführer** ist ein aggressives Wettbewerbsverhalten typisch, das auf eine Intensivierung der Aktivitäten abzielt, auf die der Markterfolg einer Strategischen Geschäftseinheit zurückzuführen ist. Ständiges Bemühen eines Marktführers ist es, seinen Wettbewerbsvorsprung zu erhalten. **Marktherausforderer** versuchen, die Position des Marktführers anzugreifen und ihren Marktanteil zu erhöhen. Typische Maßnahmen sind drastische Preissenkungen oder massive Werbekampagnen. **Marktmitläufer** passen sich dem Wettbewerb an und bemühen sich lediglich, ihren Marktanteil zu halten. Aggressive Marketingmaßnahmen werden vermieden, das Verhalten ist rein defensiv. **Marktnischenbearbeiter** spezialisieren sich schließlich auf kleinere Marktsegmente. Oft können sie dadurch Qualitäts- oder Kostenvorsprünge aufbauen und sich durch ergänzende Leistungen wie Service, Kundendienst u. ä. profilieren.

Die dritte Ebene, **Strategie-Substanz**, befaßt sich mit der Art des im Markt angestrebten strategischen Vorteils. Dabei können unterschieden werden
- Preis- bzw. Kostenführerschaft und
- Differenzierung.

Die Strategie der **Preis- bzw. Kostenführerschaft** zielt darauf ab, umfassende Kostenvorteile zu erzielen; dies ermöglicht die Erzielung hoher Gewinne bei Vorhandensein von Qualitätsvorteilen oder aber das Verfolgen einer Billigpreisstrategie. Voraussetzung ist die Ausnutzung von Economies of Scale und Erfahrungskurveneffekten. Hohe Kostensenkungspotentiale sind oft in den Bereichen F&E, Service, Außendienst und Werbung vorhanden; auch bei der Produktgestaltung können auf der Grundlage einer Wertanalyse Kosteneinsparungen vorgenommen werden (vgl. *Porter*, 1980, S. 35 ff.).

Die Strategie der **Differenzierung** besteht dagegen darin, das Produkt von der Konkurrenz abzuheben mit dem Ziel, daß es von den Konsumenten als einzigartig wahrgenommen wird. Maßnahmen zur Erzielung von Differenzierungsvorteilen können in folgenden Bereichen erfolgen:
- Qualität,
- Design,
- Markenname,
- Service, Kundendienst,
- Technologie und
- Vertriebsnetz.

Hierfür müssen die erforderlichen Voraussetzungen - sofern nicht bereits vorhanden - gezielt geschaffen werden. Eine Differenzierungsstrategie ruft Markentreue hervor und macht die Marktstellung weniger angreifbar; allerdings ist eine Erhöhung des Marktanteils dadurch nicht immer realisierbar: Maßnahmen zur Erzielung von Differenzierungsvorteilen erfordern hohe Aufwendungen z. B. für F&E, hochwertige Materialien, intensive Kundenbetreuung, was sich entsprechend auf die Preise niederschlägt. Dadurch ist das Absatzpotential oft auf kleine, exklusive Zielgruppen begrenzt (*Porter*, 1980, S. 37 ff.). Die Abb. 2.39 zeigt abschließend die grundsatzstrategische Entscheidungshierarchie.

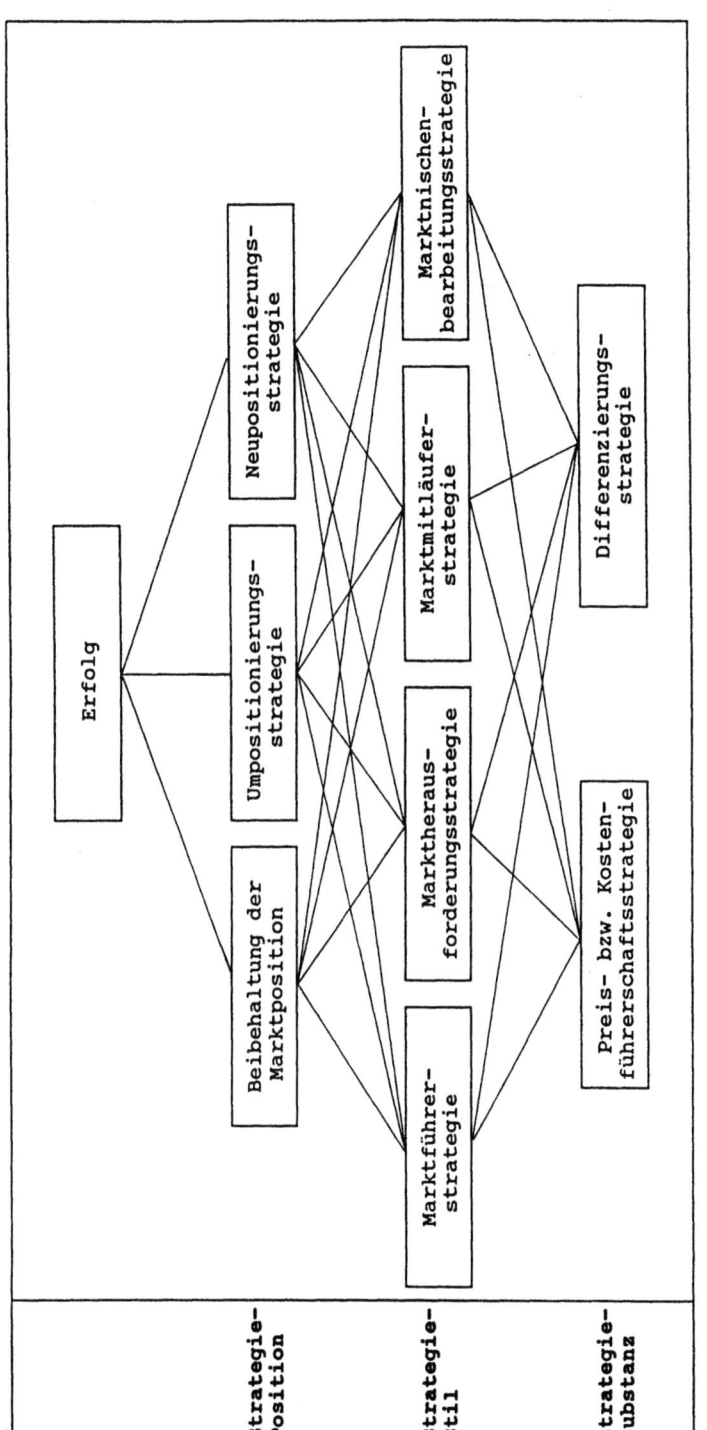

Quelle: *Nach Tomczac, 1989, S. 141.*

Abb. 2.39: Strategische Entscheidungshierarchie

VII. Die Bewertung und Auswahl von Strategien

Eine zentrale Bedeutung im Rahmen der strategischen Planung kommt der Bewertung und Auswahl von Strategien zu. In dieser Phase des strategischen Planungsprozesses sollen die ermittelten Strategien im Hinblick auf ihre Zielerfüllung bewertet werden. Basis hierfür sind Wirkungsprognosen, welche die Auswirkungen geplanter Maßnahmen auf die Zielgröße(n) zum Ausdruck bringen (vgl. **Marketing 1**, *Berndt*, 1992a, S. 195). Von den zahlreichen Ansätzen sollen zwei Klassen von Modellen näher charakterisiert werden:
- investitionstheoretische Ansätze und
- Simulationsmodelle.

1) Investitionstheoretische Ansätze

Strategien zur Umpositionierung, Neupositionierung und zum Aufbau neuer Strategischer Geschäftseinheiten, aber auch solche zur Beibehaltung der Wettbewerbsposition erfordern je nach Ausgestaltung unter Umständen hohe Investitionen. Aus diesem Grunde eignen sich zur Bewertung alternativer Strategien investitionstheoretische Modelle. Im Rahmen der **Kapitalwertmethode** wird der ökonomische Gegenwartswert einer Investition aus der Sicht eines an langfristiger Gewinnmaximierung interessierten Anlegers ermittelt (*Wilde*, 1989, S. 235). Unter der Annahme eines Kalkulationszinses i (Finanzierungskosten oder Opportunitätskosten durch entgangene Gewinne aus alternativen Anlagemöglichkeiten) berechnet sich der Kapitalwert C_0 einer Investition als

$$C_0 = \sum_{t=1}^{T} NCF_t \cdot (1 + i)^{-t} - I_0$$

mit
NCF_t : Netto-Cash-Flow aus der betrachteten Investition im Zeitpunkt t,
i : Kalkulationszins,
I_0 : Anschaffungsauszahlung, z. B. einmalige Investitionen für den Aufbau einer neuen Strategischen Geschäftseinheit.

Bei alternativen geplanten Strategien wird diejenige realisiert, welche den höchsten Kapitalwert mit sich bringt; wird eine einzelne Strategie beurteilt, so ist sie nur dann zu realisieren, wenn $C_0 \geq 0$ gilt. Das zentrale Problem bei der Kapitalwertmethode besteht in der Prognose der Ein- und Auszahlungsströme, in der Bestimmung der Kapitalkosten und des Planungshorizonts. Der Netto-Cash-Flow der einzelnen Perioden kann zum einen mittels direkter Schätzung, zum anderen nach folgender Gleichung (*Wilde*, 1989, S. 236) geschätzt werden:

$$NCF_t = S_{t-1} \cdot (1 + g_t) \cdot (1 - T_t) \cdot p_t - S_{t-1} \cdot g_t \cdot (f_t + w_t) \quad \text{(für alle t)}$$

mit

S_t : Umsatz des Geschäftsfelds in Periode t,
g_t : Wachstumsrate des Geschäftsfelds in Periode t,
T_t : Steuersatz in Periode t,
p_t : Umsatzrendite vor Zins und Steuer in Periode t,
f_t : Zuwachs des Anlagevermögens pro Geldeinheit Umsatzzuwachs in Periode t,
w_t : Zuwachs des Umlaufvermögens pro Geldeinheit Umsatzzuwachs in Periode t.

Vorteilhaft bei dieser Vorgehensweise ist die Tatsache, daß der Investor die Einflußgrößen auf den Cash-Flow analysieren muß. Als Kapitalkosten werden die durchschnittlichen, nach der Finanzierungsart gewichteten Kapitalkosten des zusätzlichen Kapitalbedarfs angesetzt (*Wilde*, 1989, S. 236). Beim Eigenkapitalkostensatz kommen grundsätzlich Opportunitätskostenüberlegungen in Betracht. Bei der Bestimmung des Planungshorizonts (*Wilde*, 1989, S. 230) ist insbesondere bei jungen oder gar neu aufzubauenden Geschäftseinheiten darauf zu achten, daß die späteren, ökonomisch interessanteren Phasen des Produktlebenszyklus im Planungshorizont mitberücksichtigt werden.

2) Simulationsmodelle

Simulationsmodelle stellen allgemein Zusammenhänge zwischen den betrachteten Erfolgsgrößen und den einzelnen Erfolgsdeterminanten auf; Ziel von Simulationsmodellen ist es, die Realität möglichst getreu abzubilden, um darauf aufbauend die Auswirkungen von alternativen Umweltentwicklungen und Aktionsparametern auf den Erfolg gezielt zu untersuchen. Allgemein werden mit Hilfe von Simulationsmodellen auf der

Basis genau definierter Wirkungsrelationen eine Vielzahl von Handlungsmöglichkeiten durchgespielt; die Ergebnisse der Simulation zeigen auf, welche Maßnahmenbündel den größten Erfolg versprechen. Die endgültige Entscheidung bleibt dabei - im Gegensatz zu Optimierungsansätzen - dem Manager überlassen (vgl. *Bea*, 1988, S. 75). Simulationsmodelle können für sämtliche betrieblichen Bereiche aufgestellt werden (für die Beschaffung, die Produktion, den Absatz und die Finanzen; vgl. den Überblick bei *Hannsmann*, 1982, S. 322 ff.). Als ein beispielhaftes Simulationsmodell speziell für das Marketing soll im folgenden ein Ansatz von *Schmalen* (1979) dargestellt werden. Gegenstand des Modells ist die Planung der optimalen Einführungsstrategie für ein neues Produkt; das Modell ist also anwendbar für eine Produktinnovation als eine spezielle Ausprägung einer Investitions- und Wachstumsstrategie. Grundlage ist das **Diffusionsmodell** von *Bass* (1969) bei diskreter Zeitbetrachtung (vgl. **Marketing 2**, *Berndt*, 1992b, S. 93 ff.). Ausgangspunkt ist die Gleichung

$$y_t = a \cdot (\bar{Y} - Y_{t-1}) + \frac{b}{\bar{Y}} Y_{t-1} \cdot (\bar{Y} - Y_{t-1}) \qquad \text{(für alle t)}$$

mit
- y_t : Zahl der Adoptionen in der Periode t; unter der Annahme, daß weder Mehrfach- noch Ersatzbedarf auftreten, entspricht y_t der Absatzmenge in t,
- $\bar{Y}$: Marktpotential,
- Y_{t-1} : kumulierte Adoptionen bis zum Zeitpunkt t-1,
- a : Innovationskoeffizient,
- b : Imitationskoeffizient.

Der Ausdruck $(\bar{Y} - Y_{t-1})$ repräsentiert das in der Periode t noch verbleibende Marktpotential; die Innovatorennachfrage entwickelt sich autonom als konstanter Anteil a des verbleibenden Marktpotentials, die Imitatorennachfrage als konstanter Anteil b/Y aus der Interaktion (interpersonelle Kommunikation oder Nachahmungseffekte) zwischen den aktuellen Übernehmern Y_{t-1} und den verbleibenden potentiellen Übernehmern $(Y - Y_{t-1})$. Die Zahl der kumulierten Adoptionen Y_{t-1} berechnet sich als

$$Y_{t-1} = \sum_{\tau=1}^{t-1} y_\tau \qquad \text{(für alle t).}$$

Dieses Modell wurde von *Schmalen* (1979) zu einem Marketing-Mix-Modell erweitert. Das Modell wurde speziell zur Ermittlung von Marketingstrategien in der Einführungsphase eines neuen Produktes entwikkelt. Zielsetzung des Simulationsmodells ist es, die optimale Preis-, Werbe- und Lizenzstrategie in einer Konkurrenzsituation zu ermitteln. Das Modell besteht aus drei Submodellen:
- dem Umsatzmodell,
- dem Kostenmodell und
- dem Gewinnmodell.

Die wesentlichen Elemente der einzelnen Submodelle werden im folgenden näher erläutert.

Umsatzmodell:

Zunächst werden die einzelnen Anbieter i mit einem Gewicht q^i_t für die einzelnen Perioden t versehen; für den Pionierunternehmer, der die Neuerung eingeführt hat, gilt $q^1_t = 1$; die übrigen Konkurrenten erhalten nach dem Zeitpunkt des Markteintritts abgestufte Gewichte (*Schmalen*, 1979, S. 66 ff.). Dies geschieht, weil in den Augen der Nachfrager Maßnahmen des Pioniers mehr Beachtung finden als solche von Konkurrenten, welche die Neuerung nur nachahmen. Die Gesamtnachfrage wird dahingehend aufgespalten, daß für die Innovatoren- und die Imitatorennachfrage ein unterschiedliches Marktpotential angesetzt wird. Y_1 bezeichnet das Innovatoren-Potential, Y_2 das Imitatoren-Potential. Die **Innovatorennachfrage** entwickelt sich gemäß

$$y_{1t} = h_{1t} (\bar{Y}_1 - \sum_{\tau=1}^{t-1} y_{1\tau}) \quad \text{(für alle t)},$$

die **Imitatorennachfrage** gemäß

$$y_{2t} = h_{2t} (\bar{Y}_2 - \sum_{\tau=1}^{t-1} y_{2\tau}) \quad \text{(für alle t)}.$$

h_{1t}, h_{2t} sind noch näher zu spezifizierende Funktionen in Abhängigkeit der absatzpolitischen Instrumente; sie geben an, zu welchem Anteil in jeder Periode das noch verbleibende Marktpotential ausgeschöpft wird. Die Funktionen h_{1t}, h_{2t} werden wie folgt bestimmt:

$$h_{1t} = \cfrac{1}{1 + a_1 \cfrac{(p_t)^{\alpha_1}}{(N_t)^{\tau} \cdot (W_t)^{\beta_1}}} \quad \text{(für alle t) und}$$

$$h_{2t} = \cfrac{1}{1 + a_2 \cfrac{(p_t)^{\alpha_2}}{(\bar{Y}_t^*)^{\delta} \cdot (W_t)^{\beta_2}}} \quad \text{(für alle t)} .$$

Dabei sind

p_t : über alle Anbieter gewogener Durchschnittspreis in Periode t,

W_t : über alle Anbieter gewogene Werbeaufwendungen in Periode t,

N_t : Neuheitsgrad des Produktes in Periode t ($0 \le N_t \le 1$); der Neuheitsgrad des Produktes wird als Funktion der F&E-Ausgaben angenommen,

$\bar{Y}_t^*$: über alle Anbieter gewogener Marktsättigungsgrad in Periode t; der Marktsättigungsgrad eines Anbieters berechnet sich als Y^i_{t-1}/Y,

$a_1, a_2, \alpha_1, \alpha_2, \beta_1, \beta_2, \tau, \delta$: Funktionsparameter.

Als Gewichte werden die zuvor bestimmten q^i_t-Werte herangezogen. Die beiden Funktionen h_{1t}, h_{2t} unterscheiden sich darin, daß für die Innovatorennachfrage eine Abhängigkeit vom Neuheitsgrad des Produktes N_t unterstellt wird, für die Imitatorennachfrage dagegen - gemäß der Annahme des Bass-Modells - eine Abhängigkeit vom erreichten Marktsättigungsgrad, also von der Zahl der bisherigen Übernehmer bezogen auf das Marktpotential. Abb. 2.40 zeigt schematisch die Wirkungsrichtung der Einflußfaktoren auf die Innovatoren- bzw. Imitatorennachfrage. Der Absatz des i-ten Anbieters in der Periode t läßt sich gemäß

$$y^i_t = y_{1t} \cdot MA^i_{1t} + y_{2t} \cdot MA^i_{2t} \quad \text{(für alle i,t)}$$

ermitteln; MA^i_{1t} ist der Marktanteil des Anbieters i bezüglich der Innovatoren, MA^i_{2t} der Marktanteil bezüglich der Imitatoren jeweils in Periode t (zur formalen Bestimmung der Marktanteile vgl. *Schmalen*, 1979, S. 77 ff.). Der Umsatz des Anbieters i in Periode t resultiert dann als

$$U^i_t = p^i_t \cdot y^i_t \quad \text{(für alle i, t)} .$$

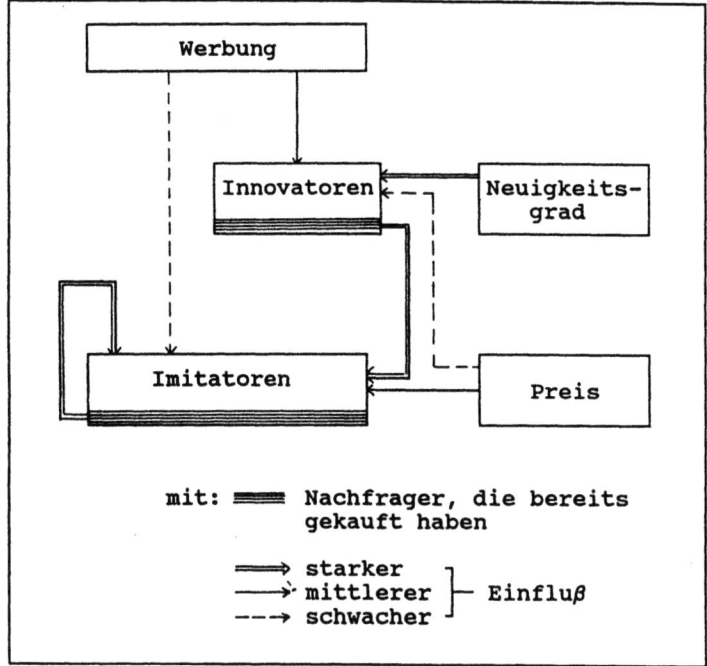

Quelle: *Schmalen, 1979, S. 76*.
Abb. 2.40: Einflußfaktoren der Innovatoren- und Imitatorennachfrage

Kostenmodell:

Im Kostenmodell werden folgende Kostenarten (*Schmalen*, 1979, S. 84 ff.) berücksichtigt:
- F&E-Ausgaben,
- Lizenzgebühren,
- Neu- und Umbauausgaben sowie
- laufende Betriebsausgaben.

Die **F&E-Ausgaben** des i-ten Anbieters ergeben sich als Produkt aus den durchschnittlichen F&E-Ausgaben pro Periode (e^i) und der Entwicklungszeit in Perioden (τ^i):

$E^i = e^i \cdot \tau^i$ (für alle i) .

Übernimmt der Nachahmer vom Pionierunternehmen eine Lizenz, dann hat er pro abgesetztem Stück eine **Lizenzgebühr** zu entrichten. Die Lizenzgebühr L^i ist eine Funktion der Entwicklungskosten des Pioniers, E^1, und der Lizenzkaufperiode des Nachahmers i, t^i_L:

$$L^i = \frac{E^1}{\bar{Y}} \cdot \frac{b}{(t^i_L)^\lambda} \quad \text{(für alle i)} .$$

Für den **Neu- und Umbau** der vorhandenen Produktionsanlagen entstehen dem i-ten Anbieter Ausgaben in Höhe von

$$V^i = c(N^i)^\eta \quad \text{(für alle i)} ;$$

c bezeichnet dabei die Aufwendungen, die bei einem Neuheitsgrad N^i von 1, d. h. für eine bahnbrechende Innovation, entstehen würden. Je geringer der Neuheitsgrad, umso geringer sind demnach die Umrüstkosten. Für die **laufenden Betriebsausgaben** je Stück (B^i_t) des Anbieters i gilt

$$B^i_t = k + BA^i + AZ_t^{\,i} \quad \text{(für alle i, t)} .$$

Dabei sind
k : laufende Stückausgaben der Vorgänger-Produktgeneration,
BA^i : Basis-Stückausgabenänderung aufgrund des technischen Fortschritts; diese ist eine Funktion des Neuheitsgrades des Produktes,
$AZ_t^{\,i}$: Zusatz-Stückausgabenänderung; diese ist eine fallende Funktion der kumulierten Produktionsmenge und kann als Lernkurve interpretiert werden.

Gewinnmodell:

Das Gewinnmodell resultiert aus der Zusammenfassung aus dem Umsatz- und dem Kostenmodell. Die **Ein- und Auszahlungen des Pioniers in der Periode t** ergeben sich als

$$ZA^1_t = (p^1_t - B^1_t) \cdot (y^1_{1t} + y^1_{2t}) - W^1_t + \sum_{i=2}^{n_t} L^i (y^1_{1t} + y^1_{2t}) \quad \text{(für alle t)} .$$

Außerdem sind noch die Entwicklungskosten E^1 und die Umbaukosten V^1 zu berücksichtigen. Daraus kann schließlich der Kapitalwert des Pioniers über den gesamten Planungszeitraum bei einem Kalkulationszins i berechnet werden.

Die Ein- und Auszahlungen des i-ten Nachahmers in der Periode t berechnen sich als

$$ZA_t^i = (p_t^i - B_t^i - L_t^i) \cdot (y_{1t}^i + y_{2t}^i) - W_t \quad \text{(für alle i, t)} ;$$

auch hier sind noch die Entwicklungskosten E^i und die Umbaukosten V^i zu berücksichtigen. Bei einem Kalkulationszins i kann dann ebenfalls der Kapitalwert über den gesamten Planungszeitraum errechnet werden.

Damit ist das Modell vollständig beschrieben. Mittels der Simulation wird anschließend untersucht, welchen Kapitalwert der Pionier erwarten kann, wenn er bei der Produkteinführung folgende alternativen **Strategien** einleitet:
- eine Skimming- oder eine Penetration-Preisstrategie,
- eine Strategie der Einführungswerbung oder eine Strategie der Dauerwerbung,
- eine Strategie der sofortigen oder verzögerten Lizenzvergabe.

Hinsichtlich des Verhaltens der Konkurrenz werden folgende Annahmen (*Schmalen*, 1979, S. 112) getroffen:
- Die Konkurrenz wird den Preis des Pioniers stets unterbieten;
- die Werbeausgaben der Konkurrenz werden stets etwas höher sein als beim Pionier;
- bei Lizenzverhandlungen kann der Pionier die Konkurrenz nur eine begrenzte Zeit hinhalten;
- die Konkurrenz wird über den gesamten Planungszeitraum am Markt bleiben.

Ausgehend von bestimmten Ausgangswerten für die einzelnen Modellparameter wird untersucht, welche Auswirkungen alternative Parameterwerte und Marketing-Strategien auf den Gewinn herbeiführen. Die Analyse erfolgt aus der Sicht des Pionierunternehmens; selbstverständlich lassen sich entsprechende Simulationen auch aus der Sicht eines beliebigen Mitanbieters i durchführen.

Im Vergleich zu analytischen Modellen weisen Simulationsmodelle folgende **Vorteile** auf (vgl. *Bea*, 1988, S. 75):

- Simulation ist dem menschlichen Problemlösungsverhalten angepaßt: Das Durchspielen von Alternativen im Sinne eines Abwägens der Vor- und Nachteile von Handlungsmöglichkeiten entspricht dem Entscheidungsverhalten in der Praxis.
- In Simulationsmodellen lassen sich eine große Zahl an Variablen einbauen; dadurch können komplexere Modelle aufgestellt werden, die die Realität weit besser abbilden als analytische Modelle, welche häufig sehr restriktive Prämissen aufweisen; gleichzeitig wird der Lösungsaufwand durch den Einsatz der EDV vereinfacht.
- Der Zielbildungsprozeß kann in ein Simulationsmodell integriert werden.

VIII. Strategische Budgetierung

Ein **Budget** kann nach Wild (1974, S. 325) als schriftliche Zusammenfassung der in Geldeinheiten bewerteten Soll-Ergebnisse geplanter Aktivitäten bestimmter Organisationseinheiten für einen bestimmten Zeitraum gekennzeichnet werden. Eine Vorgabe von Budgets macht erforderlich, daß die Organisationsstruktur festgelegt ist und daß Aktivitäten für die Betrachtungsperiode geplant worden sind. Budgets erlauben eine Kontrolle von Organisationseinheiten. In der Abb. 2.41 wird der Zusammenhang zwischen der Planung und der Budgetierung am Beispiel des Marketing dargestellt. Wenn auch Budgets vielfach nur als Kostenvorgaben angesehen werden, so können sie dennoch grundsätzlich neben einem Kostenteil auch einen Leistungsteil (z. B. Erlöse) enthalten.

Wesentliche **Budgetfunktionen** (Wild, J. 1974, S. 326 ff.) sind
- in der Verpflichtung von Entscheidungsträgern auf Zielvorgaben,
- in der Ermöglichung einer laufenden (Selbst-)Kontrolle (im Sinne einer Budgetüberwachung),
- in der Ermöglichung einer ergebnisorientierten Mitarbeitermotivation und -beurteilung und
- in der Koordination verschiedener organisatorischer Einheiten zu sehen.

Ein koordiniertes Verhalten verschiedener organisatorischer Einheiten wird dadurch ermöglicht, daß den Budgetvorgaben Planungen zugrunde liegen, die aufeinander abgestimmt sind. Die empirischen Befunde hinsichtlich der Zwecke der Budgetierung (vgl. den Überblick bei Eisenführ, 1992, Sp. 365 ff.) sind uneinheitlich. Befragungen von Managern in den USA (Umpathy, 1987), Großbritannien (Lyne, 1988), Deutschland (Horvath, 1985) und

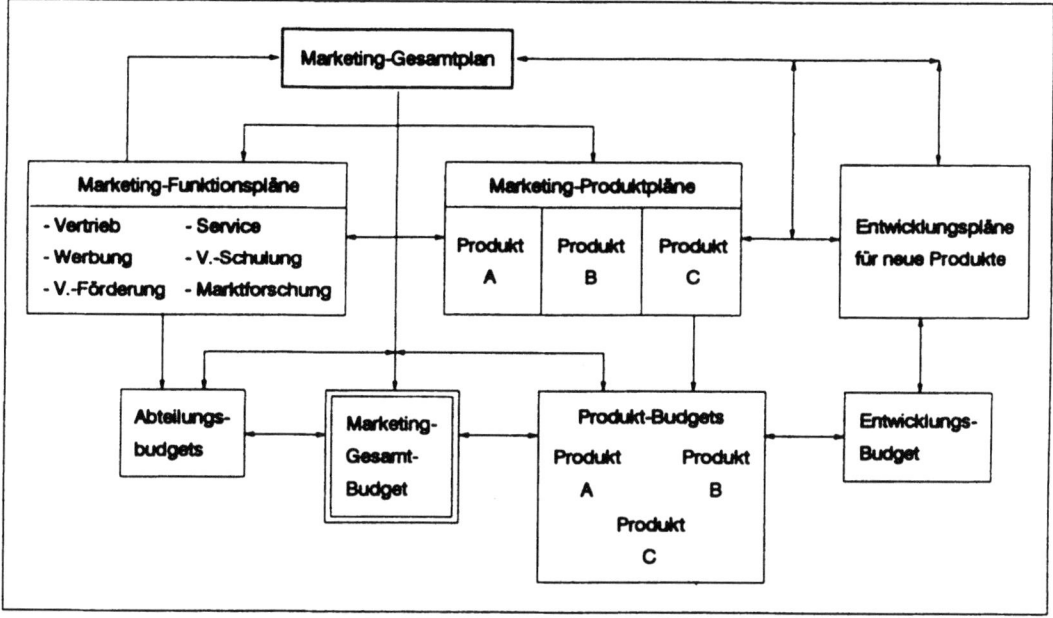

Quelle: *Wild, 1974*, S. 380.

Abb. 2.41: Zusammenhang zwischen Marketingplanung und -budgetierung

Schweden (Samuelson, 1986) zeigen zwar, daß Planungs- und Koordinations-, Kontroll- sowie Motivations- und Entlohnungszwecke von Bedeutung sind, die relative Bedeutung ist jedoch unterschiedlich. Erforderliche weitergehende statistische Analysen fehlen noch.

Die Budgetierung umfaßt alle Konzepte und Instrumente zur Erstellung von Vorgaben für einzelne Organisationseinheiten. Sie kann erstens als **strategische** Budgetierung (auf der Basis strategischer Pläne; vgl. Abb. 2.42) oder als **operative** Budgetierung (auf der Basis operativer Pläne) erfolgen. Die **strategische** Budgetierung dient dazu, die betroffenen Stellen frühzeitig auf die finanziellen Konsequenzen der strategischen Marketingpläne hinzuweisen.

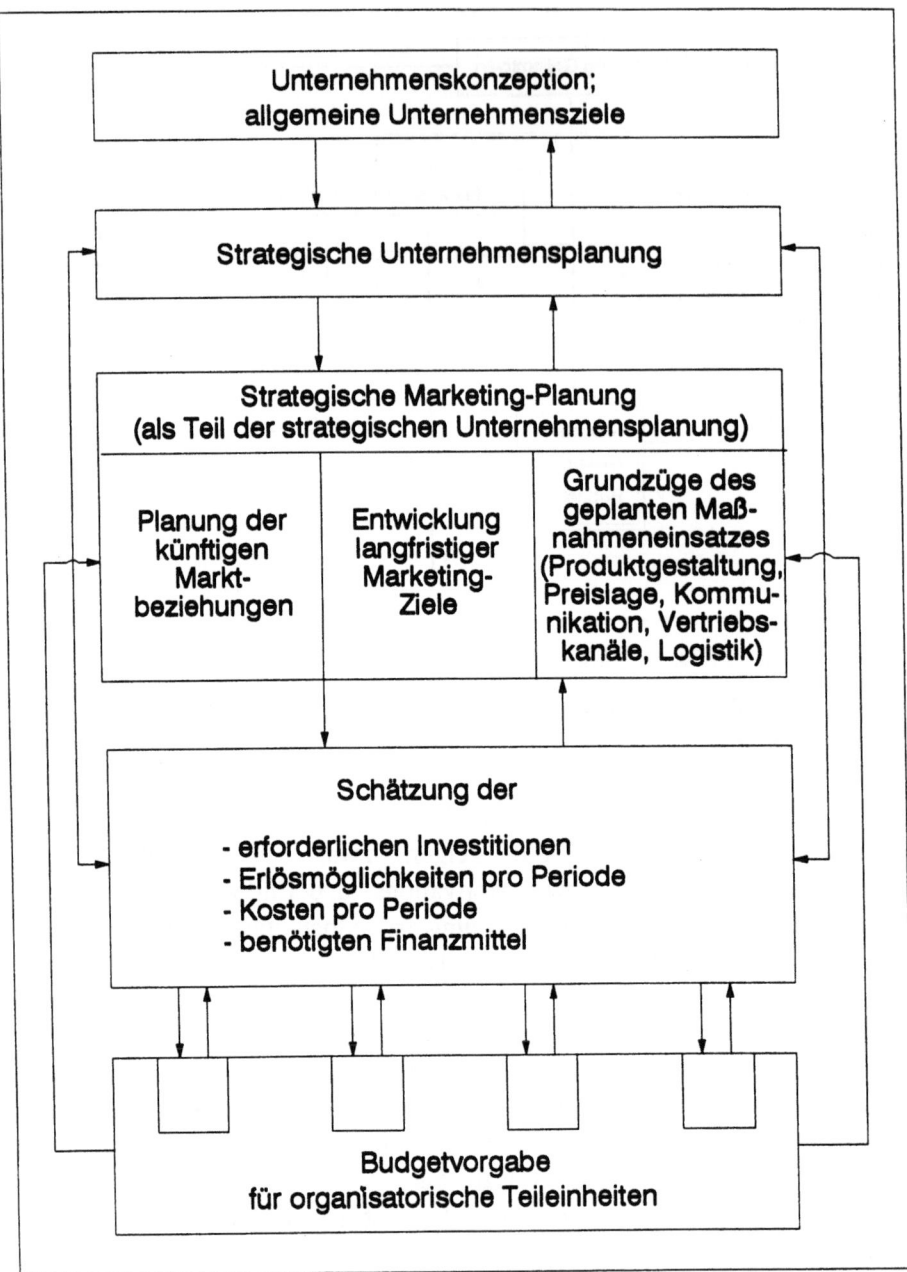

Quelle: *Köhler, 1992, S. 315.*

Abb. 2.42: Grundzusammenhänge der strategischen Budgetierung

C. Taktische und operative Planung

I. Die Umsetzung strategischer Pläne in taktische und operative Maßnahmen

Im Anschluß an die Entwicklung von Strategien sind diese noch zu implementieren, d. h. in taktische und operative Maßnahmen umzusetzen. Im Rahmen der taktischen Planung werden mittel- bis langfristige Aktionsprogramme entwickelt; solche Aktionsprogramme setzen Zwischenziele, für deren Erreichung wiederum kurzfristige operative Maßnahmen geplant werden müssen. Inhalte der **taktischen Planung** sind beispielsweise Überlegungen hinsichtlich der anzubietenden Produkte, der Vertriebswege, der zu beliefernden Abnehmergruppen, der grundsätzlich zu setzenden Preise (Preissenkungen im Rahmen von Sonderangeboten fallen dagegen in den operativen Bereich), die Planung von Werbekampagnen u. ä. Ergänzend ist auch eine detaillierte Ressourcenplanung durchzuführen: Es sind Prognosen zu erstellen bezüglich der für die Herstellung und den Absatz der geplanten Produkte erforderlichen Kapazitäten, Arbeitskräfte, Rohstoffe usw. Schließlich sind diese Aktionsprogramme in monetäre Größen (Einnahmen, Ausgaben, Deckungsbeiträge, Kapitalbedarf u. ä.) zu überführen. Die **Vorteile der taktischen Planung** (*Hinterhuber*, 1992b, S. 216 f.) sind darin zu sehen, daß
- langfristige Projekte rechtzeitig begonnen werden können,
- die Führungskräfte auf den Wandel vorbereitet sind und auf strategische Überraschungen schneller reagieren können,
- kurzfristige Entscheidungen in eine langfristige Gesamtkonzeption besser integriert werden können.

Die **operative Planung** ist dagegen kurzfristig angelegt und dient zur Konkretisierung taktischer Aktionsprogramme. Der Planungshorizont beträgt meist ca. 1 Jahr. Im einzelnen beinhaltet die operative Planung folgende **Schritte** (vgl. *Töpfer*, 1984, S. 85 f., *Hinterhuber*, 1992b, S. 217):
- Zerlegung der taktischen Aktionsprogramme in detaillierte Maßnahmenpläne; Ergebnis soll ein vollständiger Aktionenkatalog sein;
- Erstellung eines Terminplanes zur Festlegung zeitlicher Prioritäten der einzelnen Aktionen; zu beachten sind die Interdependenzen der verschiedenen Teiloperationen;
- Zuteilung eines verantwortlichen Leiters für jede Teiloperation; evtl. Bildung von bereichsübergreifenden Projektteams;

- Bestimmung der für die Ausführung jeder Teiloperation erforderlichen Zeit;
- Festlegung der erforderlichen finanziellen Mittel zur Maßnahmenrealisation und Zuteilung der Budgets auf die verschiedenen Strategischen Geschäftseinheiten und auf die verschiedenen Marketing-Instrumente wie auch auf die übrigen Unternehmensfunktionen.

Taktische und operative Planung speziell im Marketing-Bereich sind Gegenstand der **Marketing-Politik** (vgl. hierzu **Marketing 2**, *Berndt*, 1992b). Die Marketing-Politik umfaßt die Instrumentalbereiche
- Produkt-, Sortiments- und Servicepolitik,
- Kontrahierungspolitik,
- Kommunikationspolitik und
- Distributionspolitik.

Im Rahmen der Produkt-, Sortiments- und Servicepolitik sind vielfältige Handlungsalternativen gegeben, bei der **Produktpolitik** z. B.
- die Entwicklung neuer Produkte,
- die Produkt- und Verpackungsgestaltung sowie Namensgebung,
- die Produktdifferenzierung,
- die Produktvariation oder
- die Herausnahme von Produkten aus dem Markt.

Gegenstand der **Sortimentspolitik** ist die Frage, welche Produkte in welchen Mengen in einer Planungsperiode produziert und abgesetzt werden sollen; die Handlungsmöglichkeiten sind in den alternativen Produktions- und Absatzmengen der verschiedenen Produkte zu sehen. Im Rahmen der **Servicepolitik** ist u. a. über die Gestaltung des Kundendienstes zu befinden.

Die **Kontrahierungspolitik** entfällt in die zwei Subbereiche Preispolitik und Konditionenpolitik. Bei der **Preispolitik** liegen die wesentlichen Handlungsmöglichkeiten in der Höhe des zu fordernden Preises, in einer Preisvariation (bei einer Änderung der entscheidungsrelevanten Daten) und in einer Preisdifferenzierung (zusammen mit einer Produktdifferenzierung bzw. in zeitlicher Hinsicht). Im Rahmen der **Konditionenpolitik** ist über eine Gewährung von Rabatten nach Art und Höhe, über die Gestaltung der Zahlungsbedingungen und über die Kreditgewährung sowie über die Gestaltung der Lieferbedingungen zu befinden; die konditionenpolitischen Bedingungen schlagen sich in den allgemeinen Geschäftsbedingungen nieder.

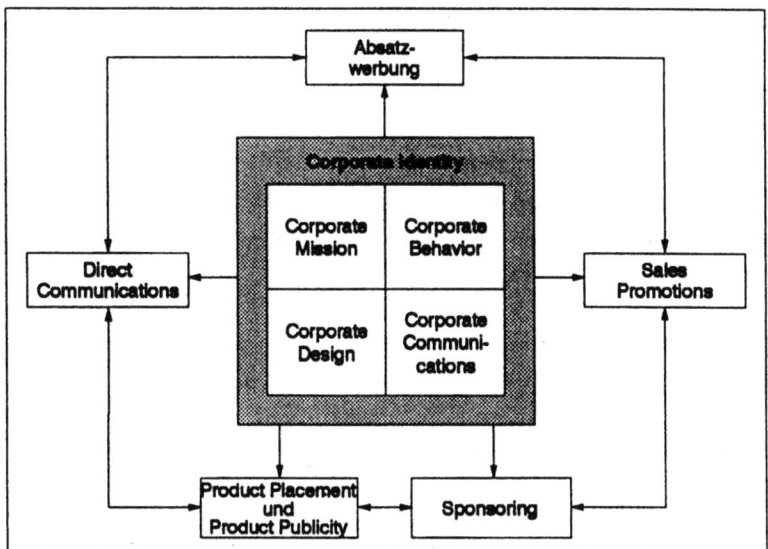

Quelle: *Nach Berndt, 1993, S. 12.*
Abb. 2.43: Instrumente der Marketing-Kommunikation

Gegenstand der **Kommunikationspolitik** sind die Entscheidungen über die Gestaltung von Informationen und die Art der Übermittlung von Informationen, die auf den Absatzmarkt gerichtet sind, um vorgegebene kommunikationspolitische Ziele zu erreichen. Eine Zusammenstellung der wesentlichen Instrumente der Marketing-Kommunikation findet sich in der Abb. 2.43. Bei allen diesen Instrumenten der Kommunikationspolitik sind jeweils diverse Handlungsmöglichkeiten gegeben - bei der Werbung z. B. durch die Gestaltung der Werbemittel und die Auswahl der Werbeträger.

Bei der **Distributionspolitik** können die zwei Bereiche Vertriebspolitik und Verkaufspolitik unterschieden werden. Handlungsalternativen im Rahmen der Vertriebspolitik sind durch die Wahl der Absatzwege, der Absatzmittler (Handelsvertreter oder Reisende) und bei der Marketing-Logistik gegeben. Gegenstand der Marketing-Logistik ist die Planung von Transportwegen und Transportmitteln; im Zusammenhang mit der Lagerung fertiggestellter Produkte sind die Standorte von Lägern und die Lagerbewirtschaftungssysteme festzulegen. Bei der Verkaufspolitik sind konstitutive Entscheidungen wie Festlegung des Verkaufsbudgets, Planung des Umfanges des Außendienstes und Planung von Verkaufsbezirken zu treffen; darüber hinaus ist über Akquisition, Selektion und Schulung der Außendienstmitarbeiter, die

Steuerung des Außendienstes und die Planung von Besuchen durch Außendienstmitarbeiter zu befinden.

Die **Zusammenhänge zwischen strategischer, taktischer und operativer Marketing-Planung** werden im folgenden beispielhaft auf der Basis zweier grundsätzlicher strategischer Stoßrichtungen, auf der Basis von Investitions- und Wachstumsstrategien sowie auf der Basis von Abschöpfungs- und Desinvestitionsstrategien, erläutert.

II. Taktische Marketing-Planung

Im Rahmen der taktischen Marketing-Planung sind die ermittelten Strategien in Aktionsprogramme für die einzelnen Marketing-Mix-Bereiche umzusetzen. Zunächst soll der Fall betrachtet werden, daß die strategische Planung auf Unternehmensebene für eine betrachtete Strategische Geschäftseinheit eine **Investitions- und Wachstumsstrategie** nahelegt. Die Umwelt- und Potentialanalyse auf Geschäftsbereichsebene möge beispielsweise ergeben haben, daß zum einen die Vermarktung der bisherigen Produkte der Strategischen Geschäftseinheit auf weitere Zielgruppen erstreckt werden sollte, zum anderen die bisherige Produktlinie durch ein neues Produkt ergänzt werden muß. Diese strategischen Grundsatzentscheidungen müssen im Rahmen der taktischen Planung näher konkretisiert werden. Gegenstand der **taktischen Marketing-Planung** sind - bei den verschiedenen Instrumentalbereichen - folgende Entscheidungen (vgl. hierzu ausführlich **Marketing 2**, *Berndt*, 1992b):
- **Produktpolitik**
  Im Hinblick auf die angestrebte Ansprache neuer Zielgruppen ist beispielsweise über die Vorteilhaftigkeit einer **Produktdifferenzierung** zu entscheiden. Die geplante Ergänzung der Produktlinie ist dem Bereich der **Produktinnovation** zuzuordnen; der gesamte Prozeß von der Ideengewinnung bis hin zur Festlegung der Einführungsstrategie ist im Detail zu planen; auch Entscheidungen über Produktname und Verpackungsgestaltung gehören dem taktischen Bereich an.
- **Preispolitik**
  Im Zusammenhang mit der Entscheidung über eine Produktdifferenzierung ist z. B. zu erwägen, ob gleichzeitig eine **Preisdifferenzierung** vorzunehmen ist. Bei der Produktneueinführung ist die grundsätzliche **Preisstrategie** - z. B. Penetration oder Skimming - festzulegen.

- **Kommunikationspolitik**
  Hier sind beispielsweise die **Werbekampagen** für das neue Produkt einerseits, für die bisherigen Produkte andererseits zu entwickeln. Bei den bisherigen Produkten ist vor allem über die Möglichkeiten einer zusätzlichen Zielgruppenansprache zu entscheiden.
- **Distributionspolitik**
  Bei den bisherigen Produkten ist z. B. zu entscheiden, ob durch die Erschließung neuer **Vertriebswege** - z. B. Verbrauchermärkte, falls bisher nur der Fachhandel beliefert wurde - neue Zielgruppen angesprochen werden können. Bei der Produktneueinführung sind u. a. Entscheidungen über **Absatzmittler** und **Absatzwege** zu treffen.

Hat sich dagegen bei der strategischen Planung eine **Abschöpfungs- und Desinvestitionsstrategie** als geeignet erwiesen, so sind die dazugehörigen taktischen Entscheidungen völlig anders gelagert. Im Rahmen der **Produktpolitik** ist zunächst zu überprüfen, ob evtl. durch eine **Produktvariation** die bisherige Zielgruppe noch ausgeschöpft werden kann, d. h. ob der Lebenszyklus des eigentlich veralteten Produkts noch kurz- bis mittelfristig verlängert werden kann. Der sich dadurch ergebende Zeitgewinn kann zur Planung einer geordneten rationalen Rückzugsstrategie genutzt werden; erscheint eine Abschöpfungsstrategie nicht möglich, so ist über die **Produkteliminierung** zu befinden. Aus **preispolitischer** Hinsicht kommen bei einer Abschöpfungsstrategie insbesondere Maßnahmen zur Preissenkung in Betracht, um die restliche Nachfrage anzuziehen und um Konkurrenten auf dem schrumpfenden Markt zu verdrängen. Bei der **Distributionspolitik** ist im Rahmen einer Abschöpfungsstrategie ein schrittweiser Rückzug aus den bisherigen Vertriebskanälen wie auch eine Reduktion des Außendienstes zu planen.

Insgesamt wird ersichtlich, daß eine einmal gewählte Strategie eine Vielzahl taktischer Entscheidungstatbestände umfaßt, welche unter Beachtung der strategischen Rahmenplanung im Detail ausgearbeitet und aufeinander abgestimmt werden müssen.

III. Operative Marketing-Planung

Die operative Marketing-Planung - wie die taktische Planung - ist Gegenstand der Marketing-Politik. Die operative Planung zeichnet sich dadurch aus, daß sie kurzfristig angelegt ist, eine Detailplanung darstellt und auch ablauforientiert ist. Die operative Marketing-Planung umfaßt zum einen die Budgetierung, d. h. die Planung der Budgethöhen z. B. für F&E, Kommunikation, Verkauf, zum anderen die Allokation der Budgets, d. h. die Ermittlung optimaler Marketing-Maßnahmen. Dabei sind im Zusammenhang mit der Budgetierung folgende **Aufgabenbereiche** (*Welge*, 1985, S. 395 f.) zu sehen:

- **Prognosefunktion**
  Voraussetzung für eine zielgerechte Budgetierung ist die Abschätzung der künftigen Entwicklung.
- **Kontrollfunktion**
  Budgets geben genau definierte Plangrößen an (z. B. Umsätze, Kosten) und stellen damit Maßstäbe zur Leistungsbemessung dar. Im Rahmen der Budgetkontrolle sind die Soll- und Istgrößen, d. h. die Budgetvorgaben und die tatsächlich realisierten Budgets zu vergleichen; Abweichungen zwischen den Soll- und den Istgrößen, deren Ursachen in der vorausgehenden Planung (nicht erreichbare Zielvorgaben, unrealistische Prognosen) und/oder in der Realisierung (keine tatsächliche Durchführung der geplanten Maßnahmen) liegen können, sind zu analysieren.
- **Motivationsfunktion**
  Die Formulierung konkreter Planvorgaben kann sich positiv auf die Motivation der Mitarbeiter auswirken, insbesondere dann, wenn die Mitarbeiter an der Erarbeitung der Zielvorgaben beteiligt werden (vgl. hierzu die Ausführungen in Teil 5, Kapitel B. II. 1)).
- **Koordinationsfunktion**
  Durch Budgets können die Aktivitäten der einzelnen Teilbereiche aufeinander abgestimmt werden.

Budgetvorgaben können für einzelne Marketing-Instrumente (z. B. Werbe- oder Verkaufsbudgets) bzw. als Vorgabe für den Marketing-Mix (Marketing-Mix-Budget) unterschieden werden. Des weiteren sind Vorgaben für einzelne (z. B. objektorientierte) Organisationseinheiten bzw. für einen gesamten betrieblichen Funktionsbereich (so z. B. für den Marketingbereich) möglich. In der Abb. 2.44 wird die Bestimmung des Budgets für eine produktbezogene organisatorische Einheit (Ermittlung eines Produkt-Budgets) dargestellt.

Nach dem Grad der Partizipation des (betroffenen) Managers bei der Budgetfestlegung (vgl. Ewert/Wagenhofer 1993, S. 421) können schließlich

Produkt-Budget

Produkt: _____ Verantwortl.: _____ genehm./Dat.: _____

I. Produkt-Erlöse

	Jahr	Quartale I	II	III	IV
1. Umsatz-Erlöse (gesamt)					
2. Erlösschmälerungen (./.)					
* Rabatte					
* bes. Preisnachlässe, Boni					
* Retouren					
* Skonti					
Netto-Erlöse:					
3. Netto-Erlöse nach					
* Kundengruppen					
* Regionen					
* Vertriebswegen					

II. Kosten des Product Management (eigener Etat):

	Jahr	Quartale I	II	III	IV
1. Gehälter					
2. Sozialabgaben					
3. Büromaterial					
4. Raumkosten					
5. Telefon, Fernschreiben					
6. Porti					
7. Reisekosten					
8. Bücher, Zeitschriften					
9. Fremdleistungen (Beratung etc.)					
10. Gemeinkostenumlage/Verwaltung					
eigene Kosten:					

III. Produkt-Kosten in anderen Abteilungen (Kostenstellen) als anteilige variable Kosten (Grenzplankosten, Stellenumlage)

	Jahr	Quartale I	II	III	IV
1. **Bereich: Marketing**					
a) Marktforschung					
* Marktanalysen					
* spez. Tests					
* Umfragen					
b) Werbung					
* Werbemaßnahmen/-medien					
* Sachmittel					
* Muster, Kataloge etc.					
* Werbeforschung					
c) Verkaufsförderung					
* Verkaufsförderungsmaßnahmen					
* Verpackungsmuster					
* Displaymaterial					
d) Vertrieb					
* Dienstleistungen					
* Verkäuferschulung					
gesamt					
2. **Bereich: Forschung/Entwicklung**					
* Entwicklungsaufträge					
gesamt					
3. **Bereich: Beschaffung**					
* Beschaffungsaufträge					
gesamt					
4. **Bereich: Produktion**					
* Sondereinzelkosten					
gesamt					
gesamt					

IV. Kennzahlen

Gewinnspanne. Umsatzrentabilität, Kosten-Umsatz-Relationen, gebundene Bestände, Verkaufssatz, Werbungssatz etc.

Quelle: *Wild, 1974, S. 334 f.*

Abb. 2.44: Schema eines Produkt-Budgets

- die Top-Down-Budgetierung,
- die Bottom-Up-Budgetierung und
- die Budgetierung im Gegenstromverfahren

unterschieden werden. Bei der Top-Down-Budgetierung findet keine Partizipation des Managers statt. Die Zentrale legt die - aus der strategischen Planung abgeleiteten - Rahmendaten fest, die von untergeordneten Stellen noch detailliert werden. Die Bottom-Up-Budgetierung hingegen zeichnet sich durch einen maximalen Partizipationsgrad des Managers aus: Auf den untergeordneten Ebenen werden die Budgets erstellt und auf den verschiedenen übergeordneten Hierarchiestufen zusammengefaßt und weitergeleitet. Die Budgetierung im Gegenstromverfahren beinhaltet eine Kombination der Top-Down- und der Bottom-Up-Budgetierung. Die Budgetierung beginnt mit einer Vorgabe der Zentrale (Top-Down-Budgetierung) für die untergeordneten Ebenen, welche dann Anpassungen der Budgets vornehmen und wieder nach oben leiten können (Bottom-Up-Budgetierung).

Im Rahmen der Budgetierung müssen knappe finanzielle Ressourcen auf verschiedene Funktionsträger, Produkte, Instrumentalbereiche (z. B. des Marketing) verteilt werden. Dabei sind die Kosten- und Ergebniswirkungen der geplanten Aktivitäten in geeigneter Weise zu prognostizieren. Typische Budgetierungsverfahren sind
- die Budgetierung auf der Basis von Prozentsätzen einer Bezugsgröße,
- die "objective-and-task"-Methode,
- die Budgetierung im Rahmen eines gesamtbetrieblichen Planungsansatzes,
- die Budgetierung auf der Grundlage quantitativer Optimierungsmodelle;

sie sollen im folgenden unter bespielhafter besonderer Berücksichtigung der **operativen Werbeplanung** dargestellt werden.

Vorgehensweise I:

Die erste Vorgehensweise ist eng verbunden mit dem Budgetierungsverfahren "Werbebudget als Prozentsatz des Umsatzes (des Gewinnes)". Dabei existieren zwei Varianten: Ausgegangen werden kann vom Umsatz (Gewinn) der letzten Periode bzw. vom prognostizierten Umsatz (Gewinn) der Planungsperiode; das Werbebudget ergibt sich dann, indem der jeweils relevante Umsatzwert (Gewinnwert) mit einem zuvor zu bestimmenden Prozentsatz multipliziert wird.

In einem zweiten Schritt ist eine Allokation des Werbebudgets vorzunehmen; z. B. kann eine Mediaselektion auf der Basis der Tausenderkontaktpreis-Planungsrechnung vorgenommen werden, welche eine optimale Bruttoreichweite liefert.

Vorgehensweise II:

Die zweite Vorgehensweise ist durch das Budgetierungsverfahren "Objective-and-Task" charakterisiert:
- Zunächst sind die Werbeziele für die Planungsperiode festzulegen.
- Dann sind jene Werbemaßnahmen herauszufinden, welche erforderlich sind, um die Werbeziele zu erreichen.
- Als nächstes sind die Kosten festzustellen, welche durch die erforderlichen Werbemaßnahmen verursacht werden.
- Die Summe dieser Werbekosten stellt das angestrebte (für die verfolgten Ziele notwendige) Budget dar.
- Sollten die erforderlichen finanziellen Mittel die verfügbaren Mittel übersteigen, so sind die vorgegebenen Werbeziele nicht realisierbar; sie müssen modifiziert werden.
- Im folgenden ist das Budgetierungsverfahren erneut zu durchlaufen, bis sich ein finanzierbares optimales Budget ergibt.

Offensichtlich ist, daß bei dieser Vorgehensweise neben dem optimalen Budget auch der optimale Erreichungsgrad des zugrundeliegenden Marketing-Zieles resultiert.

Vorgehensweise III:

Ausgangspunkt sind Pläne für die verschiedenen Funktionsbereiche. Sie enthalten Ziele und Maßnahmen, die durch Budgets ergänzt werden, welche die für die Planperiode relevanten Kosten und Erlöse sowie den Investitions- und Finanzbedarf umfassen (vgl. *Welge*, 1985, S. 399). Eine beispielhafte Budgetstruktur findet sich in der Abb. 2.45. Im Idealfall soll die Budgetierung simultan für alle Funktionsbereiche erfolgen; in aller Regel ist dies jedoch nicht möglich, so daß eine sukzessive Planung die Regel ist. Dabei ist eine zentrale Frage, von welchem Funktionsbereich bei der Budgetplanung auszugehen ist. Im Rahmen einer marktorientierten Unternehmensführung ist es sinnvoll, zunächst das Absatzbudget zu erstellen.

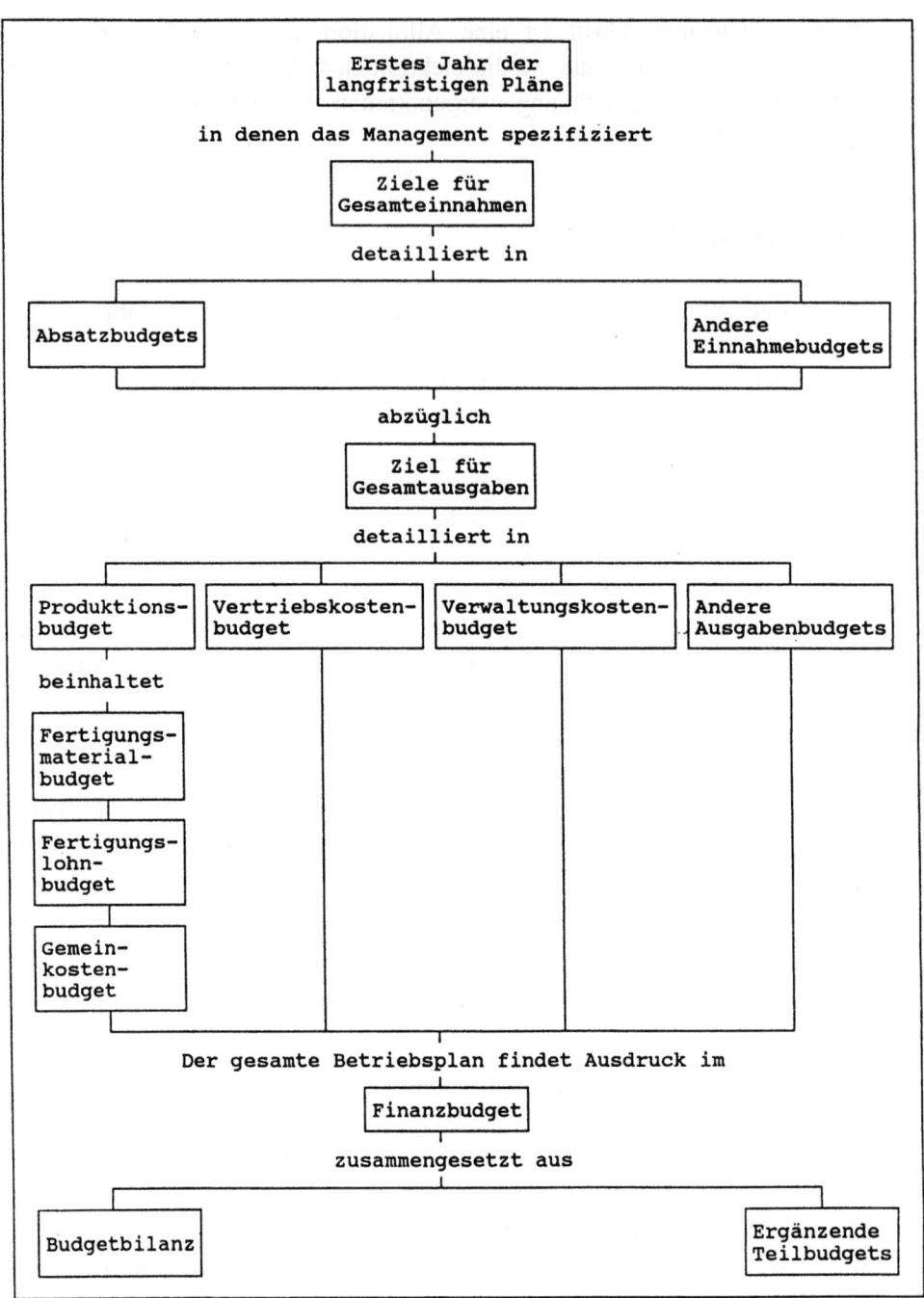

Quelle: *Steiner, 1975, S. 331*.

Abb. 2.45: Beispiel für eine Budgetstruktur

Zunächst ist zu ermitteln, wie sich die Absatzzahlen - differenziert nach Produkten bzw. Produktgruppen, Kundengruppen und Absatzgebieten - in der Planperiode entwickeln werden. Eine Hilfe können die Umsatzstatistiken vergangener Perioden liefern, aber auch Verkäuferbefragungen. Abschließend ist das absatzpolitische Instrumentarium für die Planperiode festzulegen (*Welge*, 1985, S. 403 ff.). Typische operative Entscheidungen innerhalb der einzelnen Marketing-Instrumentalbereiche sind
- Art und Mengen der anzubietenden Produkte im Rahmen der Sortimentspolitik;
- Preishöhe einschließlich Preisvariationen kurzfristiger Art als Reaktion auf veränderte Umweltbedingungen, z. B. im Rahmen von Sonderangebots-Aktionen, wie auch Entscheidungen über Rabatte, Zahlungsbedingungen u. ä.;
- die Auswahl der Werbeträger und Werbemittel für die laufende Planungsperiode;
- im Rahmen der Distributionspolitik die Planung der Transportwege und Transportmittel, Maßnahmen zur Schulung der Außendienstmitarbeiter, Außendienststeuerung und Besuchsplanung.

Das Absatzbudget bildet die Basis zur Bestimmung des Vertriebskostenbudgets. Relevante Kostenarten sind (*Welge*, 1985, S. 407 ff.):
- Direkte Verkaufskosten (sie setzen sich überwiegend aus den Kosten für Verkäufer, Vertreter, Reisende und Verkaufsbüros zusammen),
- Werbung und Verkaufsförderung,
- Transportkosten,
- Lagerung,
- Kosten für Kreditierung und Inkasso,
- Zinskosten sowie
- allgemeine Distributionskosten wie z. B. für Vertriebsabrechnung, Planung, Statistik u. ä.

Anschließend ist das Produktionsbudget zu bestimmen, gegliedert nach Fertigungsmaterialbudget (einschließlich Beschaffungsbudget), Fertigungslohnbudget und Gemeinkostenbudget; schließlich sind das Verwaltungskostenbudget und sonstige Ausgabenbudgets festzulegen. Sämtliche Budgets schlagen sich im Finanzbudget nieder (*Welge*, 1985, S. 405). Wegen der engen Verzahnung der einzelnen Funktionsbereiche ist eine laufende Abstimmung der Planungsaktivitäten der einzelnen Teilbereiche erforderlich.

Vorgehensweise IV:

Die folgende Vorgehensweise zählt zur Budgetierungs- und Allokationstheorie; sukzessiv seien eine optimale Budgetplanung und eine optimale Allokation des zuvor bestimmten Budgets vorzunehmen. Um ein gewinnmaximales Budget zu bestimmen, kann folgende Gewinnfunktion zu optimieren sein:

$$G(W) = p \cdot x(W) - K(x(W)) - W \to Max\,!$$

Dabei bezeichnen G den Gewinn (in Abhängigkeit vom zu bestimmenden Werbebudget W), p den Preis, x die Absatzmenge (in Abhängigkeit vom zu bestimmenden Werbebudget) und K die Produktionskosten (zunächst in Abhängigkeit von der Menge x). Als notwendige Bedingung für das optimale Werbebudget resultiert:

$$p \cdot \frac{dx}{dW} \stackrel{!}{=} \frac{dK}{dx} \cdot \frac{dx}{dW} + 1\,,$$

d. h. das optimale Werbebudget ist dann gegeben, wenn der Grenzerlös in bezug auf eine infinitesimal kleine Variation des Werbebudgets gleich den gesamten Grenzkosten (der Produktion und der Werbung) in bezug auf eine infinitesimal kleine Variation des Werbebudgets ist. Mit dem optimalen Werbebudget sind gleichzeitig die optimale Absatzmenge sowie der optimale Erlös und Gewinn gegeben.

In einem zweiten Schritt ist dann (wie bei der **Vorgehensweise I**) eine Allokation des Werbebudgets vorzunehmen; wiederum kann eine Mediaselektion auf der Basis der Tausenderkontaktpreis-Planungsrechnung durchgeführt werden, welche eine optimale Bruttoreichweite liefert.

Vorgehensweise V:

Schließlich ist noch eine simultane Optimierung des Werbebudgets und dessen Allokation denkbar. Wenn n alternative Werbeverfahren (Werbeträger-Werbemittel-Kombinationen) ($i=1,\ldots,n$) grundsätzlich gegeben sind, so ist folgende Gewinnfunktion zu optimieren:

$$G(w_1,\ldots,w_n) = p \cdot x(w_1,\ldots,w_n) - K(x(w_1,\ldots,w_n)) - \sum_{i=1}^{n} q_i \cdot w_i \to \text{Max}!$$

Dabei bezeichnet q_i die Werbekosten pro eingesetzte Einheit des Werbeverfahrens i. Als notwendige Optimierungsbedingungen resultieren:

$$p \cdot \frac{\partial x}{\partial w_i} = \frac{dK}{dx} \cdot \frac{\partial x}{\partial w_i} + q_i \quad (i=1,\ldots,n).$$

Durch eine simultane Lösung der Optimierungsbedingungen resultieren die optimalen Werbemaßnahmen, das optimale Werbebudget, die optimale Absatzmenge und der optimale Erlös und Gewinn.

Die **Vor- und Nachteile** der dargestellten fünf alternativen Vorgehensweisen zur Budgetierung und Allokation sind offensichtlich, wenn man von den Beurteilungskriterien
- Anzahl der berücksichtigten Marketing-Instrumentalbereiche und betrieblichen Funktionsbereiche,
- sukzessive bzw. simultane Budgetierung und Budget-Allokation,
- Informationsbedarf,
- Erfordernis von Optimierungstechniken und
- Eignung als Basis für Kontrollen

ausgeht: Abgesehen von der Vorgehensweise III erfolgt nur eine **isolierte Budgetierung** für einen einzigen Instrumentalbereich des Marketing. Bei den Ansätzen II, III und V werden das Budget und dessen Allokation **simultan** geplant; dabei ist nur im Falle V ein theoretisches Optimierungsmodell gegeben. Die Vorgehensweisen unterscheiden sich deutlich hinsichtlich des **Informationsbedarfes** und der **erforderlichen Prognosen**: Bei der Vorgehensweise I sind eine Entwicklungsprognose (des Umsatzes) sowie Reichweitenprognosen notwendig. Die beim Ansatz II erforderlichen Wirkungsprognosen sind davon abhängig, welches werbepolitische Zielsystem verfolgt wird. Umfassende Wirkungsprognosen für verschiedene betriebliche Bereiche verlangt der Ansatz III. Während bei der Vorgehensweise IV - neben Reichweitenprognosen - eine Werbeerfolgsprognose (eine Prognose der Absatzmenge in Abhängigkeit vom Werbebudget) nötig ist, sind beim Ansatz V mehrere Werbeerfolgsprognosen erforderlich. **Optimierungstechniken** im Bereich der Budgetierung sind bei den Ansätzen IV und V einzusetzen; bei den Vorgehensweisen I und IV sind darüber hinaus Optimierungstechniken für eine Budgetallokation erforderlich. Die unterschiedliche Aussagefähigkeit der Vorgehensweisen für eine - auf die Planung und Realisation - folgende **Marketing-Kontrolle** sind bei den einzelnen Ansätzen dargestellt worden. Abschließend ist noch einmal darauf hinzuweisen, daß die - beispielhaft für die operative Werbeplanung - dargestellten Ansätze für die Budget- und Allokationsplanung grundsätzlich in allen operativen Marketing-Planungs-Bereichen eingesetzt werden können.

Die einzelnen Maßnahmen im Bereich der operativen Planung sind schließlich in **Aktionsprogramme** zu überführen, die genaue Angaben über Inhalte, Termine und Zuständigkeiten enthalten. Ein typisches Beispiel für eine operative ablauforientierte Marketing-Planung ist die Planung einer Produktinnovation mit Hilfe der Netzplantechnik (vgl. **Marketing 2,** *Berndt,* 1992b, S. 96 ff.).

Vertiefende Literatur zur "Marketing-Planung"

Aaker, D. A. (1984), Strategic Market Management, New York u. a. 1984
Abell, D. F., Hammond, J. S. (1979), Strategic Marketing Planning, Englewood Cliffs 1979
Becker, J. (1993), Marketing-Konzeption, Grundlagen des strategischen Marketing-Managements, 5. Aufl., München 1993
Berndt, R. (1992b), Marketing 2, Marketing-Politik, 2. Aufl., Berlin, Heidelberg, New York 1992
Blohm, H., Steinbuch, K. (1972), Technische Prognosen in der Praxis, Düsseldorf 1972
Brauchlin, E., Wehrli, H. P. (1991), Strategisches Management, München, Wien 1991
Cravens, D. W., Lamb, C. W. (1986), Strategic Marketing, Cases and Applications, 2. Aufl., Homewood, Ill. 1986
Hinterhuber, H. (1991a), Strategische Unternehmungsführung, Teil 1: Strategisches Denken, 5. Aufl., Berlin, New York 1991
Hinterhuber, H. (1991b), Strategische Unternehmensführung, Teil II: Strategisches Handeln, 5. Aufl., Berlin, New York 1991
Hofer, C. W., Schendel, D. (1984), Strategy Formulation: Analytical Concepts, 10. Aufl., St. Paul u. a. 1984
Kreikebaum, H. (1981), Strategische Unternehmensplanung, Stuttgart u. a. 1981
Kreilkamp, E. (1987), Strategisches Management und Marketing, Berlin, New York 1987

Lambin, J. (1987), Grundlagen und Methoden strategischen Marketings, Hamburg u. a. 1987

Lilien, G. L., Kotler, P. (1983), Marketing Decision Making, New York 1983

Piercy, N. (1986), Marketing Budgeting, A Political and Organisational Model, London u. a. 1986

Porter, M. E. (1980), Competitive Strategy, New York, London 1980

Raffée, H., Wiedmann, K. P. (Hrsg.) (1989), Strategisches Marketing, 2. Aufl., Stuttgart 1989

Schmalen, H. (1979), Marketing-Mix für neuartige Gebrauchsgüter, Wiesbaden 1979

Tomczac, T. (1989), Situative Marketingstrategien, Berlin, New York 1989

Töpfer, A. (Hrsg.) (1984), Strategisches Marketing, Landsberg a. L. 1984

Wilde, K. D. (1989), Bewertung von Produkt-Markt-Strategien, Berlin 1989

Teil 3: Marketing-Kontrolle

A. Grundlagen

Eng verbunden mit der betrieblichen Planung ist die Kontrolle, die allgemein als systematische Prüfung und Beurteilung der betrieblichen Prozesse und deren Rahmenbedingungen charakterisiert werden kann. Entsprechend kann die Marketing-Kontrolle als systematische Prüfung und Beurteilung des Marketing-Planungssystems sowie der Marketing-Strategien und -Politiken gekennzeichnet werden. Bei der Marketing-Kontrolle können grundsätzlich zwei Kontroll-Arten,
- die ergebnisorientierte Marketing-Kontrolle sowie
- Marketing-Audits

unterschieden werden. Objekte der **ergebnisorientierten Marketing-Kontrolle** sind die Resultate der realisierten Marketing-Strategien und -Politiken; typische Kontrollgrößen sind der erreichte Umsatz, Marktanteil oder Gewinn sowie das Image. Dabei werden Soll-Ist-Vergleiche vorgenommen: Die Größen, die im Rahmen der Planung prognostiziert oder als wünschenswert festgelegt worden sind, werden mit den Größen verglichen, die tatsächlich eingetreten bzw. realisiert worden sind. Damit wird ein enger Bezug zur Planung deutlich: Ohne daß vorab eine Planung durchgeführt worden ist, kann keine Kontrolle erfolgen, da sonst die mit den Ist-Größen zu vergleichenden Soll-Größen fehlen. Die enge Beziehung zwischen der Planung und der Kontrolle im Zeitablauf kann anhand der Abb. 3.1 verdeutlicht werden. Ausgehend von den Ausgangszielen einer Periode sind die in einer Periode durchzuführenden Maßnahmen zu planen und zu realisieren; nach Ablauf der Periode sind eine Kontrolle und eine Abweichungsanalyse durchzuführen, welche dann die Ausgangsziele und die Planung der Folgeperiode beeinflussen.

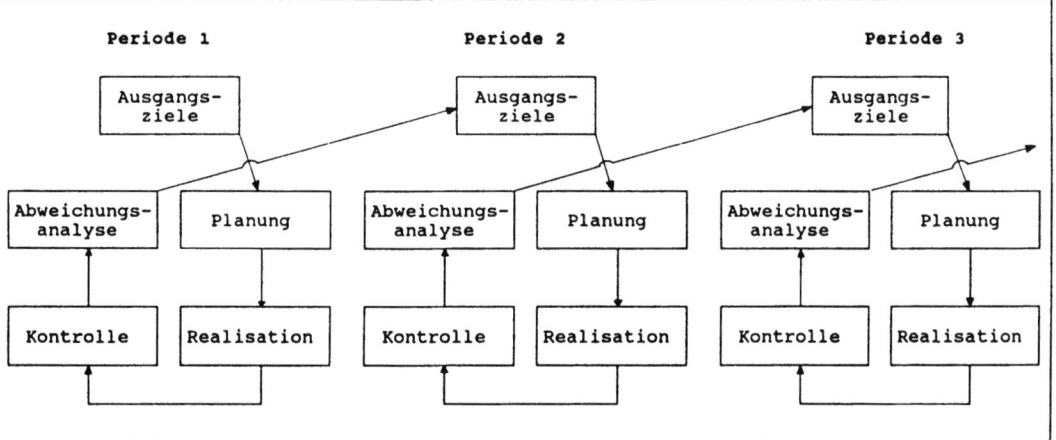

Quelle: *Nach Wild, 1982, S. 47.*
Abb. 3.1: Die Planungs-Kontroll-Spirale

Im Rahmen von **Marketing-Audits** wird das Marketing-Planungssystem selbst kontrolliert. Wesentliche Gegenstände entsprechender Prüfungen und Beurteilungen sind zum einen das Unternehmensleitbild, die Planungsprämissen und die Organisation der Planung. Außerdem können auch im Zusammenhang mit Marketing-Strategien und -Politiken Audits durchgeführt werden; so kann z. B. die inhaltliche Zusammensetzung des Marketing-Mix geprüft oder der Frage nachgegangen werden, ob eine erwogene Marketing-Strategie für ein bestimmtes Produkt mit den anderen Marketing-Strategien eines Unternehmens im Einklang steht. Ein Überblick über die verschiedenen Arten der Marketing-Kontrolle findet sich in der Abb. 3.2.

B. Kontrolle des Marketing-Planungssystems

Wesentliche Elemente eines Marketing-Planungssystems sind
- das Unternehmensleitbild (die Unternehmensphilosophie),
- die Planungsprämissen sowie
- die Organisation der Marketing-Planung.

Entsprechend lassen sich als wesentliche Teilbereiche der Kontrolle eines Marketing-Planungssystems
- die Strategische Überwachung,

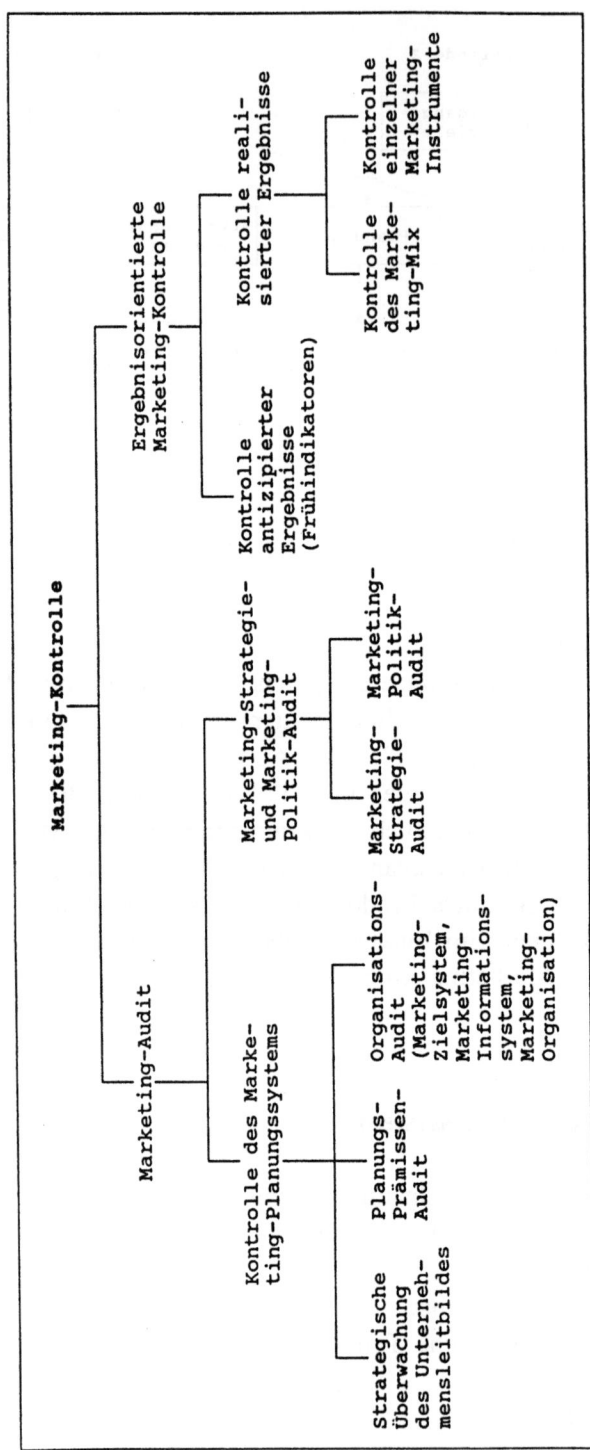

Abb. 3.2: Arten der Marketing-Kontrolle

- das Planungsprämissen-Audit und
- das Organisations-Audit

unterscheiden.

I. Strategische Überwachung

Ausgangspunkt der Strategischen Überwachung (vgl. *Schreyögg/Steinmann*, 1985) ist das Unternehmensleitbild (die Unternehmensphilosophie). Es legt die konstituierenden Merkmale eines Unternehmens, insbesondere die zu verfolgenden Sach- und Formalziele fest. Wesentliche **Sachziele** eines Unternehmens sind
- das technologische Leistungsprofil,
- die relevanten Märkte und
- die möglichen Marketing-Strategien.

Bedeutsame **Formalziele** eines Unternehmens sind
- die Gewinnerzielung
  (bzw. die Einkommenserzielung für die Anteilseigner) und
- das Streben nach Konsonanz innerbetrieblich und bezüglich der wesentlichen Gruppen der Umwelt
  (vgl. hierzu die entsprechenden Ausführungen in **Marketing 2**, *Berndt*, 1992b, Abschnitt B. I. des Teils 1).

Derartige Sach- und Formalziele, die sich im Unternehmensleitbild niederschlagen, werden z. T. explizit formuliert, z. T. sind sie nur implizit gegeben. Für die langfristige Unternehmenssicherung ist dabei entscheidend, daß das Unternehmensleitbild laufend auf dessen Zweckmäßigkeit hin überprüft wird; insbesondere ist zu prüfen, ob die bisherigen Betätigungsfelder weiterhin geeignet sind. Zu unterscheiden ist in diesem Zusammenhang zwischen Effektivität und Effizienz (vgl. *Hofer/Schendel*, 1984, S. 2 f.). Streben nach **Effizienz** beinhaltet eine Orientierung an Produktivität und Wirtschaftlichkeit; bei der **Effektivität** steht dagegen das Sachziel der Unternehmung im Vordergrund, also die Grundsatzentscheidung für die Betätigungsfelder eines Unternehmens. Aufgabe der strategischen Überwachung ist es, die bisherigen Betätigungsfelder auf ihre künftige Tragfähigkeit hin zu überprüfen und neue Betätigungsfelder aufzuspüren. Dies kann beispielsweise durch strategische Frühaufklärungssysteme erreicht werden (vgl. Abschnitt B. II. b) (1) in Teil 2). Die Beobachtungsaktivität ist dabei typischerweise **ungerichtet**, d. h. sie ist nicht auf bestimmte Beobachtungsfelder festgelegt, sondern überwacht generell die Unternehmensumwelt im Hinblick auf ihre Chancen und Bedrohungspotentiale (*Schreyögg/Steinmann*, 1985, S. 404).

II. Planungsprämissen-Audit

Wenn im Rahmen des Marketing eine Planung vorzunehmen ist, damit auch Entscheidungen zu treffen sind, so müssen die entscheidungsrelevanten Merkmale eines Unternehmens, u. a. seine Marktsituation, erfaßt werden; dabei sind diverse Annahmen über eine aktuelle Situation und über die zu erwartenden Entwicklungen zu treffen. Gegenstand des Prämissen-Audit ist es,
- alle relevanten Annahmen (Prämissen) festzustellen und
- deren Angemessenheit zu prüfen,
um zu kontrollieren, ob die einer zu treffenden Entscheidung zugrundeliegende Situation adäquat abgebildet wird. Planungsprämissen können entweder als Tatbestandbeschreibungen (Bestandsdaten) oder als Wenn-Dann-Aussagen (Reaktionsdaten) in die Marketing-Planung eingehen (*Böcker*, 1988, S. 70). Für das Marketing relevante **Bestandsdaten** sind beispielsweise Annahmen bezüglich des Marktpotentials, des Verhaltens der Konkurrenten u. ä.; **Reaktionsdaten** sind Annahmen über die der Marketing-Planung zugrundezulegenden Reaktionshypothesen, wie z. B. Preis-Absatz- oder Werbeerfolgsfunktionen. Planungsprämissen können im Rahmen verschiedener Informationssituationen (vgl. **Marketing 2**, *Berndt*, 1992b, Abschnitt B. III. des Teils 1), nämlich in
- Sicherheitssituationen,
- Ungewißheitssituationen oder
- Risikosituationen
zu setzen sein; dies hängt von der spezifischen Entscheidungssituation ab.

Grundsätzlich zu fordern ist, daß alle - aktuell und zukünftig - relevanten Prämissen im Rahmen der Marketing-Planung berücksichtigt werden. Daneben ist die Frage zu stellen, welche Einflußfaktoren eine besondere Relevanz haben. Zu fragen ist nach den Schlüsselfaktoren, den Erfolgsfaktoren, welche in besonderem Maße den Erfolg der Marketing-Planung determinieren. Zur **Identifikation der strategischen Erfolgsfaktoren** ist eine Reihe empirischer Untersuchungen, die PIMS-Studie, die Long-Run Economies of Scale, das Erfahrungskurven-Konzept und das Preiserfahrungskurven-Konzept, durchgeführt worden (vgl. die entsprechenden Ausführungen im vorangegangenen Teil 2). So macht z. B. die PIMS-Studie deutlich, daß der Marktanteil eines Unternehmens sowie die Produktqualität wesentliche Erfolgsfaktoren sind. Das Erfahrungskurven-Konzept erklärt die Höhe der Stückkosten eines Produktes in Abhängigkeit von der kumulierten Ausbringungsmenge. In diesem Zusammenhang ist auch auf die Untersuchung von *Peters/Waterman* (1982) hinzuweisen, welche in einer Langzeituntersuchung die Merkmale erfolgreicher Unternehmen untersuchten (vgl. *Peters/Waterman*, 1982, S. 13 ff.) und darauf aufbauend acht Erfolgsdeterminanten herausarbeiteten. Die auf der Basis derartiger empirischer Studien ermittelten Gesetzmäßigkeiten gehen in die Entwicklung der Planungsprämissen ein.

III. Organisations-Audit

Im Rahmen des Organisations-Audit sind drei Aufgabenbereiche zu unterscheiden:
- die Kontrolle des Marketing-Zielsystems,
- die Kontrolle des Marketing-Informationssystems sowie
- die Kontrolle der Organisation der Marketing-Aufgaben.

Ausgangspunkt der **Kontrolle des Marketing-Zielsystems** sind die bisher verfolgten Marketing-Ziele. Ziele dienen allgemein zur vergleichenden Beurteilung von Handlungsalternativen; deren Inhalt, Ausmaß und zeitlicher Bezug müssen festgelegt werden. Daneben müssen sie vollständig formuliert, stellen- bzw. aufgabengerecht und koordinationsgerecht sein. Bei einer Kontrolle des Marketing-Zielsystems ist erstens zu untersuchen, ob die Marketing-Ziele mit dem Unternehmensleitbild, den verfolgten Unternehmenszielen, abgestimmt sind; gegebenenfalls sind die Marketing-Ziele entsprechend anzupassen. Zweitens ist zu ermitteln, ob die Marketing-Ziele vollständig erfaßt sind; unter Umständen sind die bisher verfolgten Ziele zu ergänzen. Drittens ist zu prüfen, ob die Zielvorgaben im betrachteten Zeitraum realistisch sind, tatsächlich erfüllt werden können bzw. nicht zu niedrig sind; gegebenenfalls sind die Zielvorgaben zu revidieren. Viertens ist zu untersuchen, ob die Ziele stellen- bzw. aufgabengerecht sind, damit die Stelleninhaber motivierbar sind. Fünftens ist zu prüfen, ob das Zielsystem es erlaubt, die Tätigkeiten von Stellen verschiedener Funktionsbereiche und von Stellen unterschiedlicher hierarchischer Stufen zu koordinieren. Sind diese Bedingungen nicht erfüllt, so ist das Zielsystem zu überdenken.

Im Rahmen der **Kontrolle des Marketing-Informationssystems** ist zu untersuchen, ob die Informationsbeschaffung und -verarbeitung die Kriterien der
- Vollständigkeit,
- Zweckmäßigkeit,
- Aktualität und
- Genauigkeit

erfüllen. Zu prüfen ist im einzelnen, ob alle benötigten Informationen beschafft werden, die Informationsbeschaffung und -verarbeitung unter Beachtung des Informationsbedarfes und der anfallenden Kosten zweckmäßig sind, die benötigten Daten rechtzeitig und differenziert genug zur Verfügung gestellt werden. Eine Checkliste zur Prüfung der Informationsbeschaffung und -verarbeitung findet sich in der Abb. 3.3.

Schließlich ist die **Marketing-Organisation** selbst und deren Beziehung zur Organisation der anderen betrieblichen Funktionsbereiche zu prüfen. Die realisierte Marketing-Organisation ist auf ihre Effizienz hin zu untersuchen, insbesondere nach den Kriterien
- Koordinationsaufwand,
- Intensität der Informationssuche und -verarbeitung,
- Innovationsfähigkeit,
- Zielgruppenausrichtung und Anpassungsfähigkeit an Marktveränderungen,
- Belastung der Marketing-Leitung,
- Möglichkeiten der Personalentwicklung,
- Motivation und Zufriedenheit der Mitarbeiter

(vgl. hierzu ausführlich Abschnitt C. II. in Teil 4). Auch ist zu untersuchen, ob die tatsächlich realisierte Organisationsstruktur der festgelegten formalen Struktur entspricht. Es ist im einzelnen zu prüfen, ob die durch die Organisationsstruktur festgelegten Instanzenwege, Entscheidungsbefugnisse u. ä. von den Organisationsmitgliedern eingehalten werden.

C. Marketing-Strategie- und Marketing-Politik-Audit

Im Rahmen des **Marketing-Strategie-Audit** ist zunächst zu prüfen, ob und in welchem Maße die gewählten Märkte, Produkte und Technologien mit dem Unternehmensleitbild verträglich sind. Ist beispielsweise im Unter-

Definition
- Wurde das spezielle Marktforschungsproblem, im Rahmen des umfassenden Marketing-Problems, geklärt?
- Wurden die Ziele der Studie definiert?
- Sind die definierten Ziele der Studie kompatibel mit dem zu klärenden Problem?
- Welche Annahmen wurden dabei gemacht, und wie wurden sie später geprüft?
- Wurde eine Leitstudie durchgeführt?
Design
- War das Budget angemessen?
- Waren die sonstigen Ressourcen ausreichend vorhanden?
- Wurden die einzelnen Arbeitsschritte sorgfältig geplant?
- War der Zeitplan angemessen?
- Wie wurde die Durchführung der Planung kontrolliert?
- War das Research Design angemessen?
Datengewinnung
- Wurde Sekundärmaterial herangezogen und sorgfältig auf seine Eignung geprüft?
- Entsprachen die Primärdaten den definierten Zielen; war z. B. die Grundgesamtheit sinnvoll abgegrenzt?
- Wurde die Stichprobe zweckmäßig gebildet?
- Erfolgten Pretests des Erhebungsinstruments (z. B. des Fragebogens)?
Datenanalyse
- Wurde das "data processing" gut gemanagt?
- Wurden die eingegebenen Daten auf ihre Richtigkeit hin geprüft?
- Sind die Daten richtig gesichert (so daß sie z. B. auch für spätere Auswertungen zur Verfügung stehen) und die entsprechenden Datenschutz-Vorschriften beachtet worden?
- Wurde die ganze Breite des Spektrums der möglichen Analyse-Methoden berücksichtigt, und waren diese den Daten (hinsichtlich deren "Qualität" und Skalenniveau) angemessen?
Dokumentation
- Ist der Bericht / die Präsentation übersichtlich und verständlich?
- Sind alle relevanten Fakten berücksichtigt?
- Wurden sie angemessen überprüft?
- Sind die Schlußfolgerungen oder Empfehlungen durch die Daten gestützt?
- In welchem Umfange sind darin subjektive Beurteilungen enthalten?
Kosten-/Nutzen-Überlegungen
- Wurden die definierten Ziele der Studie erreicht?
- Ist das definierte Marktforschungsproblem geklärt worden, und trägt dies tatsächlich zur Lösung des umfassenden Marketing-Problems bei?
- Stehen die tatsächlichen Kosten dazu im angemessenen Verhältnis?
- Erfolgte der Bericht / die Präsentation rechtzeitig genug zur Lösung des Marketing-Problems?
- Unterstützen alle anderen Faktoren in der Dokumentation die Akzeptanz der Studie ihre Schlußfolgerungen und Empfehlungen?

Quelle: *Nach Hüttner, 1989, S. 346.*

Abb. 3.3: Checkliste zur Prüfung der Marktforschung

nehmensleitbild eine Umweltorientierung festgeschrieben, so ist darauf zu achten, daß nicht nur die Produkte, sondern auch die hierfür verwendeten Technologien diesem Ziel entsprechen. Zweitens muß der Frage nachgegangen werden, ob eine erwogene Marketing-Strategie mit den anderen Marketing-Strategien des Unternehmens (z. B. für andere Produkte) im Einklang steht. Das Verfolgen sich widersprechender strategischer Konzepte verhindert das Entstehen eines konsistenten Unternehmensimages und wirkt der Glaubwürdigkeit des Unternehmens entgegen. Drittens ist zu hinterfragen, ob die Planungsprämissen, so z. B. die wesentlichen Erfolgsfaktoren des Unternehmens, überhaupt eine erwogene Strategie als sinnvoll erscheinen lassen.

Im Rahmen des **Marketing-Politik-Audit** ist die inhaltliche Zusammensetzung des Marketing-Mix zu prüfen. Des weiteren ist die Höhe und die Aufteilung des gesamten Marketing-Budgets zu hinterfragen. Außerdem ist die Verträglichkeit der Marketing-Politik mit den obersten Unternehmenszielen, den übergeordneten Marketing-Strategien, anderen Marketing-Politiken und den Planungsprämissen zu untersuchen. Eine weitere Fragestellung im Rahmen des Marketing-Politik-Audits ist die Frage, ob ein fertiggestellter Plan tatsächlich durchgeführt worden ist, d. h. ob z. B. eine Werbe-/Verkaufsförderungsmaßnahme, für die sich die Marketing-Leitung entschieden hat, tatsächlich von den Inhabern nachgelagerter Stellen in der Marketing-Abteilung realisiert worden ist. Ergebniskontrollen, die im Zusammenhang mit Marketing-Politiken durchgeführt werden können, werden im folgenden Teil D. behandelt.

D. Ergebnisorientierte Marketing-Kontrolle

I. Kontrolle antizipierter Ergebnisse

Im Rahmen einer Kontrolle der antizipierten Ergebnisse ist von folgender Grundüberlegung auszugehen: Da die tatsächlichen Ergebnisse von Strategien bzw. Politiken in der Regel zu spät verfügbar sind, um eine geeignete Basis für eine Kontrolle sein zu können, müssen ersatzweise Indikatoren herangezogen werden, welche die Ergebnisse der Strategie einige Zeit vorher hinreichend genau und möglichst verläßlich anzeigen; auf der Basis der Indikatoren kann zeitig genug eine Kontrolle der Strategien bzw. Politiken erfolgen.

Im Rahmen eines Marketing-Strategie-Audits kann zunächst die **Lückenanalyse** (vgl. Abschnitt B. IV. des Teils 2) herangezogen werden. Gegenstand der Lückenanalyse ist ein Vergleich zwischen den angestrebten Zielen und den - in die Zukunft projizierten - Zielerreichungsgraden. Die Lückenanalyse basiert auf der Trendextrapolation: Zum einen wird eine Zielprojektion vorgenommen, durch welche die Entwicklung der Zielgröße - z. B. Umsatz - für den strategischen Planungszeitraum festgelegt wird, in einem zweiten Schritt wird die nach dem aktuellen Stand zu erwartende Umsatzentwicklung prognostiziert. Für zukünftige Perioden kann dann jeweils festgestellt werden, ob eine Lücke zwischen dem angestrebten Umsatz und dem prognostizierten Umsatz zu erwarten ist. Damit zeigt die Lückenanalyse strategische Probleme auf, die durch eine Suche geeigneter Alternativen zu bewältigen sind.

Daneben können absatzorientierte **Frühwarnsysteme** eingesetzt werden. Sie lassen sich allgemein als Kontrollsysteme kennzeichnen, die auf (Frühwarn-)Indikatoren beruhen. In der Abb. 3.4 findet sich eine Zusammenstellung der einzelnen Aufgaben von Frühwarnsystemen. Die **Indikatoren**, auf denen Frühwarnsysteme aufbauen, sollten einen theoretisch

Frühwarnsysteme sollen frühzeitig Informationen über die Erfolgs- und Ertragslage eines Unternehmens liefern.
Frühwarnsysteme sollen die Überlebensfähigkeit eines Unternehmens sichern; dabei wird diese Überlebensfähigkeit in Abhängigkeit von den wichtigsten Produkten einer Unternehmung gesehen.
Frühwarnsysteme sollen auf mögliche Änderungen im Konsumverhalten aufmerksam machen.
Frühwarnsysteme sollen einem Unternehmen rechtzeitig technologische Neuerungstendenzen anzeigen, so daß es seine Forschungs- und Entwicklungstätigkeit entsprechend ausrichten kann.
Frühwarnsysteme sollen frühzeitig auf die Bedrohung unternehmerischer Freiheiten durch reglementierende Maßnahmen aufmerksam machen.
Frühwarnsysteme sollen auf Änderungen im Investitionsklima auf verschiedenen Auslandsmärkten aufmerksam machen, so daß das Unternehmen sich rechtzeitig absichern kann.
Frühwarnsysteme sollen Änderungen der Konjunkturlage rechtzeitig anzeigen, so daß mit Erfolg gegengesteuert werden kann.

Quelle: *Nach Wiedman, 1984, S. 7.*

Abb. 3.4: Aufgaben von Frühwarnsystemen

begründbaren Bezug zu den später eintretenden Ereignissen haben. Darüber hinaus sollten sie folgende Anforderungen (vgl. *Böcker*, 1988, S. 90 f.) erfüllen:

- **Eindeutigkeit**

  Die Indikatoren müssen die Ergebnisse, die sie anzeigen sollen, möglichst genau (sachlich und zeitlich) repräsentieren.

- **Durchschaubarkeit**

  Die Indikatoren müssen zu den später zu erwartenden Ergebnissen in einer nachvollziehbaren, einleuchtenden Beziehung stehen.

- **Frühzeitigkeit**

  Die Indikatoren müssen den späteren Ergebnissen solange vorausliegen, daß noch auf eine sich als unbefriedigend andeutende Entwicklung reagiert werden kann.

- **Effizienz**

  Die Kosten des Frühwarnsystems müssen in einem vernünftigen Verhältnis zum Nutzen des Frühwarnsystems stehen.

- **Vollständigkeit**

  Alle relevanten Indikatoren müssen erfaßt werden.

- **Disjunktheit**

  Es sollen für denselben Sachverhalt nicht mehrere Indikatoren herangezogen werden.

In der Abb. 3.5 findet sich eine Zusammenstellung möglicher Frühwarnindikatoren; deren Eignung ist im konkreten Einzelfall festzustellen. Die grundsätzliche Vorgehensweise zur Aufstellung eines **absatzorientierten Frühwarnsystems** kann wie folgt charakterisiert werden (vgl. *Reichmann/Lachnit*, 1979, S. 108 ff.): Kontrollgröße sei beispielsweise der Umsatz; in einem ersten Schritt sind die Indikatoren festzustellen, die die Umsatzentwicklung mit zeitlichem Vorlauf repräsentieren. Die Selektion der relevanten Größen kann durch Berechnung der Korrelationskoeffizienten zwischen den möglichen Indikatoren und dem Umsatz erfolgen. Anschließend sind die zeitlichen Wirkungszusammenhänge zu klären, d. h. es ist zu prüfen, welcher zeitliche Vorlauf zwischen dem Eintreten des Indikators und dem Eintreten der betrachteten Kontrollgröße - hier des Umsatzes - liegt; dies geschieht dadurch, daß überprüft wird, bei welchen Zeitabständen zwischen Umsatz und Indikator die Korrelation am größten ist. Mit Hilfe der multiplen Regressionsanalyse wird anschließend der funktionale Zusammenhang zwischen den einzelnen Indikatoren und dem Umsatz ermittelt. Der **Vorteil** dieser Methode liegt darin, daß die Umsatzentwicklung mit ausreichendem zeitlichen Vorlauf prognostiziert wer-

Unternehmensexterne Bereiche		Unternehmensinterne Bereiche	
Bereich	Indikatoren	Bereich	Indikatoren
Konjunktur	- volkswirtschaftlicher Auftragsindex	Produktprogramm	- Anteil der Nachwuchs-, Star-, Cash-Cow- und Problemprodukte
technologische Entwicklung	- Informationen über Änderungen der Verfahrenstechnologie - Informationen über Änderungen der Produkttechnologie	Mitarbeiter	- Lohn-/Gehaltszuwachs
		Ergebnis- und Finanzlage	- Trend der kalkulatorischen Ergebnisse - Trend der bilanziellen Ergebnisse - Trend des Cash-Flow - Liquiditätsreserve
Produkte/ Regionen des Absatzmarktes	- Auftragseingänge - Auftragsbestände		
Kunden des Unternehmens	- Bestell-/Einkaufsverhalten - Nachfragevolumen wichtiger Kunden - Auftragseingänge bei wichtigen Kunden	Forschung und Entwicklung	- F&E-Kosten im Vergleich zur Konkurrenz
		Absatz	- Trend der Umsätze - Preise - Lagerbestände im Vergleich zur Konkurrenz
Konkurrenten des Unternehmens	- Preispolitik - Programmpolitik		
Lieferanten des Unternehmens	- Preise/Konditionen der Lieferanten	Produktion und Beschaffung	- Trend des Ausstoßes - Trend der Lohnkosten - Lohnkostenanteil im Vergleich zur Konkurrenz - Beschaffungspreise im Vergleich zur Konkurrenz
Kapitalmarkt	- Zinsen - Wechselkurse		

Quelle: *Hahn/Klausmann, 1979, S. 26 f.*

Abb. 3.5: Ein System von Frühwarnindikatoren

den kann, nämlich dann, wenn die Ausprägungen der relevanten Indikatoren bereits feststehen. Damit können kritische negative Entwicklungen antizipiert und eine Planrevision rechtzeitig eingeleitet werden.

II. Kontrolle realisierter Ergebnisse

1) Kontrolle des Marketing-Mix

Ein Marketing-Mix ist eine Kombination der einzelnen Marketing-Instrumente aus den Bereichen
- Produkt-, Sortiments- und Servicepolitik,
- Kontrahierungspolitik,
- Kommunikationspolitik und
- Distributionspolitik.

Im Rahmen der Planung eines Marketing-Mix (vgl. **Marketing 2**, *Berndt*, 1992b, Teil 6) sind die absatzpolitischen Instrumente so aufeinander abzustimmen, daß sich eine optimale Kombination im Hinblick auf die verfolgten Marketing-Ziele ergibt. Im Rahmen der ergebnisorientierten Kontrolle des Marketing-Mix ist zu untersuchen, ob und in welchem Ausmaß die angestrebten optimalen Ergebniswerte der Zielgrößen erreicht worden sind; Abweichungen sind gegebenenfalls zu hinterfragen. Bei der Planung des Marketing-Mix wird von Zielgrößen wie Image, Umsatz, Marktanteil oder Gewinn ausgegangen; die zugehörigen, ergebnisorientierten Kontrollen werden im folgenden dargestellt.

a) Image als Kontrollgröße

Ein Image kann allgemein als Erscheinungsbild/Ruf/Ansehen eines Unternehmens (oder eines Produktes) in der allgemeinen Öffentlichkeit oder bei bestimmten Zielgruppen angesehen werden. Zur **Messung von Images** ist es sinnvoll, auf die Modelle der Einstellungstheorie (vgl. **Marketing 1**, *Berndt*, 1992a, Abschnitt C. II. 2) c) (2) des Teils 2) zurückzugreifen. Im Zusammenhang mit der Kontrolle eines Images sind insbesondere mehrdimensionale Einstellungsmodelle wie das Imagedifferential oder das Modell von *Trommsdorff* relevant. Bei einem **Imagedifferential** wird z. B. eine Produktmarke mit Hilfe diverser Rating-Skalen, an deren Skalenenden jeweils Wortgegensatzpaare stehen, charakterisiert. Ein Beispiel findet sich in der Abb. 3.6, wobei eine reale Weißwein-Marke und eine ideale Weißwein-Marke berücksichtigt werden. Bei diesem Beispiel ist aber die ideale Einschätzung jener Dimension, welche das Gegensatzpaar "Lieblich/Herb" umfaßt, problematisch. Der erreichte durchschnittliche Punktwert 5 kann

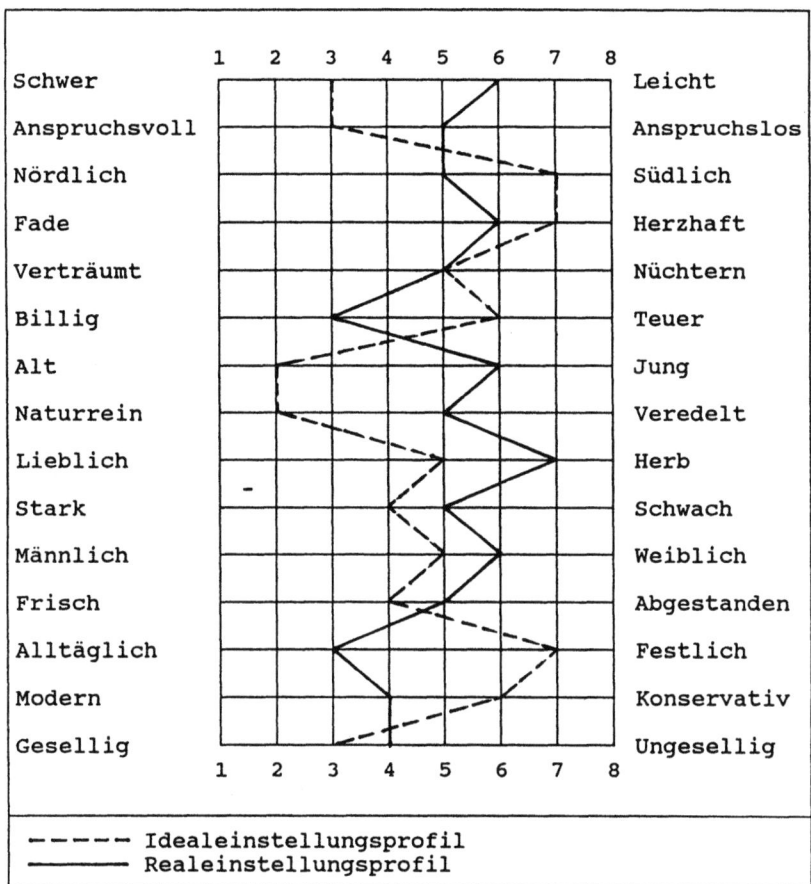

Quelle: *Von Rosenstiel, 1969, S. 113.*

Abb. 3.6: Ein Imagedifferential für eine reale und eine ideale Marke

dadurch bedingt sein, daß sich unterschiedliche Einschätzungen verschiedener Konsumentengruppen (Zielgruppen) kompensieren.

Eine Image-Kontrolle ist nun in mehreren Weisen möglich: Zunächst können Abweichungen zwischen der realen und der idealen Produktmarke bei den einzelnen Merkmalen gesucht, der Höhe nach festgestellt und gegebenenfalls analysiert werden. Des weiteren können die Imagedifferentiale für die reale und die ideale Marke analysiert werden, indem der Korrelationskoeffizient zwischen den beiden Ergebnisreihen errechnet und analysiert wird (vgl. **Marketing 1**, *Berndt*, 1992a, Abschnitt A. III. 4) b) des Teils 3).

Ausgangspunkt des **Einstellungsmodells von Trommsdorff** sind die wahrgenommenen Ausprägungen aller relevanten Merkmale einer Produktmarke, welche zu den idealen Ausprägungen der Merkmale in Beziehung gesetzt werden. Die Einstellung einer Person i zur Marke j ergibt sich dann als

$$E_{ij}^* = \sum_{k=1}^{n} |B_{ijk} - I_{ik}|,$$

wobei der Index k die relevanten Merkmale, B_{ijk} die von der Person i wahrgenommene Ausprägung des Merkmales k bei der Marke j und I_{ik} die von der Person i als ideal empfundene Ausprägung des Merkmals k bezeichnet. Durch eine Mittelwertbildung bei den einzelnen Merkmalen (über alle Personen) kann die (durchschnittliche) Einstellung gegenüber der Marke j ermittelt werden.

Basis der Image-Kontrolle bei dem *Trommsdorff*-Modell ist der resultierende Einstellungswert E_{ij}^* selbst: Je geringer der Einstellungswert, je geringer also die Distanz zwischen einer realen Marke und der idealen Marke, desto besser ist das Image der Realmarke; im Idealfall erreicht der Einstellungswert einen numerischen Wert in Höhe von Null.

b) Umsatz als Kontrollgröße

Eine der wesentlichen Kontrollgrößen im Marketing ist der Umsatz. Die Grundform der Umsatzkontrolle eines Unternehmens besteht darin,
- den Soll-Umsatz für eine Periode vorzugeben,
- nach Ablauf der Periode den Ist-Umsatz festzustellen,
- den Soll- und Ist-Umsatz zu vergleichen und
- gegebenenfalls Abweichungen zwischen Soll- und Ist-Umsatz zu analysieren.

Da Gesamtumsatzzahlen eines Betriebes hoch aggregiert sind, erlauben sie nicht, einzelne Schwachbereiche/Einbrüche zu erkennen, da über- und unterdurchschnittliche Ergebniswerte gegeneinander aufgerechnet werden, sich also kompensieren; daher empfiehlt es sich, den Gesamtumsatz eines Betriebes aufzugliedern. Der Gesamtumsatz kann in vielfältiger Weise aufgeschlüsselt werden:

- nach Teilperioden,
- nach Produktklassen, -gruppen oder -marken,
- nach Regionen,
- nach Kundenklassen (Marktsegmenten),
- nach Auftragsgrößen,
- nach Verkäufern.

Beispiele für differenzierte Umsatzkontrollen finden sich in den Abb. 3.7 und 3.8. Entsprechende Kontrollrechnungen können unter Zugrundelegung der anderen genannten Bezugsgrößen angestellt werden.

Bundes-länder	Soll (in 1000 DM) Quartal				Ist (in 1000 DM) Quartal				$\frac{Ist}{Plan} \cdot 100$ (in %)			
	1.	2.	3.	4.	1.	2.	3.	4.	1.	2.	3.	4.
1	500	550	600	650	400	600	550	700	80	109	92	108
2	700	800	900	1.000	600	800	800	900	86	100	89	90
3	300	400	500	600	350	550	600	600	117	138	120	100
4	500	550	600	650	550	550	550	550	110	100	92	85
5	400	500	600	750	300	600	700	650	75	120	117	93
Σ	2.400	2.800	3.200	3.600	2.200	3.100	3.200	3.400	92	111	100	94
ΣΣ	12.000				11.900				99			

Abb. 3.7: Umsatzkontrolle nach Perioden und Gebieten

Produkt-gruppen	Soll (in Mio. DM) Kundenklassen				Ist (in Mio. DM) Kundenklassen				$\frac{Ist}{Soll}$ (in %) Kundenklassen			
	A	B	C	D	A	B	C	D	A	B	C	D
1	3	2	4	7	2,5	2,5	4	6	83	125	100	86
2	1	1	2	3	1	1,5	3	3	100	150	150	100
3	2	3	4	3	2,5	4	5	5	125	133	125	167
4	5	2	3	6	4	3	4	5	80	150	133	83
5	4	3	4	5	4	4	5	6	100	133	125	120
Σ	15	11	17	24	14	15	21	25	93	136	124	104
ΣΣ	67				75				112			

Abb. 3.8: Umsatzkontrolle nach Kundenklassen und Produktgruppen

Bei einer **allgemeinen Beurteilung** der Marketing-Kontrolle auf Umsatz-Basis ist auf folgende Punkte hinzuweisen:
- Positiv zu vermerken ist, daß der Umsatz einfach prognostizierbar ist bzw. als Sollwert vorgegeben werden kann.
- Auch die Feststellung des Ist-Umsatzes ist einfach, wenn entsprechende Statistiken im betrieblichen Rechnungswesen geführt werden.
- Negativ zu vermerken ist, daß bei dieser Kontrollmethode keine Umsätze der Konkurrenz berücksichtigt werden.
- Auch die Kosten von Marketing-Maßnahmen werden nicht in die Analyse einbezogen.
- Schließlich ist darauf hinzuweisen, daß auf die Kontrollgröße "Umsatz" Kennzahlensysteme aufgebaut werden können, in denen die Ausgangskennzahl zerlegt wird; hierdurch werden die Haupteinflußgrößen des Umsatzes erkennbar (vgl. hierzu *Staehle*, 1975).

c) Marktanteil als Kontrollgröße

Ein Nachteil der Marketing-Kontrolle auf der Basis des Umsatzes, die fehlende Konkurrenzorientierung, kann behoben werden, indem der Marktanteil als Kontrollgröße herangezogen wird. Der (wertmäßige) Marktanteil eines Unternehmens ergibt sich als eigener Umsatz dividiert durch den Gesamtumsatz der Branche. Änderungen des Marktanteils und seiner Bestimmungsfaktoren lassen erkennen, ob Umsatzänderungen durch eine falsche Marketing-Politik oder durch externe Faktoren bewirkt werden. So zeigt ein sinkender Marktanteil generell Schwächen bei der eigenen Marketing-Politik an. Ist hingegen der Ist-Umsatz kleiner als der Soll-Umsatz, obwohl der Marktanteil konstant bleibt oder sogar steigt, so ist die gesamte Branche einem negativen Einfluß (z. B. einem veränderten Nachfragerverhalten) ausgesetzt.

Wie der Umsatz sollte auch der Marktanteil als Kontrollgröße aufgegliedert werden; so kann der Marktanteil
- nach Produktmarken, -linien bzw. -klassen,
- nach Kundengruppen oder
- nach Regionen

errechnet und ausgewiesen werden.

Folgende **Eignung** weist der Marktanteil als Kontrollgröße aus:
- Zunächst läßt er die eigene Marktposition, d. h. die relative Bedeutung eines Unternehmens im Vergleich zu den Konkurrenten, erkennen.
- Darüber hinaus ist der Marktanteil eines Unternehmens ein wesentlicher strategischer Erfolgsfaktor; Unternehmen mit hohen Marktanteilen verfügen in der Regel über ein höheres Kostensenkungspotential.
- Andererseits ist eine Kontrolle des Marktanteils schwieriger als eine Umsatzkontrolle, da neben Informationen über den eigenen Umsatz (aus dem betrieblichen Rechnungswesen) auch Informationen über die Umsätze der Branche erforderlich sind; hier muß gegebenenfalls auf die amtliche Statistik bzw. auf Verbrauchsstatistiken zurückgegriffen werden.
- Schließlich ist kein eindeutiges Verhältnis zwischen Marktanteil und dem Unternehmensziel der Gewinnsteigerung gegeben: Ein sinkender Marktanteil kann dadurch bewirkt werden, daß verlustbringende Produkte herausgenommen oder Kunden nicht mehr beliefert werden.

d) Gewinn als Kontrollgröße

Wie der Umsatz zählt der Gewinn zu den nicht-konkurrenzorientierten Kontrollgrößen der Marketing-Politik; im Gegensatz zum Umsatz werden bei dieser Kontrollgröße neben dem erzielten Umsatz auch die Kosten der Produktion und des Marketing berücksichtigt. Wie bei den zuvor behandelten Kontrollgrößen bestehen verschiedene Möglichkeiten einer Aufgliederung nach Produkten, Perioden, Kundenklassen usw. In der Abb. 3.9 findet sich eine mehrstufige Deckungsbeitragsanalyse nach Produktmarken und -gruppen. Dabei sind den Bruttoerlösen der verschiedenen Produktmarken zunächst die direkt zurechenbaren Rabatte, Skonti und Erlösschmälerungen, die variablen Produktionskosten und die Fixkosten der Produktmarken gegenübergestellt; es resultieren schrittweise die Nettoerlöse sowie die Deckungsbeiträge I und II der einzelnen Produktmarken. Werden - wie in der Abb. 3.9 - noch zusätzlich die Fixkosten der Produktgruppen und jene des Unternehmens erfaßt, so ergeben sich die Deckungsbeiträge der Produktgruppen und der Gewinn des Unternehmens. Grundsätzlich gilt, daß die auf jeder Stufe ermittelten Deckungsbeiträge Gegenstand einer Kontrolle sein können; sie sind mit den im Rahmen der Planung ermittelten Soll-Deckungsbeiträge zu vergleichen. Die mehrstufige Deckungsbeitragsanalyse erlaubt es, Kontrollen auf stark disaggregierter Ebene durchzuführen, was sich im Hinblick auf die Aussagekraft der Ergebnisse vorteilhaft auswirkt.

Produktgruppen Produktmarken	1			2			3		
	11	12	13	21	22	23	31	32	33
Bruttoerlöse	B_{11}	B_{12}	B_{13}	B_{21}	B_{22}	B_{23}	B_{31}	B_{32}	B_{33}
./. direkt zurechenbare Rabatte, Skonti, sonst. Erlösschmälerungen	R_{11}	R_{12}	R_{13}	R_{21}	R_{22}	R_{23}	R_{31}	R_{32}	R_{33}
= Nettoerlöse	N_{11}	N_{12}	N_{13}	N_{21}	N_{22}	N_{23}	N_{31}	N_{32}	N_{33}
./. variable Produktionskosten	K_{11}	K_{12}	K_{13}	K_{21}	K_{22}	K_{23}	K_{31}	K_{32}	K_{33}
= DB I der Produktmarken	D^I_{11}	D^I_{12}	D^I_{13}	D^I_{21}	D^I_{22}	D^I_{23}	D^I_{31}	D^I_{32}	D^I_{33}
./. Fixkosten der Produktmarken	F_{11}	F_{12}	F_{13}	F_{21}	F_{22}	F_{23}	F_{31}	F_{32}	F_{33}
= DB II der Produktmarken	D^{II}_{11}	D^{II}_{12}	D^{II}_{13}	D^{II}_{21}	D^{II}_{22}	D^{II}_{23}	D^{II}_{31}	D^{II}_{32}	D^{II}_{33}
./. Fixkosten der Produktgruppen	F_1			F_2			F_3		
= DB der Produktgruppen	D_1			D_2			D_3		
./. Fixkosten des Unternehmens	F								
= Gewinn des Unternehmens	G								

Abb. 3.9: Produktmarken- und produktgruppenbezogene Deckungsbeitragsanalyse

Der Gewinn als Kontrollgröße ist ähnlich wie der Umsatz als Kontrollgröße zu **beurteilen**:
- Gewinn-Vorgaben erscheinen als nicht allzu schwierig; die Feststellung des Ist-Gewinns kann im Rahmen eines geeigneten Rechnungswesen erfolgen.
- Es fehlt eine Relativierung anhand entsprechender Kennziffern der Konkurrenz.
- Wie der Umsatz erlaubt auch der Gewinn kaum einen Anhaltspunkt für die Gestaltung einzelner Marketing-Maßnahmen.

e) Kennzahlensysteme

Die isolierte Betrachtung absoluter Größen wie Umsatz oder Gewinn liefert nicht immer ausreichende Informationen; häufig wird die Aussagekraft absoluter Größen dadurch gesteigert, daß diese zu anderen Größen in Beziehung gesetzt werden. Dadurch wird es möglich, die Interdependenzen zwischen den einzelnen Erfolgsgrößen zu berücksichtigen. Im Rahmen des Planungs- und Kontrollprozesses dienen Kennzahlen als Zielvorgaben für alle Entscheidungsebenen, um durch Soll-Ist-Vergleich und Abweichungsanalyse geeignete Korrekturmaßnahmen einzuleiten (*Heinen*, 1970, S. 232). Ein Beispiel für ein absatzorientiertes Kennzahlensystem findet sich in der Abb. 3.10. Das von *Groll* (1983) entwickelte Kennzahlensystem basiert auf dem DuPont-System und erlaubt eine laufende Ergebniskontrolle, aufgeschlüsselt nach Produkten, Kunden und Auftragsgrößen. Wesentliche In-

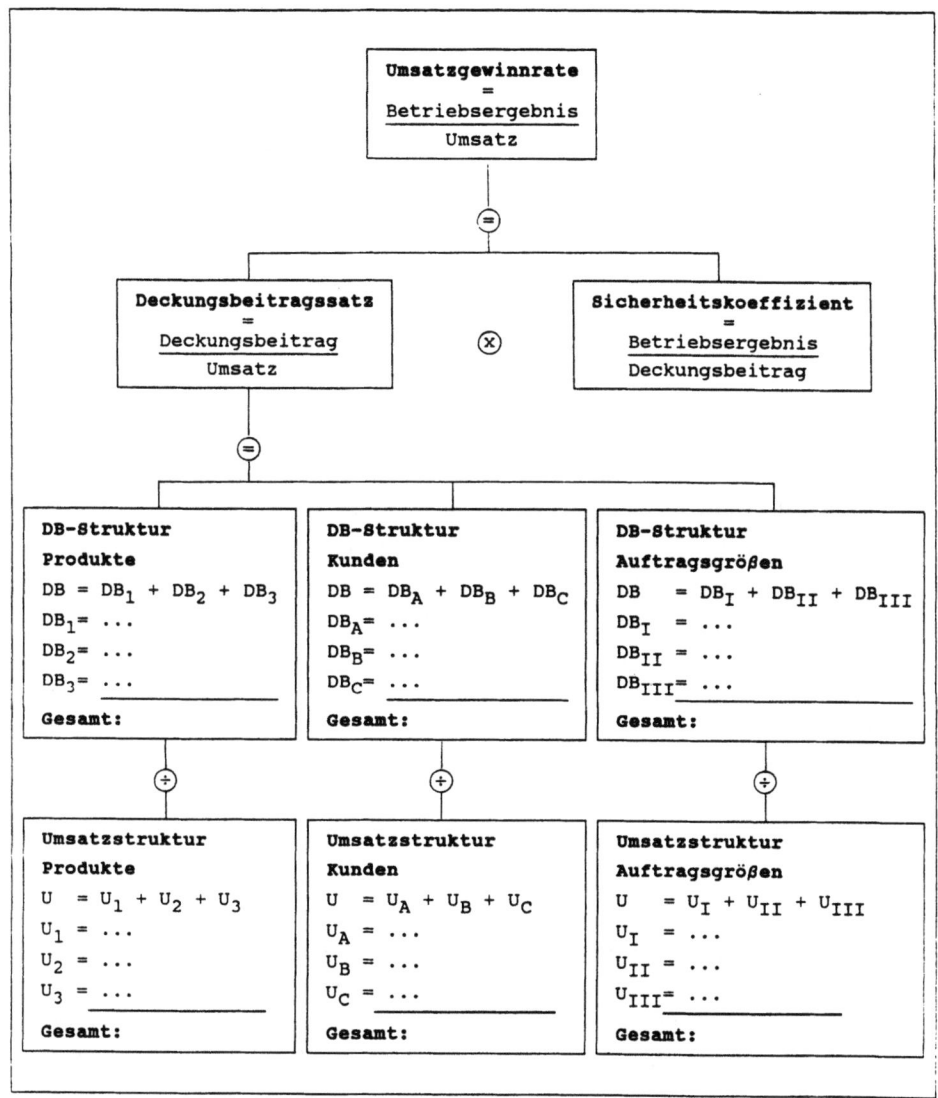

Quelle: *Nach Groll, 1983, S. 282.*

Abb. 3.10: Ein Beispiel für ein absatzorientiertes Kennzahlensystem

putdaten des Kennzahlensystems lassen sich aus der Deckungsbeitragsanalyse gewinnen. *Groll* zerlegt die Umsatzgewinnrate in die beiden Kennzahlen Deckungsbeitragssatz und Sicherheitskoeffizient. Der Sicherheitskoeffizient zeigt, um wieviel Prozent der Umsatz bei gegebenen Verkaufspreisen, Umsatzstruktur und Kosten zurückgehen könnte, bevor der Break-Even-Punkt erreicht wird. Dieser Prozentsatz kann gewisse Anhaltspunkte liefern, um die Wahrscheinlichkeit der Gewinnerzielung zu beurteilen. Der Deckungsbeitragssatz bezieht den Deckungsbeitrag auf den Umsatz und kann durch Ermittlung der Deckungsbeitragsstruktur und der Umsatzstruktur eine weitere Interpretation ermöglichen. Die Strukturierung kann nach unterschiedlichen Kriterien, wie Produkte, Kunden, Auftragsgrößen, Gebiete oder Absatzwege erfolgen. Im Vordergrund des Interesses steht dabei die Frage, wo Erfolge erwirtschaftet werden. Neben dieser Kontrollfunktion soll das Kennzahlensystem zur Steuerung beitragen, indem es bei der jährlichen Planung des Betriebsergebnisses Entscheidungen unterstützt.

Kennzahlensysteme eignen sich insbesondere dann, wenn sie Aussagen über die **Ursachen einer Abweichung** liefern. Denn nur dann können entsprechende Korrekturmaßnahmen eingeleitet werden. Im Rahmen der Marketing-Kontrolle muß beachtet werden, daß Preise und Mengen bei der Betrachtung der Erlösabweichung nicht unabhängig voneinander sind. Einen Ansatz zur Ursachenanalyse von Ist-Soll-Erlösabweichungen ist von *Albers* (1989) formuliert worden. Ausgehend von einer differenziert-kumulativen Abweichungsanalyse wird die Existenz einer Marktreaktionsfunktion der Absatzmenge bzgl. des Preises berücksichtigt. Anstatt der üblichen Aufspaltung in Preis-/Mengeneffekt werden die Erlöse in endogen beeinflußbare und exogen beeinflußte Komponenten zerlegt, für die dann direkt Abweichungen bestimmt werden können (vgl. Abb. 3.11). Offensichtliche Vorraussetzung für eine sinnvolle Aufspaltung ist das Vorliegen entsprechender Daten. Die Abb. 3.11 zeigt zunächst die traditionelle Aufspaltung in Preis und Absatzmenge. Den relativen Preis (R) erhält man aus dem Quotient aus eigenem Preis (P) und Branchenpreis (B), der wertmäßige Marktanteil entspricht dem relativen Preis (R) multipliziert mit dem Marktanteil (M), das wertäßige Marktvolumen ergibt sich durch Branchenpreis (B) multipliziert mit dem Marktvolumen (V). Somit resultiert folgende **Erlösabweichung:**

(1) $EA = R_I \cdot M_I \cdot B_I \cdot V_I - R_S \cdot M_S \cdot B_S \cdot V_S$,

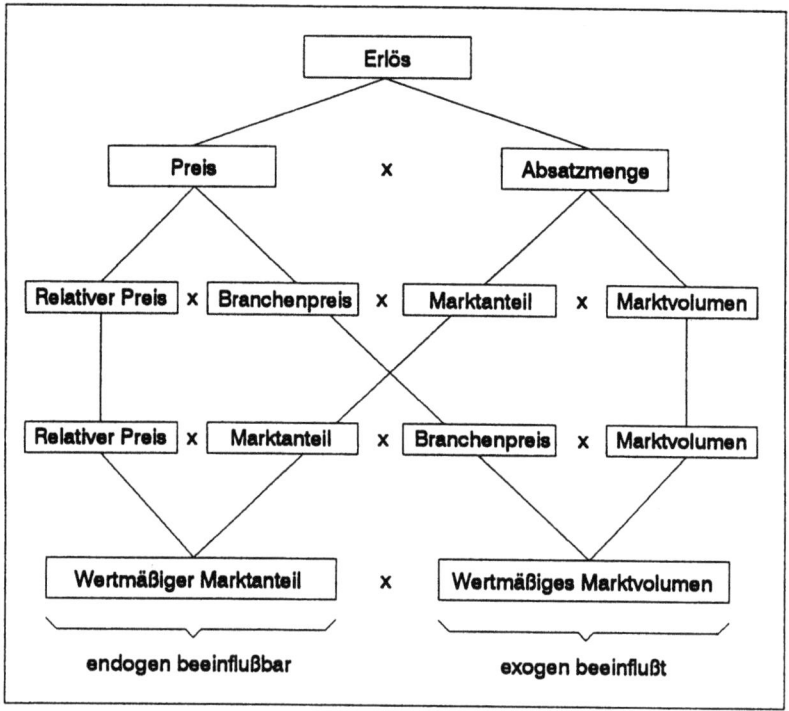

Quelle: *Albers, 1989, S. 642.*

Abb. 3.11: Aufspaltung des Erlöses in endogen beeinflußbare und exogen beeinflußte Komponenten

mit R_I = relativer Ist-Preis, R_S = relativer Soll-Preis,
M_I = Ist-Marktanteil, M_S = Soll-Marktanteil
B_I = Ist-Branchenpreis, B_S = Soll-Branchenpreis
V_I = Ist-Marktvolumen, V_S = Soll-Marktvolumen

(2) $EA = [R_S \cdot M_S + (R_I \cdot M_I - R_S \cdot M_S)] \cdot [B_S \cdot V_S +$
$+ (B_I \cdot V_I - B_S \cdot V_S)] - R_S \cdot M_S \cdot B_S \cdot V_S$

(3) $EA = \underbrace{(R_I \cdot M_I - R_S \cdot M_S) \cdot B_S \cdot V_S}_{\text{wertmäßiger Marktanteilseffekt}} + \underbrace{R_S \cdot M_S \cdot (B_I \cdot V_I - B_S \cdot V_S)}_{\text{wertmäßiger Marktvolumeneffekt}} +$

$+ \underbrace{(R_I \cdot M_I - R_S \cdot M_S) \cdot (B_I \cdot V_I - B_S \cdot V_S)}_{\text{Interaktionseffekt}}$

Hieraus lassen sich weitere Abweichungen bestimmen; z. B. als exogen bedingte Abweichungsursachen:

Wertmäßiger Marktvolumeneffekt (WME)

(4) $\text{WME} = R_S \cdot M_S \cdot (B_I \cdot V_I - B_S \cdot V_S)$

(5) $\text{WME} = \underbrace{R_S \cdot M_S \cdot (B_I - B_S) \cdot V_S}_{\text{Branchenpreis-}\atop\text{abweichung}} + \underbrace{R_S \cdot M_S \cdot B_S \cdot (V_I - V_S)}_{\text{Marktvolumen-}\atop\text{abweichung}}$

$+ \underbrace{R_S \cdot M_S \cdot (B_I - B_S) \cdot (V_I - V_S)}_{\text{Interaktionsabweichung}}$

So zeigt sich eine Veränderung bspw. aufgrund von Marktwachstum oder durch Schwachstellen im Produkt-Management. Die gewonnenen Erkenntnisse tragen dazu bei, die Erlössituation in der folgenden Periode zu verbessern.

2) Kontrolle einzelner Marketing-Instrumente

Im Rahmen der Kontrolle einzelner Marketing-Instrumente ist eine Vielzahl an **Fragestellungen** denkbar. So kann z. B. geprüft werden, ob
- das tatsächlich in einer Periode realisierte Sortiment mit dem geplanten optimalen Sortiment übereinstimmt,
- der geplante Preis tatsächlich durchgesetzt werden konnte,
- die gewährten Rabatte (die tatsächlich eingeräumten Zahlungsbedingungen) den festgelegten Rabatten (Zahlungsbedingungen) entsprechen,
- die durchgeführten Kommunikations-Maßnahmen die gewünschte Bekanntheitssteigerung/Imageverbesserung bewirkten,
- die Außendienstmitarbeiter ihre Quoten erfüllten,
- der angestrebte Distributionsgrad erreicht worden ist.

Hier werden im folgenden **Kontrollen im Rahmen der Kommunikationspolitik** näher untersucht. Ausgangspunkt der Werbeerfolgskontrolle ist das Modell der individuellen Werbewirkung (vgl. Abb. 3.12). So wie auf der

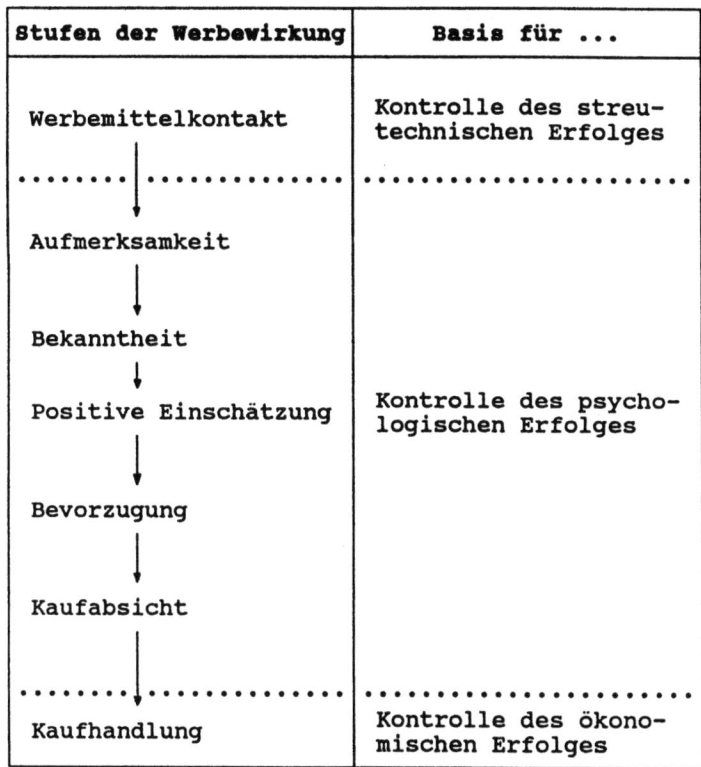

Abb. 3.12: Modell der individuellen Werbewirkung als Basis für Werbeerfolgskontrollen

Grundlage dieses Modells Werbeziele gesetzt werden können (vgl. **Marketing 2**, *Berndt*, 1992b, Abschnitt B. IV. des Teils 4), so kann dieses Modell als Grundlage der Werbeerfolgskontrolle dienen. Grundsätzlich können Kontrollen des streutechnischen, des psychologischen und des ökonomischen Werbeerfolges unterschieden werden. Ausgangspunkt der **streutechnischen Erfolgskontrolle** ist die Frage, ob die im Rahmen der Werbeplanung herangezogenen zielgruppenspezifischen Reichweiten der Werbeträger auch realisiert werden. Derartige kampagnenspezifische Erfolgskontrollen werden in der Praxis kaum vorgenommen; regelmäßig werden aber von der *Arbeitsgemeinschaft Media-Analyse* aktuelle Reichweitenprognosen vorgenommen und veröffentlicht.

Im Rahmen der **psychologischen Werbeerfolgskontrolle** ist festzustellen, in welchem Ausmaß ein verfolgtes Werbeziel, das auf den psychischen Teilphasen
- Aufmerksamkeit,
- Bekanntheit,
- Positive Einschätzung,
- Bevorzugung,
- Kaufabsicht

basiert, eingetreten ist. Damit handelt es sich hier offensichtlich um Posttests, nicht um Pretests (zu den Pretests im Rahmen der Werbeplanung siehe **Marketing 2**, *Berndt*, 1992b, Abschnitt B. VIII. 2) des Teils 4). Als Kontrollverfahren können eingesetzt werden
- der Recognition-Test,
- der Recall-Test oder
- Verfahren zur Messung der Kaufabsicht.

Im Rahmen eines **Recognition-Tests** werden den Testpersonen Werbemittel vorgelegt, und die Testpersonen werden gefragt, ob sie diese wiedererkennen bzw. sich daran erinnern. Beim Recall-Test lassen sich
- der Unaided-Recall-Test und
- der Aided-Recall-Test

unterscheiden. Der **Unaided Recall-Test** wird zur Messung der Erinnerung an Anzeigen in der letzten Ausgabe einer Zeitschrift herangezogen. Dabei werden die Testpersonen aufgefordert, das Erlernte frei, ohne jede weitere Hilfe, wiederzugeben. Beim **Aided Recall-Test** werden den Testpersonen Hilfen in Form von vorgegebenen Produktklassen, Produktmarken u. ä. gegeben; sie werden gefragt, ob sie die Werbemittel für diese Produktmarken u. ä. erinnern (zu den Recognition- und Recall-Tests vgl. z. B. *Schweiger/Schrattenecker*, 1992, S. 233 ff.). Zur **Messung der Kaufabsicht** können Flächenskalen herangezogen werden, bei denen davon ausgegangen wird, daß die Flächengröße eines "Würde ich kaufen"-Kärtchens die Intensität der Kaufabsicht (vgl. *Berekoven/Eckert/ Ellenrieder*, 1989, S. 72) wiedergibt. Die Testverfahren können nicht nur im Rahmen der Werbeerfolgskontrolle, sondern auch im Rahmen der Sponsoring-Kontrolle eingesetzt werden.

Werden die Wirkungen einer Werbekampagne fortlaufend durch wiederholte Befragungen gemessen, so liegt eine sogenannte **Tracking Study** vor. Im Rahmen der Kampagnen-Kontrolle werden dabei die Erreichungsgrade der Werbewirkungskriterien dem Werbeaufwand in der

zeitlichen Entwicklung gegenübergestellt. Eine derartige Tracking Study ist der IVE-Werbemonitor (vgl. *Juchems*, 1983). Im folgenden wird beispielhaft das Wirkungskriterium "Werbebekanntheit" in Relation zum Werbeaufwand betrachtet. Die empirische Analyse diverser Werbekampagnen erlaubte es *Juchems*, insbesondere drei Arten von Werbekampagnen zu unterscheiden:
- inaktive Werbekampagnen,
- aktive Werbekampagnen und
- Depotkampagnen.

"Inaktive" Kampagnen sind dadurch charakterisiert, daß trotz sehr hoher Werbeaufwendungen kaum eine Werbewirkung erreicht wird. Ein entsprechendes Beispiel findet sich in der Abb. 3.13; trotz monatlicher Spitzenaufwendungen bis zu 2,5 Mio. DM bleibt der Anteil der Personen, welchen die Werbung bekannt ist, vergleichsweise niedrig.

Für "aktive" Werbekampagnen ist eine schnelle Reaktion der Zielgruppenmitglieder typisch: Eine Erhöhung der Werbeaufwendungen führt schnell zu deutlich höheren Bekanntheitswerten. Ein entsprechendes Beispiel findet sich in der Abb. 3.14; dabei sind Werbebekanntheit und Werbeaufwendungen für 24 Monate angegeben. Als typisch zu vermerken ist

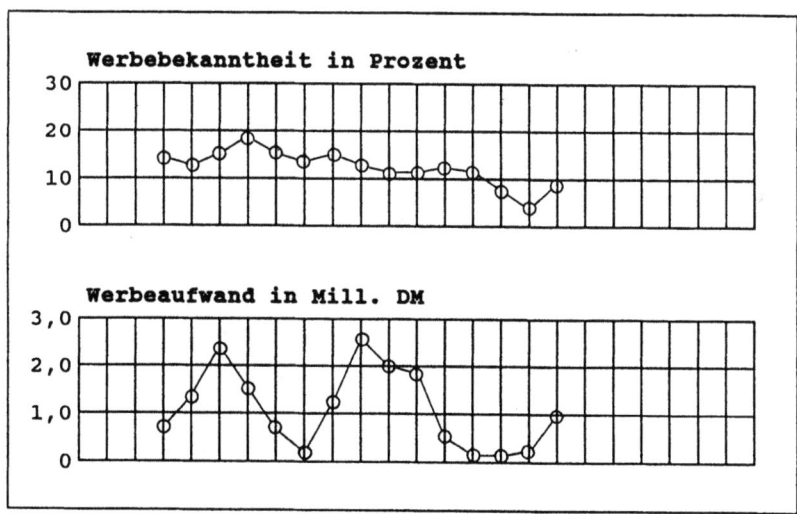

Quelle: *Juchems, 1983, S. 22*.

Abb. 3.13: Typischer Wirkungsverlauf bei einer "inaktiven" Kampagne

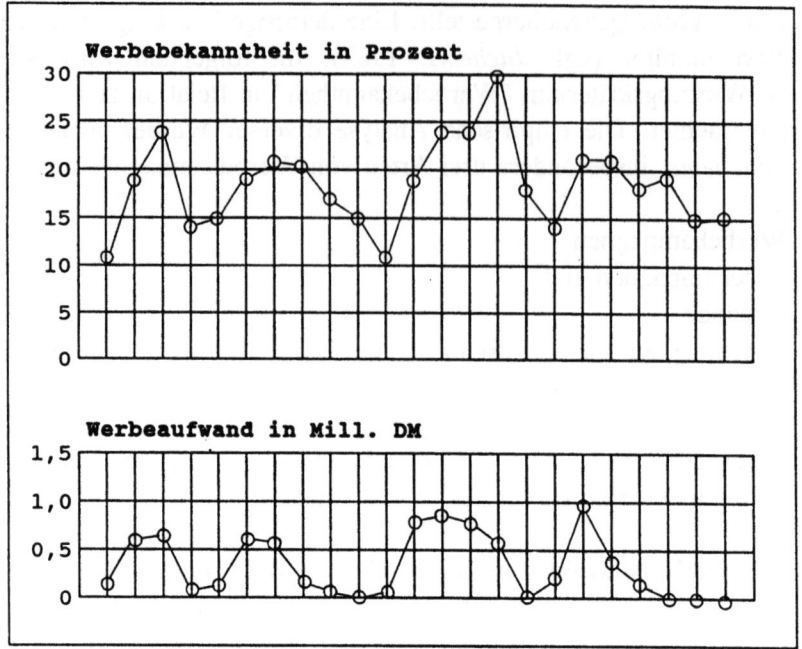

Quelle: *Juchems, 1983, S. 21*.
Abb. 3.14: Typischer Wirkungsverlauf bei einer "aktiven" Kampagne

der deutliche Rückgang der Bekanntheit bei geringerem Werbeaufwand; *Juchems* erklärt ihn dadurch, daß im vorliegenden Fall das Werbebudget nicht groß genug war.

"Depot"-Kampagnen schließlich sind dadurch charakterisiert, daß bei Verringerung des Werbebudgets kein schneller Rückgang der Bekanntheit zu verzeichnen ist. Die Abb. 3.15 und 3.16 zeigen die Werte einer Kampagne in der Phase des Aufbaues eines (Bekanntheits-)Depots und in der Folgephase. Ein weiteres Merkmal von "Depot"-Kampagnen ist ein eigenständiger, unverwechselbarer kreativer Ansatz mit interessanten Inhalten und einer eindeutigen Verbindung von Markenname und Werbeinhalten.

Tracking-Studies (wie in Abb. 3.13 - 3.16) erlauben zu kontrollieren, ob eine inaktive, aktive oder Depot-Kampagne erreicht worden ist; gegebenenfalls erforderliche Änderungen werden offensichtlich. Damit bei Tracking-Studies deutliche Änderungen von Bekanntheitsgraden auftrten, müssen i. d. R. zwei Voraussetzungen erfüllt sein: Zum einen müssen ver-

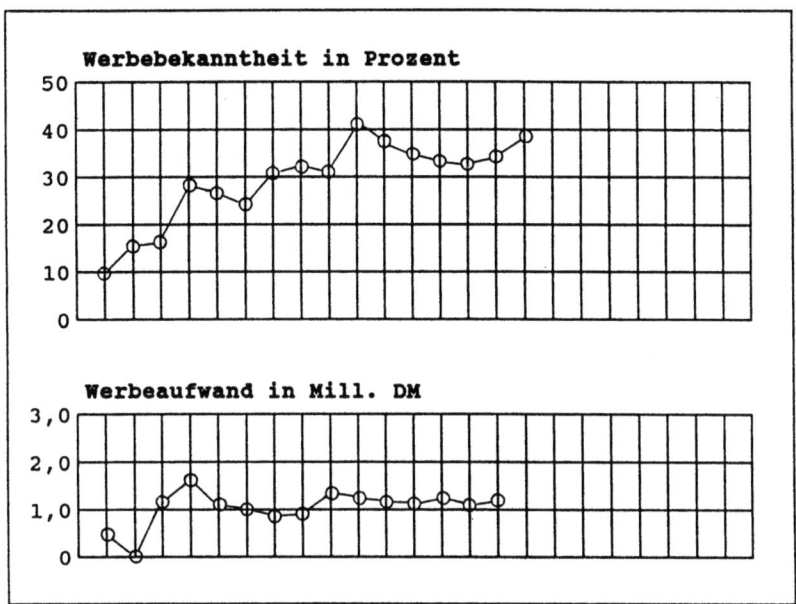

Quelle: *Juchems, 1983, S. 24.*

Abb. 3.15: Typischer Wirkungsverlauf beim Aufbau einer "Depot"-Kampagne

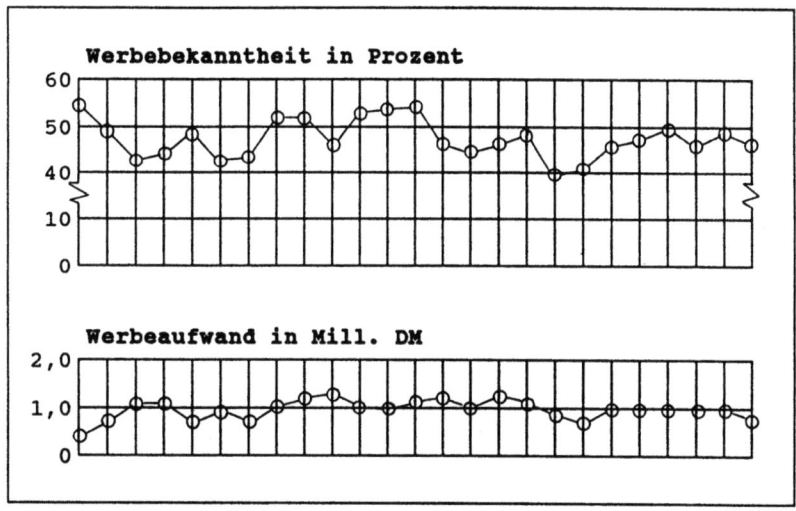

Quelle: *Juchems, 1983, S. 24.*

Abb. 3.16: Typischer Wirkungsverlauf bei Fortsetzung einer "Depot"-Kampagne

gleichsweise hohe Werbebudgets eingesetzt werden, zum anderen dürfen die umworbenen Marken nicht über eine zu hohe Bekanntheit verfügen.

Interessant ist auch eine **vergleichende Betrachtung** von Werbekampagnen anhand der (monatlichen) Werbeaufwendungen und der jeweils erzielten durchschnittlichen Werbebekanntheit. Eine entsprechende Analyse für das Jahr 1982 findet sich in der Abb. 3.17; auffallend ist zunächst die positive Korrelation von Werbeaufwand und Werbebekanntheit. Überraschend ist jedoch die starke Variation der Werbewirkung für bestimmte Aufwendungen: Werbekampagnen, für die z. B. 400.000 bis 500.000 DM pro Monat aufgewendet werden, erreichen eine Werbebekanntheit von 5 % bis 45 %. Ein wesentlicher Einflußfaktor in diesem Zusammenhang ist die kreative Gestaltung der Werbung. Die vergleichende Analyse der Abb. 3.17 kann unmittelbar zur Werbeerfolgskontrolle herangezogen werden: Die durch eine vorgenommene Werbemaßnahme erreichte Bekanntheit in Relation zum Werbeaufwand kann zu vergleichbaren Kampagnen in Beziehung gesetzt werden. Im Rahmen einer Abweichungsanalyse kann dann nach den Gründen für einen u. U. schlechten Werbeerfolg gesucht werden.

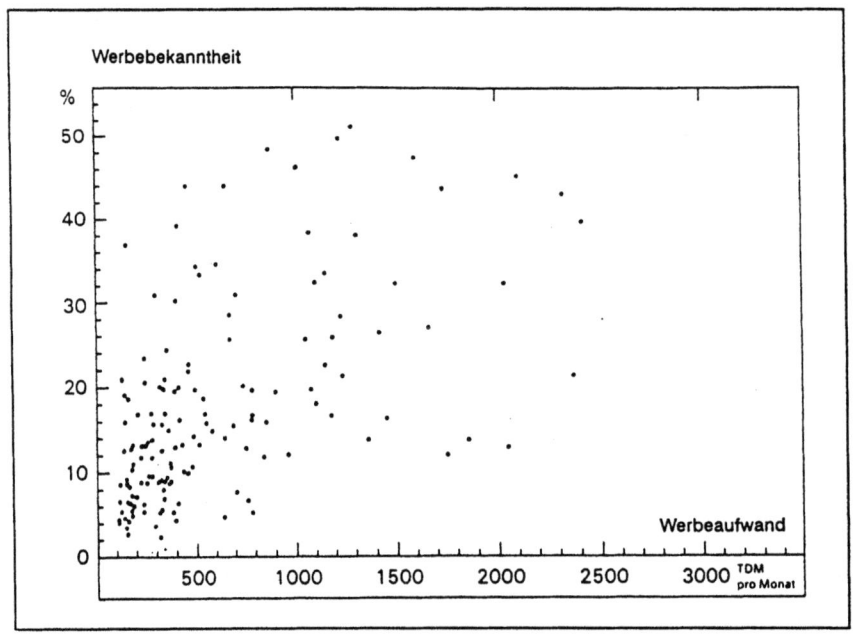

Quelle: *Juchems, 1983, S. 25.*

Abb. 3.17: Werbebekanntheit und Werbeaufwand im Jahre 1982

Im Rahmen der **ökonomischen Werbeerfolgskontrolle** ist zu untersuchen, in welchem Ausmaß ein Absatzmengen-, Marktanteil- bzw. Umsatzziel erfüllt worden ist. Als Kontrollverfahren können dabei ökonometrische Ansätze herangezogen werden. Denkbar ist eine **ökonometrische Analyse** von historischen Gesamtmarktdaten, d. h. von Kombinationen von Werbeaufwendungen und von resultierenden Umsätzen in vergangenen Perioden. Auf der Grundlage entsprechender Wertepaare können Wirkungsprognosen im Sinne von Werbeerfolgsfunktionen erstellt werden, indem entsprechende Regressionsanalysen durchgeführt werden. Im Rahmen der Erfolgskontrolle kann überprüft werden, ob die eingetretenen Ergebnisse (z. B. Umsätze) mit den von der Regressionsfunktion prognostizierten Größen übereinstimmen. Dabei ist aber problematisch, daß die tatsächliche Absatzmenge (der tatsächliche Umsatz) von einer Vielzahl an Marketing-Instrumenten beeinflußt wird. Dies zeigt sich deutlich bei einer Kontrolle der Anpassungsgüte einer geschätzten Regressionsfunktion, wenn nur vergleichsweise niedrige Werte für den Korrelationskoeffizienten bzw. für das Bestimmtheitsmaß resultieren (zur Regressions- und Korrelationsanalyse vgl. **Marketing 1**, *Berndt*, 1992a, Abschnitt A. IV. 4) des Teils 3).

Vertiefende Literatur zur "Marketing-Kontrolle"

Albers, S. (1989a), Ein System zur Ist-Soll-Abweichungs-Ursachenanalyse von Erlösen, in "ZfB", 1989, S. 637 - 654
Albers, S. (1989b), Der Wert einer Absatzreaktionsfunktion für das Erlös-Controlling, in "ZfB", 1989, S. 1235 - 1242
Böcker, F. (1988), Marketing-Kontrolle, Stuttgart 1988
Böcker, F., Dichtl, E. (Hrsg.) (1975), Erfolgskontrolle im Marketing, Berlin 1975
Hinterhuber, H. H. (1991b), Strategische Unternehmensführung, Teil II: Strategisches Handeln, 5. Aufl., Berlin, New York 1991
Horvath, P. (1994), Controlling, 5. Aufl., München 1994
Kiener, J. (1980), Marketing-Controlling, Darmstadt 1980
Köhler, R. (1993), Beiträge zum Marketing-Management, 3. Aufl., Stuttgart 1993
Kühn, R. (1977), Marketing-Audit, Ein Führungsinstrument, in "Die Unternehmung", 31. Jg., 1977, S. 199 - 212
Naylor, J., Wood, A. (1978), Practical Marketing Audits, London 1978
Sommer, K. (1984), Marketing-Audit, Bern, Stuttgart 1984

Teil 4: Marketing-Organisation

A. Organisation als Management-Teilfunktion

Der Begriff "Organisation" beinhaltet zwei eng miteinander verbundene Aspekte. Zum einen versteht man unter Organisation die (Management-) Tätigkeit, welche den Entwurf und die Realisierung einer Organisationsstruktur zum Gegenstand hat (Organisation als Funktion); zum anderen bezeichnet der Begriff "Organisation" auch das Ergebnis des Organisierens, d. h. die formale Organisationsstruktur einer Unternehmung. Organisation als Management-Teilfunktion beinhaltet demnach alle jene Aktivitäten, welche dazu dienen, eine im Hinblick auf die verfolgten Ziele und unter Berücksichtigung der spezifischen unternehmensinternen und -externen Gegebenheiten möglichst effiziente Strukturierung des Unternehmens in arbeitsteilige Subsysteme zu realisieren; die Beziehungen zwischen den einzelnen Subsystemen sollen so gestaltet werden, daß eine reibungslose Koordination und Integration der Subsysteme möglich ist. Die dadurch entstehende Organisationsstruktur kann anhand der **Dimensionen**
- Spezialisierung,
- Koordination,
- Konfiguration,
- Entscheidungsdelegation und
- Formalisierung

beschrieben werden.

I. Spezialisierung

Die **Spezialisierung** einer Organisation wird dadurch bestimmt, nach welchen Kriterien und in welchem Umfang arbeitsteilige Subsysteme gebildet werden. Nach *Kosiol* (1976, S. 38 ff.) sind zur Bildung von Organisationseinheiten zwei Phasen erforderlich:
- die Aufgabenanalyse und
- die Aufgabensynthese.

Unter einer **Aufgabenanalyse** versteht man die stufenweise Aufgliederung der aus dem Sachziel der Unternehmung abgeleiteten Aufgaben in Teilaufgaben bis hin zu einfachsten Elementaraufgaben. Eine Elementaraufgabe wird hierbei als eine Tätigkeit definiert, welche nicht mehr so aufgespalten werden kann, daß die einzelnen Teiltätigkeiten von verschiedenen Personen wahrgenommen werden können. Kriterien zur Auf-gabengliederung können sein (*Kosiol*, 1976, S. 62 f.)
- Verrichtungen (nach Arten von Arbeitsprozessen),
- Arbeitsmittel (nach Arten von Sachmitteln),
- Objekte (nach Arten von herzustellenden oder zu bearbeitenden Objekten),
- Rang (Entscheidungs- und Ausführungsaufgaben),
- Phase (Planungs-, Durchführungs- und Kontrollaufgaben),
- Zweckbeziehung (primäre und sekundäre Aufgaben).

Ergebnis der Aufgabenanalyse sind strukturierte Aufgabengliederungspläne, d. h. strukturierte Listen aller im Unternehmen auszuführenden Tätigkeiten.

Der Aufgabenanalyse folgt die **Aufgabensynthese**; hier werden die einzelnen Elementaraufgaben zu komplexeren Tätigkeiten derart zusammengefaßt, daß sie auf - vorerst hypothetische - Aufgabenträger übertragen werden können. Die Aufgabensynthese kann nach den gleichen Kriterien wie bei der Aufgabenanalyse erfolgen; diese Kriterien bilden gleichzeitig Zentralisationsprinzipien, wobei man unter Zentralisation die Zusammenfassung aller im Hinblick auf ein bestimmtes Kriterium gleichartigen Teilaufgaben versteht. Im wesentlichen unterscheidet man folgende **Formen der Zentralisation** (*Grochla*, 1972, S. 56 ff.):
- Verrichtungszentralisation (gleichartige Tätigkeiten an verschiedenen Objekten werden zu organisatorischen Einheiten zusammengefaßt);
- Objektzentralisation (unterschiedliche Verrichtungen an gleichartigen Objekten werden zu organisatorischen Einheiten zusammengefaßt);
- Entscheidungszentralisation (Entscheidungs- und Ausführungsaufgaben werden jeweils zu organisatorischen Einheiten zusammengefaßt);

- Lokale Zentralisation (die Teilaufgaben werden nach räumlichen Gesichtspunkten zusammengefaßt).

Ergebnis der Aufgabensynthese sind Stellen. Eine **Stelle** ist dabei die kleinste organisatorische Einheit, welche gerade dem Aufgabenbereich einer einzigen Person, dem Stelleninhaber, entspricht. Da mit zunehmender Zahl an Stellen die Abstimmung, Steuerung und Überwachung der zu bearbeitenden Aufgaben schwieriger wird, ist in einem nächsten Schritt eine Zusammenfassung mehrerer Stellen zu einer **Abteilung** vorzunehmen, wobei der einer Abteilung vorstehenden Stelle, der **Instanz**, Entscheidungs- und Weisungsbefugnisse zuzuordnen sind. Die Anwendung bestimmter Zentralisationsprinzipien auf der zweiten Managementebene, also unmittelbar nach der Geschäftsleitung, bestimmt die Organisationsstruktur der Unternehmung: Werden die Teilaufgaben etwa nach Verrichtungen zusammengefaßt, entsteht eine funktionale Organisationsstruktur; die Zusammenfassung nach Objekten ergibt eine divisionale Organisationsstruktur.

II. Koordination

Durch die Spezialisierung entsteht ein Bedarf nach **Koordination**: die Leistungen der einzelnen Organisationsmitglieder müssen unter Berücksichtigung der Organisationsziele aufeinander abgestimmt werden (*Kieser/Kubic*ek, 1992, S. 95 ff.). Einen ersten Schritt zur Vereinfachung der Koordination stellt die Abteilungsbildung dar. Die der Abteilung vorstehende Stelle, die Instanz, übernimmt die Koordination innerhalb ihrer Abteilung; übergeordnete Instanzen regeln die Koordination zwischen verschiedenen Abteilungen, usw. Die Koordinationsbeziehungen zwischen den einzelnen Stellen können dabei mit Hilfe unterschiedlicher **Koordinationsinstrumente** geregelt werden; allgemein unterscheidet man
- strukturelle Koordinationsinstrumente sowie
- nichtstrukturelle Koordinationsinstrumente.

Strukturelle Koordinationsinstrumente sind in der organisatorischen Struktur der Unternehmung fest verankert und in mehr oder minder großem Maße formalisiert. Darunter fallen Maßnahmen wie persönliche Weisungen oder Selbstabstimmung (personenbezogene Koordinationsinstrumente) und Programme oder Pläne (technokratische Koordinationsinstrumente).

Die Koordination durch **persönliche Weisungen** resultiert aus dem hierarchischen Stellengefüge einer Unternehmung. Sie kommt dadurch zum

Ausdruck, daß Instanzen auf jeder Ebene an die jeweils untergeordneten Stellen Weisungen erteilen; von der Unternehmensspitze bis hin zur Ausführungsebene werden die Entscheidungen zunehmend konkretisiert und weitergeleitet. Eine Koordination allein auf der Basis persönlicher Weisungen hat den Vorteil, daß sie leicht zu gestalten ist; nachteilig wirkt sich die Tendenz zur Überlastung der Instanzen aus wie auch die mangelnde Motivation der untergeordneten Stellen.

Eine Koordination durch **Selbstabstimmung** entsteht, wenn Koordinationsentscheidungen nicht von einer Instanz, sondern von der Gesamtheit der betroffenen nachgeordneten Stellen getroffen werden. In der Praxis ist eine Koordination ausschließlich durch Selbstabstimmung aufgrund mangelnder Qualifikation der Mitarbeiter nicht realisierbar; sie kann jedoch für Teilprobleme unter den Rahmenbedingungen hierarchischer Koordination erfolgreich eingesetzt werden.

Koordination durch **Programme** entsteht, wenn die verschiedenen Aktivitäten auf der Basis von festgelegten Verfahrensrichtlinien durchgeführt werden. Solche Verfahrensrichtlinien können einmal "inoffiziell" aus Lernprozessen und Erfahrungen resultieren, zum anderen können sie auch verbindich festgelegt und sogar schriftlich in Handbüchern fixiert werden. Programme geben ein bestimmtes Muster vor, nach dem sich die Organisationsmitglieder bei ihren Handlungen richten müssen. Problematisch bei einer Koordination durch Programme ist, daß das starre Verhaltensmuster innovative Problemlösungen behindert.

Schließlich spricht man von Koordination durch **Pläne** dann, wenn die Koordination auf der Basis konkreter Zielvorgaben erfolgt; diese Zielvorgaben ändern sich von Periode zu Periode, d. h. sie sind nicht wie Programme auf Dauer festgelegt, sie können jedoch ggf. neben den Zielvorgaben auch Verfahrensrichtlinien zu deren Erfüllung beinhalten.

Nicht-strukturelle Koordinationsinstrumente dienen ebenfalls dem Zweck, das Verhalten der Organisationsmitglieder auf die Organisationsziele abzustimmen, sie sind jedoch nicht in Form organisatorischer Regeln gefaßt. Darunter fallen z. B. Maßnahmen der psychologischen Beeinflussung oder Stellenbesetzungen durch "bewährte" Organisationsmitglieder.

III. Konfiguration

Die **Konfiguration**, d. h. die äußere Form des Stellengefüges, ist die dritte Dimension von Organisationsstrukturen. Eine Konfiguration ergibt sich, indem Leitungssysteme gebildet werden. Dabei wird die Idee verfolgt, daß die Leitungsinstanz einer vorgelagerten organisatorischen Einheit gegenüber den Leitungsinstanzen der jeweils nächsten Stufe weisungsbereichtigt ist. Bei den Konfigurationssystemen lassen sich zunächst Einlinien- oder Mehrliniensysteme unterscheiden (vgl. *Kieser/Kubicek*, 1992, S. 126 ff.). Ein **Einliniensystem** besteht dann, wenn eine Instanz zwar mehreren untergeordneten Stellen Weisungen erteilt, jede niedrigere Stelle jedoch nur von einer übergeordneten Stelle Weisungen empfängt. Beim **Mehrliniensystem** wird dagegen die Leitungsfunktion gegenüber einer einzelnen untergeordneten Stelle auf mehrere Instanzen verteilt, d. h. einer organisatorischen Einheit werden mehrere Instanzen vorgesetzt. Einzelnen Instanzen können darüber hinaus **Stäbe** zugeordnet werden, welche beratende Funktionen wahrnehmen, jedoch keine Weisungsbefugnisse haben (Stab-Linien-System) (vgl. Abb. 4.1). Vorteilhaft beim Einliniensystem ist die Erhaltung der Einheit der Auftragserteilung, d. h. die Kompetenzen sind klar abgegrenzt, die Koordination durch persönliche Weisungen wird erleichtert; andererseits werden die Instanzen in starkem Maße durch Koordinationsaufgaben beansprucht, die Informationswege sind länger als beim Mehrliniensystem. Das Mehrliniensystem hat den Vorteil einer stärkeren Spezialisierung bei den einzelnen Instanzen; unklare Kompetenzabgrenzungen und Unsicherheit bei den untergeordneten Stellen, welcher Vorgesetzter bei welcher Frage verantwortlich ist, stellen jedoch schwerwiegende Nachteile dieses Systems dar (vgl. *Kieser/Kubicek*, 1992, S. 136 ff.). Das Stab-Linien-System hat den Vorteil, daß das Wissen von Spezialisten genutzt werden kann, ohne daß das Prinzip der Einheit der Auftragserteilung durchbrochen würde, da Stabsstellen keine Weisungsbefugnisse haben. Dies kann jedoch zum einen Unzufriedenheit bei den Stabsstellen herbeiführen; zum anderen können Stabsstellen durch ihr Expertenwissen faktisch Entscheidungen bewirken, welche letztendlich die Instanz zu verantworten hat.

Des weiteren lassen sich eindimensionale und mehrdimensionale Systeme unterscheiden. Bei **eindimensionalen Organisationsstrukturen** erfolgt die Aufgabengliederung auf der zweiten Hierarchiestufe nach einem einzigen Kriterium, z. B. dem Verrichtungsprinzip oder dem Objektprinzip. Die Anwendung des Verrichtungsprinzips führt zur **funktionalen** Organisation

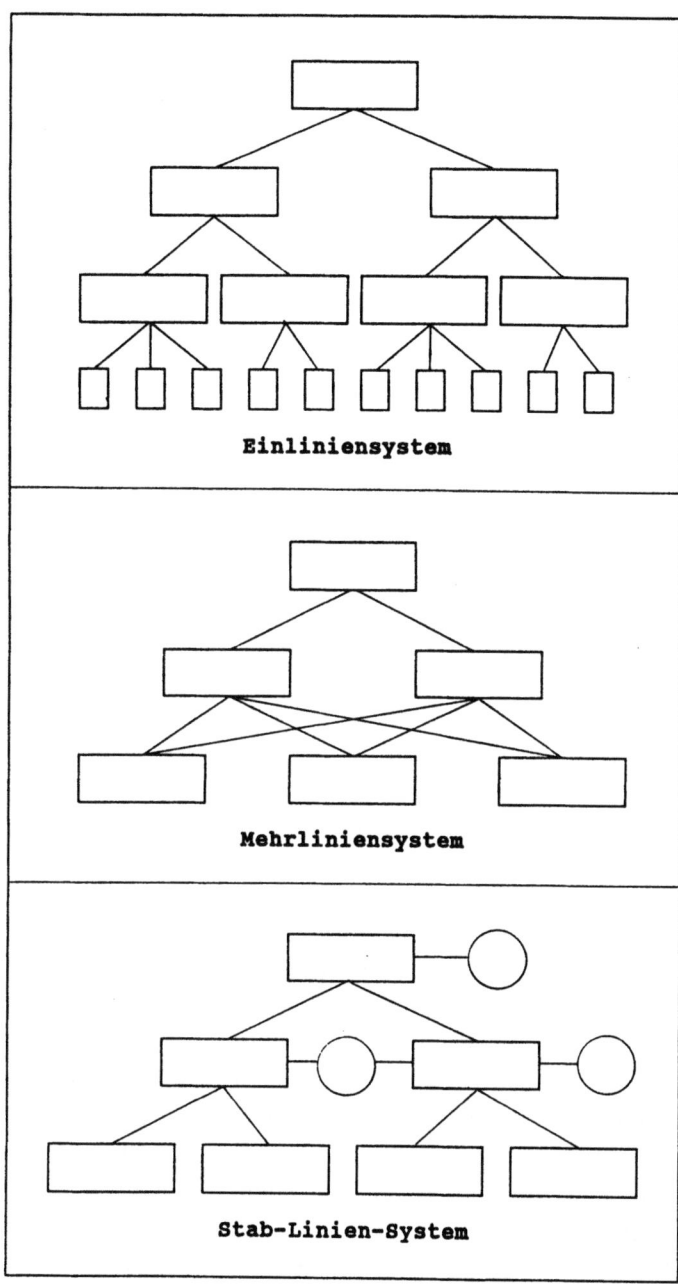

Quelle: *Berekoven, 1976, S. 68.*
Abb. 4.1: Leitungssysteme der Unternehmung

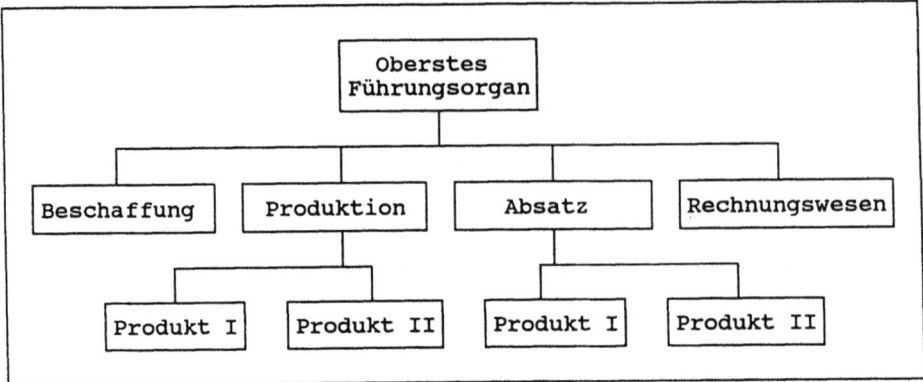

Quelle: *Staehle, 1991, S. 693.*
Abb. 4.2: Funktionale Organisation

(vgl. Abb. 4.2). Sie ist dadurch charakterisiert, daß die Unternehmensbereiche nach den betrieblichen Funktionen - z. B. Beschaffung, Fertigung, Absatz - aufgegliedert werden. Der Vorteil liegt bei der Nutzung von Spezialisten hinsichtlich der einzelnen betrieblichen Funktionen. Dieses System begünstigt allerdings Starrheit und Formalisierung, die starke Zentralisierung führt tendenziell zur Überlastung der Unternehmensspitze, welche in starkem Maße Koordinationsaufgaben wahrnehmen muß (vgl. *Bleicher,* 1983, S. 76 ff.).

Die Aufgabengliederung nach dem Objektprinzip - wobei man unter "Objekte" i. w. S. einzelne Produkte oder Produktgruppen, Märkte bzw. Kundengruppen, Regionen oder Projekte verstehen kann - führt zu einer **divisionalen bzw. Spartenorganisation** (vgl. Abb. 4.3). Aus den einzelnen Sparten werden u. U. gewisse Funktionen spartenübergreifend in Form von **Zentralabteilungen** ausgegliedert. Solche Funktionen - z. B. EDV, Beschaffung - werden dann zentralisiert, wenn sich deren Aufgaben für die verschiedenen Sparten nicht wesentlich unterscheiden. Es entsteht somit eine Mischform zwischen funktionaler und divisionaler Organisa-tionsstruktur. Vorteilhaft ist beim Objektmodell die stärkere Marktnähe und damit die schnellere Anpassung an veränderte Marktbedingungen. Die relativ starke Dezentralisation von Entscheidungsbefugnissen entlastet die Unternehmensspitze und erhöht die Motivation bei den Spartenleitern; allerdings birgt diese Organisationsform die Gefahr eines "Spartenegoismus", d. h.

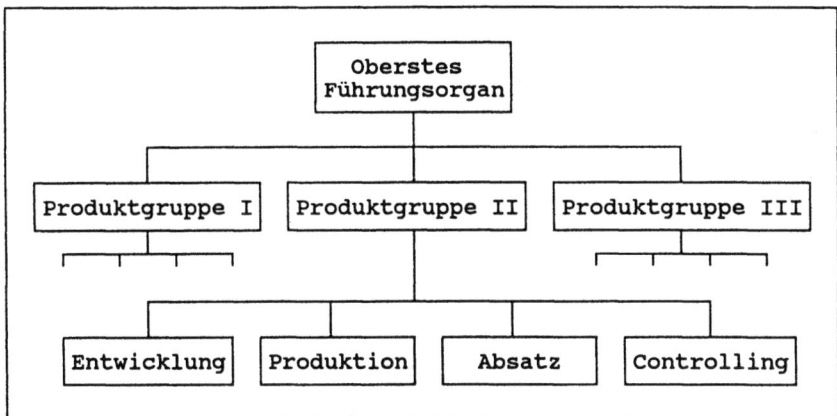

Quelle: *Staehle, 1991, S. 695.*
Abb. 4.3: Divisionale Organisation

die Bereichsleiter verlieren die gesamtunternehmerische Sicht und verfolgen nicht mehr die Unternehmensziele, sondern die individuellen Bereichsziele (zur Beurteilung vgl. *Bleicher*, 1983, S. 80 ff.).

Bei **mehrdimensionalen Organisationsstrukturen** erfolgt die Aufgabengliederung nach mehr als einem Kriterium; bei zwei Dimensionen (z. B. Funktionen und Produkte) ergibt sich eine **Matrixorganisation** (vgl. Abb. 4.4). Bei einer Matrixorganisation lassen sich entweder unterschiedliche Strukturierungskonzepte auf den beiden Dimensionen verwirklichen, oder auch unterschiedliche Ausprägungen des gleichen Konzeptes realisieren (z. B. primäre Verrichtungen auf der ersten Dimension, wie Beschaffung, Fertigung, Absatz, und sekundäre Verrichtungen auf der anderen Dimension, wie Logistik, Personal, Controlling). Schwierig ist bei diesem System die Frage der Kompetenzabgrenzung - das Prinzip der Einheit der Auftragserteilung wird durchbrochen. Dies kann zu Konflikten führen oder - will man solche von vornherein meiden - zu einer stärkeren Formalisierung, da die genauen Verantwortungsbereiche und die Beziehungen zwischen den einzelnen Organisationsmitgliedern genau geregelt werden müssen (zur Beurteilung vgl. *Bleicher*, 1983, S. 91 f.).

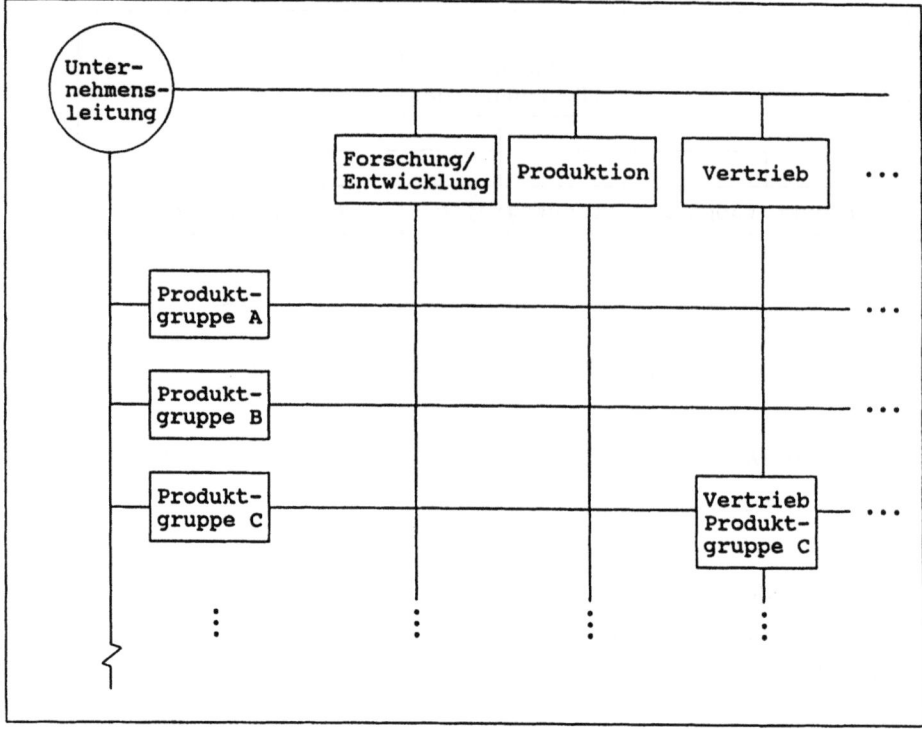

Quelle: *Staehle, 1991, S. 667.*
Abb. 4.4: Matrix-Organisation

IV. Entscheidungsdelegation

Eine **Entscheidungsdelegation** erfolgt, damit - aufgrund der Delegation von Befugnissen - Instanzen für eine Organisation nach innen und/oder nach außen verbindlich Entscheidungen treffen können. Die Delegation von Entscheidungsbefugnissen erfolgt dabei an Stellen, nicht an Personen. Grundsätzlich lassen sich eine Entscheidungszentralisation und eine Entscheidungsdezentralisation unterscheiden: Im ersten Fall werden die Entscheidungen weitgehend von der Unternehmensleitung getroffen; im zweiten Fall sind die Kompetenzen auf Stellen unterer Hierarchieebenen verteilt, welche eigenständige Entscheidungen treffen können. Die Entscheidungsdelegation ist umso größer, je mehr Entscheidungsbefugnisse offiziell hierarchisch untergeordneten Stellen zugesprochen werden; der Begriff "offiziell" soll damit zum Ausdruck bringen, daß der faktische Einfluß bestimmter Stellen durchaus stärker oder schwächer sein kann als der sich

durch die Delegation formal ergebende Einfluß (z. B. Stabsstellen). Eine Entscheidungsdezentralisation (Delegation) weist folgende **Vorteile** auf:
- Obere Führungskräfte werden entlastet;
- mittlere Führungskräfte werden motiviert;
- die Entwicklung eines (Nachwuchs-)Managements wird gefördert;
- zwischen Parallelabteilungen wird der Wettbewerb gefördert.

Dem stehen aber verschiedene **Nachteile** gegenüber:
- eine Konformität/Koordination wird gefährdet;
- eine einheitliche Willensbildung wird erschwert;
- die Dezentralisation von Entscheidungen kann zu Doppelarbeit führen;
- eine Kontrolle wird erschwert.

Zu beachten ist jedoch, daß die dort angeführten generellen Vor- und Nachteile einer Entscheidungsdezentralisation im Zusammenhang mit den individuellen Bedingungen einer Unternehmung - etwa Größe, Art und Umfang des Produktionsprogramms - zu sehen sind.

V. Formalisierung

Als **Formalisierung** bezeichnet man schließlich die schriftliche Fixierung organisatorischer Regeln; die Formalisierung kann sich auf die Organisationsstruktur, auf den Informationsfluß und auf die Leistungsdokumentation beziehen (vgl. *Kieser/Kubicek*, 1992, S. 159 ff.). Die **Strukturformalisierung** bezeichnet das Ausmaß, in dem organisatorische Regeln in Form von Handbüchern, Richtlinien u. ä. schriftlich fixiert sind. Ausdruck einer Strukturformalisierung sind beispielsweise Organigramme, Stellenbeschreibungen und Programme, welche teilweise in sogenannten Organisationshandbüchern zusammengefaßt werden. **Informationsflußformalisierung** beinhaltet die Existenz von Regelungen, welche vorsehen, daß bestimmte Kommunikationsprozesse in einer Organisation schriftlich zu erfolgen haben. Sie kommt durch den Gebrauch von Aktennotizen, Formularen, Protokollen u. ä. zum Ausdruck. Von Informationsflußformalisierung ist auch dann die Rede, wenn die Kommunikation nicht durch Schriftstücke, sondern durch "Neue Medien" wie Teletex und Telefax, BTX u. ä. erfolgt, da es sich auch in diesem Fall um eine Form der unpersönlichen Kommunikation handelt. Unter **Leistungsdokumentation** versteht man schließlich jene Regelungen, welche eine schriftliche Leistungserfassung und -beurteilung vorschreiben. Als Instrumente sind etwa Arbeitszeitkarten in Verbindung mit Stechuhren, Arbeitsbewertungsbögen, Arbeitsstatistiken u. ä. zu nennen.

B. Organisationsformen des betrieblichen Marketing-Bereiches

Nachdem im vorangegangenen Abschnitt die wesentlichen Grundlagen der Organisation als Management-Teilfunktion behandelt worden sind, soll im folgenden auf die Organisation des Marketing-Bereiches eingegangen werden. Hier werden die Möglichkeiten einer funktionsorientierten bzw. einer objektorientierten Marketing-Organisation dargestellt.

I. Funktionsorientierte Marketing-Organisation

Bei einer funktionsorientierten Marketing-Organisation erfolgt die Aufgabengliederung in der Marketing-Abteilung nach einzelnen **Marketing-Teilfunktionen** wie z. B. Werbung, Marktforschung, Verkauf, Kundendienst. Geht man von dem Fall aus, daß die Marketing-Abteilung neben anderen Ressorts direkt der Geschäftsleitung unterstellt ist, so ergibt sich das Organigramm der Abb. 4.5. Im Falle größerer Organisationen kann die Zahl der Marketing-Teilbereiche so groß werden, daß die Teilbereiche zunächst zu einzelnen Funktionsgruppen zusammengefaßt werden. Denkbar sind die Funktionsgruppen "Verkauf" mit den Teilbereichen Außendienst, Kundendienst und Versand und "Marketingdienste" mit den übrigen Marketingfunktionen.

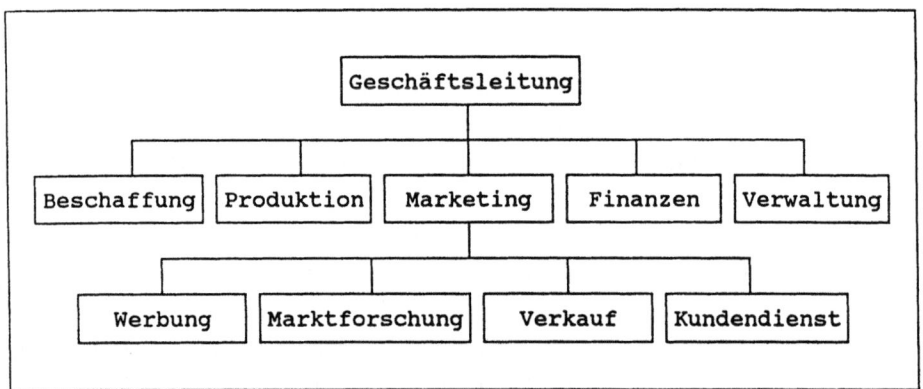

Quelle: *Berekoven, 1976, S. 62.*

Abb. 4.5: Funktionale Marketing-Organisation

II. Objektorientierte Marketing-Organisation

Bei einer objektorientierten Marketing-Organisation erfolgt die Aufgabengliederung in der Marketing-Abteilung nach **Objekten** wie
- Regionen,
- Produkten,
- Kundengruppen,
- Projekten oder
- Profit-Center.

1) Regionale Marketing-Organisation

Beim Grundmodell der regionalen Organisation sind der Marketingleitung verschiedene Abteilungsleiter für die einzelnen Regionen unterstellt. Je nach Art und Umfang der unternehmerischen Aktivitäten können solche Regionen Länder bis hin zu Verkaufsbezirken beinhalten. Die regionalen Ressorts können dann weiter nach den einzelnen Marketingfunktionen untergliedert werden (vgl. Abb. 4.6).

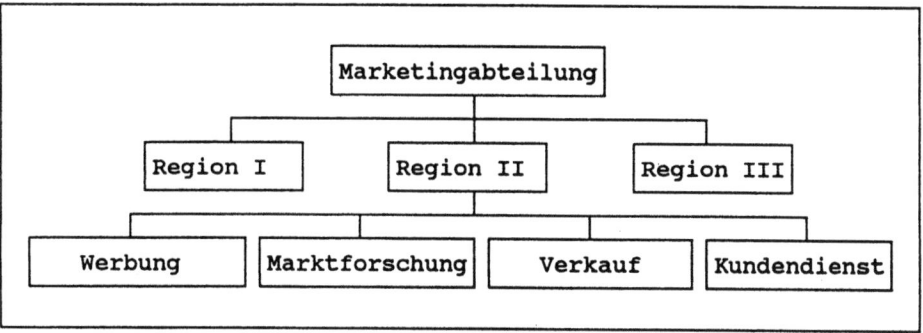

Abb. 4.6: Grundmodell einer regionalen Marketing-Organisation

Eine Variante des Regionalmodells ergibt sich, wenn lediglich die Verkaufsabteilung (also nicht die anderen Marketing-Teilbereiche) nach Regionen untergliedert wird (vgl. Abb. 4.7). Eine solche Struktur findet sich beispielsweise in Unternehmungen, deren organisatorische Grundstruktur produktorientiert ist; die Vertriebsaktivitäten werden aus den Sparten ausgegliedert und auf eine regional strukturierte Verkaufsorganisation übertragen (vgl. *Frese*, 1987, S. 527). Damit wird der Kundenpflege "vor Ort" eine

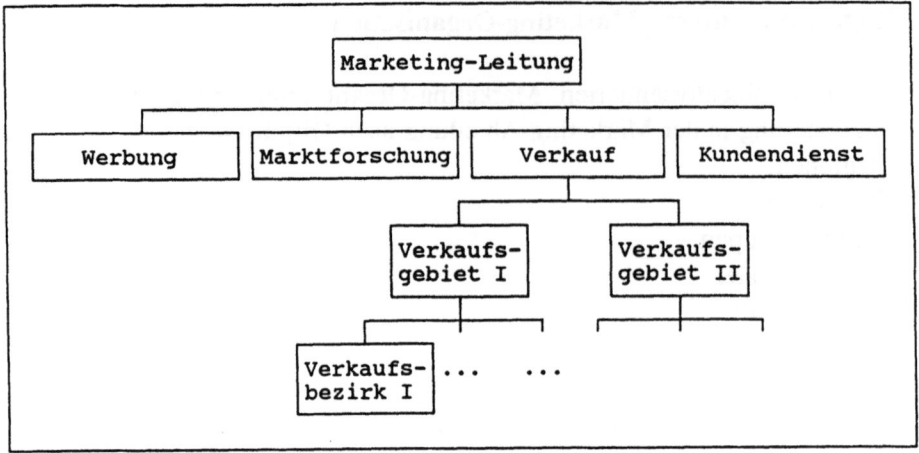

Quelle: *Nach Kotler, 1984, S. 720.*
Abb. 4.7: Regionale Verkaufsorganisation

zentrale Bedeutung zugewiesen; sinnvoll ist dieses Konzept für solche Unternehmen, die einen umfangreichen Außendienst besitzen.

2) Produkt-Management

Das "Produkt-Management" ist nicht mit einer Sparten-Organisation nach Produkten (vgl. Abb. 4.3) zu verwechseln. Im letztgenannten Fall erfolgt die Aufgabengliederung nach Produkten bzw. Produktgruppen unmittelbar auf der zweiten Hierarchieebene; den einzelnen Produktsparten fallen dann sämtliche Aufgaben von der Forschung und Entwicklung bis hin zum Marketing zu. Unter Produkt-Management versteht man die Zuordnung von Spezialisten - sogenannten "Produkt-Manager" - zu einem bestimmten Ressort im Unternehmen; vereinzelt findet sich auch eine direkte Zuordnung der Produkt-Manager als Stabsstellen der Geschäftsleitung. Dem Produkt-Manager obliegt die Planung, Koordination und Kontrolle aller mit einem Produkt oder einer Produktgruppe zusammenhängenden Aktivitäten (vgl. *Berekoven*, 1976, S. 73). Den Regelfall des Produkt-Managements stellt die direkte Zuordnung der Produkt-Manager zum Marketingbereich der Unternehmung dar; je nach Position der Produkt-Manager unterscheidet man zwei Grundformen:
- das Produkt-Management als Stab der Marketing-Leitung und
- das Produkt-Management als Linieninstanz.

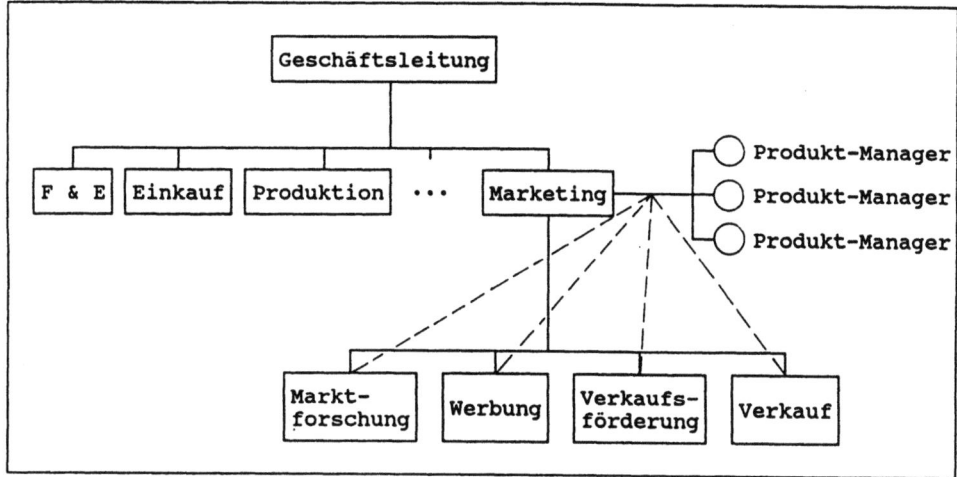

Quelle: *Köhler, 1993, S. 176.*

Abb. 4.8: Produkt-Manager als Stab der Marketing-Leitung

Die Eingliederung des Produkt-Managements als Stab der Marketing-Leitung führt zu der aus der Abb. 4.8 ersichtlichen Organisationsstruktur. Dieses Organisationskonzept beinhaltet, daß die mit Weisungsrecht verbundenen Koordinationsmaßnahmen von der Marketing-Leitung wahrgenommen werden, während die Produkt-Manager lediglich Aufgaben wie Entscheidungsvorbereitung und Beratung innehaben (in der Abb. 4.8 durch gestrichelte Linien dargestellt). Dies führt jedoch dazu, daß die Koordinationsaufgaben der Produkt-Manager nur schwer wahrgenommen werden können, da sie gegenüber den einzelnen Marketing-Funktionsbereichen nicht weisungsberechtigt sind.

Ein alternatives Konzept des Produkt-Managements, welches das eben erörterte Problem behebt, ist die Eingliederung der Produkt-Manager als **Linieninstanzen**, welche direkt der Marketing-Leitung untergeordnet sind (vgl. Abb. 4.9). Dieser Fall stellt eine Anwendung der Sparten-Organisation innerhalb des Marketing-Bereichs dar: Den einzelnen Produkt-Managern sind die verschiedenen Marketing-Funktionsbereiche wie Marktforschung, Werbung und Verkauf - je nach Größenordnung der Produktgruppen eventuell zu den Bereichen "Marketingdienste" und "Verkauf" zusammengefaßt - direkt unterstellt; die Produkt-Manager sind gegenüber den Funktionsbereichsleitern weisungsberechtigt. Die einzelnen Marketing-Funktionen werden hier also sehr stark dezentralisiert; dies erscheint jedoch

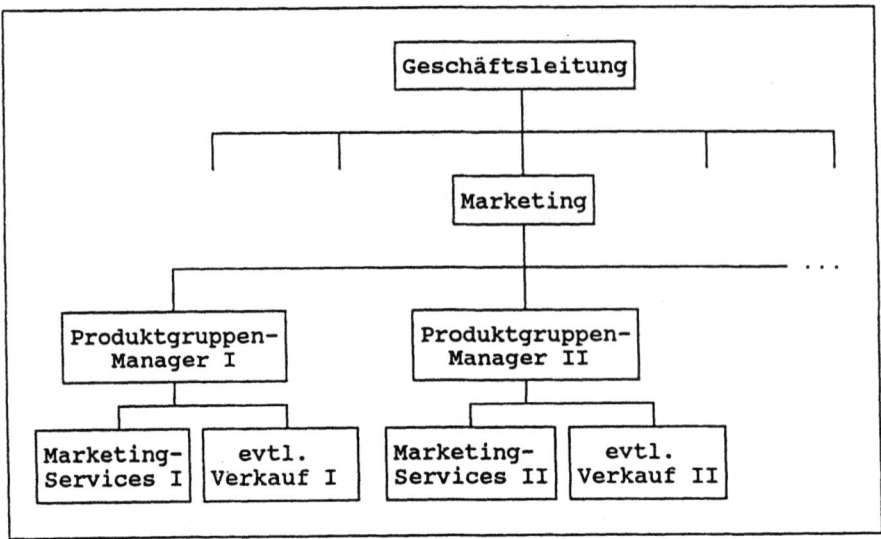

Quelle: *Köhler, 1993, S. 177.*

Abb. 4.9: Produkt-Manager als Linieninstanz

nur dann gerechtfertigt, wenn die einzelnen Produktgruppen sehr heterogen sind und sich damit auch die zugehörigen Marketing-Aufgaben von Produktgruppe zu Produktgruppe unterscheiden. Ist dies nicht gegeben, so empfiehlt sich die Eingliederung des Produkt-Managements in Form einer Matrix-Organisation. In diesem Falle erhalten die einzelnen Stellen zum einen Weisungen von den einzelnen Produkt-Managern, zum anderen von den Instanzen auf der anderen Matrixdimension.

Die Art der Einbindung des Produkt-Managements ist weitgehend davon abhängig, ob die Unternehmung funktional oder divisional organisiert ist. Bei **funktionaler** Organisationsstruktur und Zuordnung des Produkt-Managements zum Marketing-Bereich werden die Marketing-Funktionsabteilungen und die produktbezogenen Stellen auf zwei überlappenden Ebenen verknüpft; die Produkt-Manager können auf die den Marketing-Funktionsinstanzen unterstehenden Stellen Einfluß nehmen (vgl. Abb. 4.10). Denkbar ist auch, das Produkt-Management nicht dem Absatzbereich, sondern unmittelbar der Geschäftsleitung zuzuordnen. In diesem Fall erfolgt die Querschnittskoordination durch die Produkt-Manager über sämtliche betrieblichen Funktionen (vgl. Abb. 4.11).

Abb. 4.11: Produkt-Manager in der Matrix-Organisation bei Zuordnung zur Geschäftsleitung

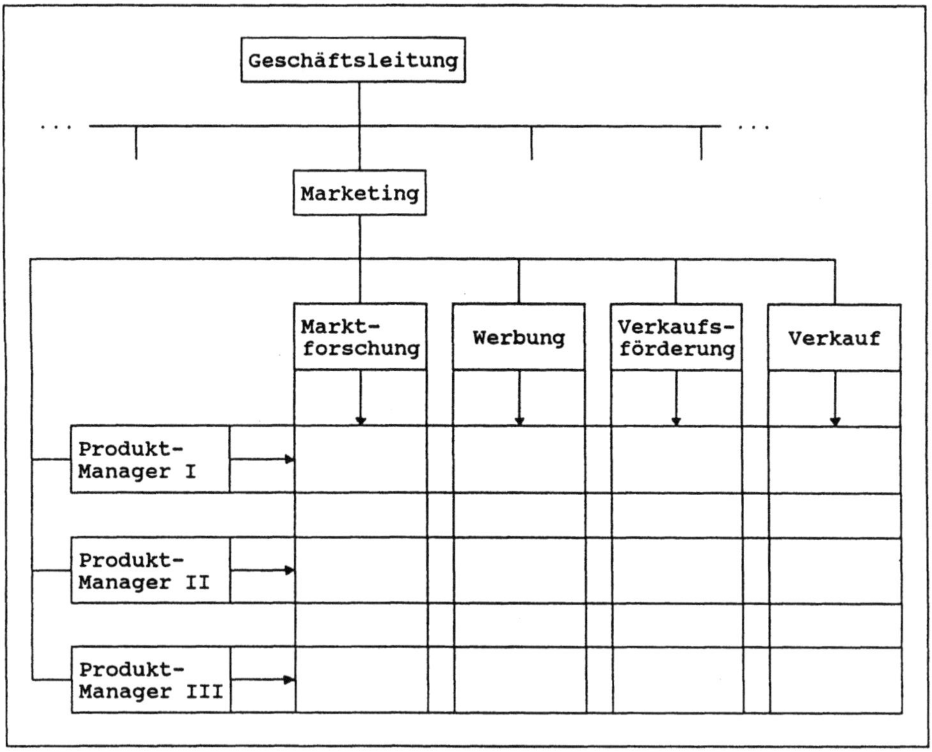

Quelle: *Köhler, 1993, S. 178*.

Abb. 4.10: Produkt-Manager in der Matrix-Organisation bei Zuordnung zum Marketingbereich

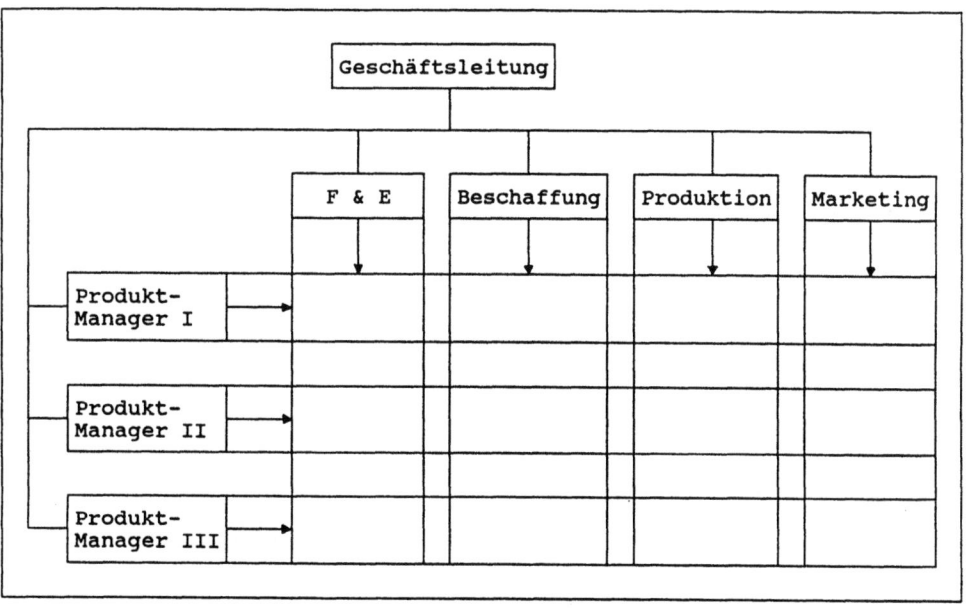

Bei **divisionaler Organisationsstruktur** wird zunächst eine Spartenbildung vorgenommen (z. B. nach Produktgruppen oder Regionen); innerhalb jeder Sparte wird dann eine Matrix-Organisation mit Funktionsabteilungen und Produkt-Managern realisiert (vgl. Abb. 4.12).

3) Kundengruppen- bzw. Markt-Management

Unter **Markt-Management** im organisatorischen Sinn versteht man analog zum Produkt-Management die Übertragung von Aufgaben für jeweils ein

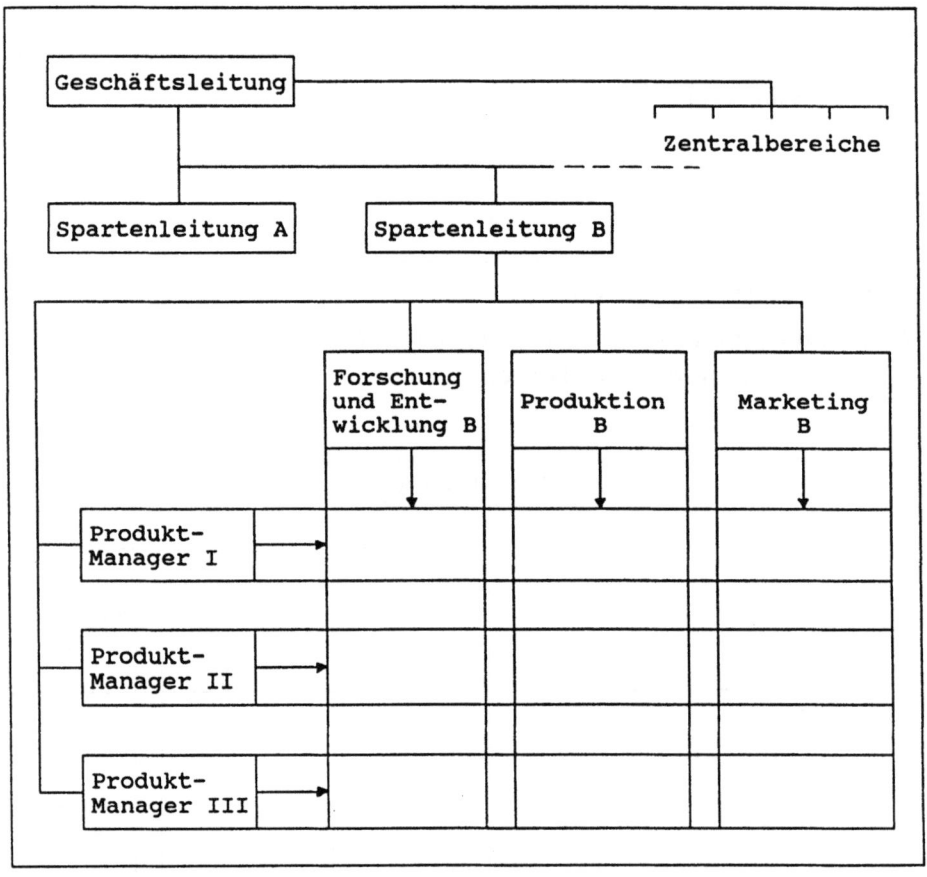

Quelle: *Köhler, 1993, S. 179.*

Abb. 4.12: Produkt-Manager in der Matrix-Organisation bei Zuordnung zu den Sparten

Marktsegment auf bestimmte Spezialisten, die Markt-Manager (*Frese*, 1987, S. 598). Das Konzept des Markt-Managements läßt sich unabhängig von der bestehenden Unternehmensorganisation verwirklichen und ist Ausdruck einer stärker marktorientierten Unternehmensführung. Voraussetzung für eine Organisation nach Absatzmärkten ist die Unterscheidbarkeit von Kunden(-gruppen) mit jeweils unterschiedlichem Nachfrageverhalten (*Köhler*, 1993, S. 134). Die Organisation des Marketingbereichs als **Kundengruppen-Management** ist relativ neu und entstand als Reaktion auf die zunehmende Konzentration im Einzelhandel. Die zunehmende Machtansammlung bei den Abnehmern führte dazu, daß herkömmliche Organisationskonzepte nach Produktgruppen oder nach Absatzgebieten nicht mehr ausreichend waren, um Veränderungen auf den Absatzmärkten effizient zu begegnen (vgl. *Meffert*, 1979a, S. 288). Eine Variante des Kundengruppen-Management stellt das Key-Account-Management dar, bei dem Kundengruppen-Manager-Stellen nur für die wichtigsten Kunden eingerichtet werden.

Die marktorientierte Grundform stellt die zuvor dargestellte Regionalorganisation dar; statt nach Absatzgebieten kann die organisatorische Gliederung auch nach einzelnen Branchen oder Abnehmergruppen, z. B. Großhandel/Einzelhandel, erfolgen. Die Markt-Manager sind bei dieser Grundform Linieninstanzen. Erfolgt diese Art der Aufgabengliederung unmittelbar auf der zweiten organisatorischen Ebene, resultiert eine Sparten-Organisation des Unternehmens, den einzelnen Markt-Managern sind dann sämtliche betrieblichen Funktionen untergeordnet. Diese Grundform wird in der Praxis jedoch kaum realisiert; in aller Regel wird das Markt-Management dem Absatzbereich zugeordnet (*Frese*, 1987, S. 605). Darüber hinaus ist die Eingliederung des Markt-Managements als Stabsstelle der Marketing-Leitung (vgl. Abb. 4.13) durchaus üblich.

Analog wie bei der Stab-Produktorganisation fehlt den Markt-Managern bei diesem Konzept jegliches formales Weisungsrecht. Aus diesem Grunde finden sich Stabslösungen eher im Investitionsgüterbereich, da die Kunden-Manager im Konsumgüterbereich wegen der engen Verpflichtung an das "Tagesgeschäft" zur Wahrnehmung ihrer Aufgaben ein Mindestmaß an Entscheidungsautonomie benötigen; im Investitionsgüterbereich sind dagegen Markt-Manager als Stäbe mit primär langfristigen Planungsaufgaben eine häufige Erscheinung (vgl. *Frese*, 1987, S. 601).

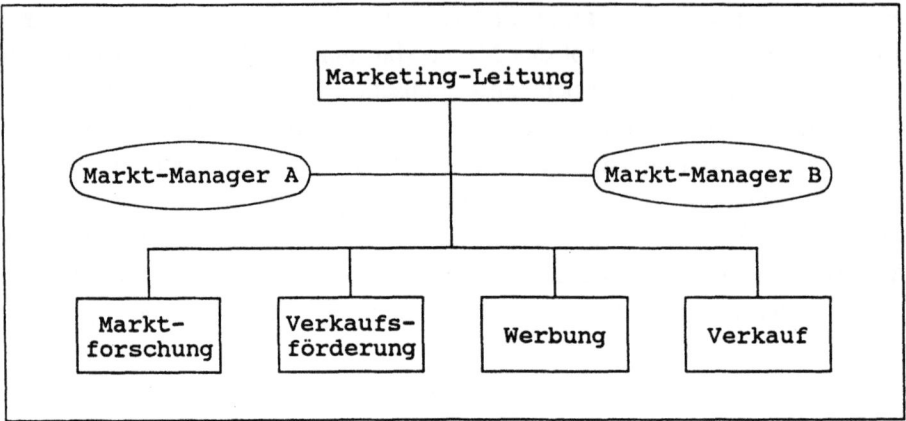

Quelle: *Frese, 1987, S. 601.*
Abb. 4.13: Markt-Manager als Stäbe der Marketing-Leitung

Bei heterogenem Produktionsprogramm und heterogenen Marktsegmenten ist häufig der Fall gegeben, daß einem bestimmten Marktsegment nicht immer eine bestimmte Produktgruppe eindeutig zuordenbar ist, so daß sich Überschneidungen ergeben. Eine eindimensionale Aufgabenzentralisation nach Marktsegmenten ist daher nicht mehr sinnvoll. Als Lösung bietet sich auch hier die Eingliederung des Markt-Managements in eine Matrix-Organisation an (vgl. *Berekoven*, 1976, S. 77 ff.). Hier erfolgt eine Kompetenzaufteilung zwischen den Markt-Managern und den Produkt-Managern (vgl. Abb. 4.14). Solche Matrixstrukturen sind vor allem bei Markenartikelherstellern gebräuchlich. Vielfach findet sich eine solche Matrix-Organisation nicht für alle Märkte und Produkte, sondern nur für die wichtigsten, um den Koordinationsaufwand zu begrenzen (*Kotler*, 1984, S. 728). Der Stellenwert des Kundengruppen-Managements ist von einer Reihe situativer Faktoren abhängig, welche das Unternehmen selbst, die Konkurrenten, den Handel und die Endverbraucher betreffen. Nach *Meffert* (1979a, S. 319 f.) gewinnt das Kundengruppen-Management an Bedeutung,
- je größer die Unternehmung ist,
- je schwieriger die Positionierung der eigenen Produkte bei Handel und Verbrauchern ist,
- je weniger innovativ die eigenen Produkte sind und je mehr Neuprodukteinführungen geplant sind,
- je mehr Hersteller dem Handel in Folge des Wettbewerbsdruckes kundenspezifische Marketingpläne anbieten,

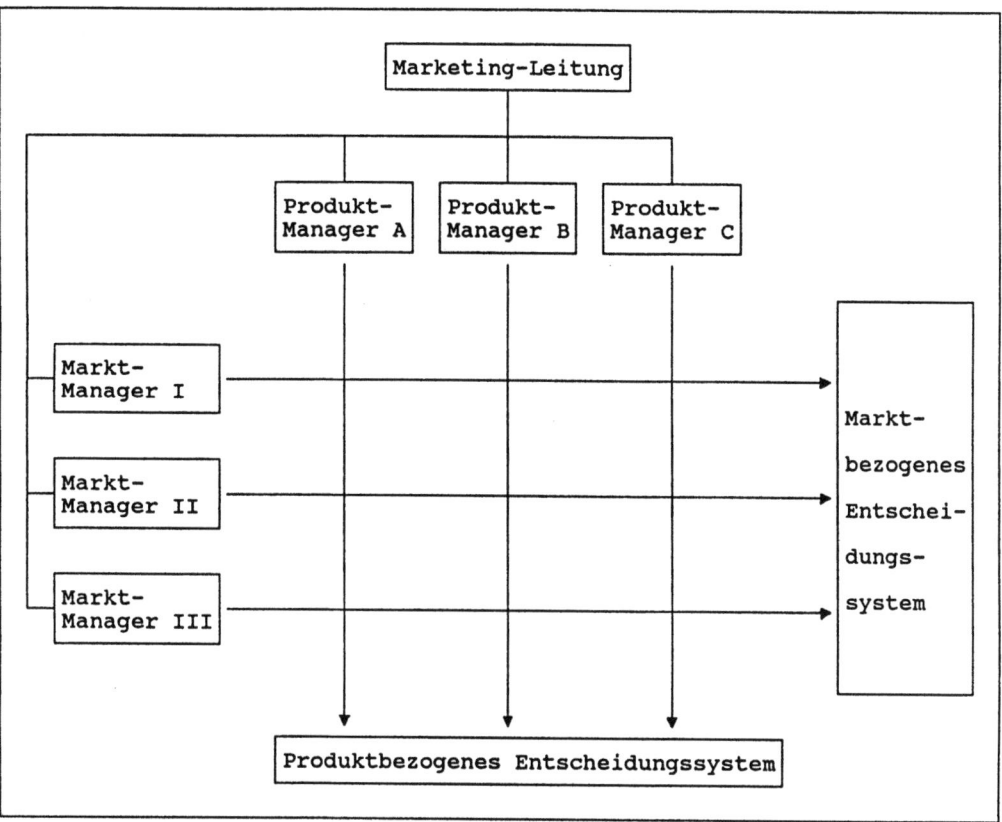

Quelle: *Nach Frese, 1987, S. 602.*

Abb. 4.14: Markt-Matrix-Organisation

- je größer die Konzentration im Handel ist,
- je größer die Bedeutung von Eigenmarken und je unterschiedlicher die Marketingkonzepte bei den Handelsunternehmen sind.

Diese Aussagen haben jedoch noch vielfach hypothetischen Charakter; sie müssen in geeigneter Weise empirisch fundiert werden.

4) Projekt-Organisation

Projekte werden allgemein als Aufgabenkomplexe definiert, welche durch die Merkmale zeitliche Befristung, Komplexität und relative Neuartigkeit charakterisiert sind (*Frese*, 1987, S. 460 f.). Projekte im Absatzbereich ergeben sich einmal zur Durchführung interner organisatorischer Veränderungen, wie z. B. bei der Einführung eines Marketing-Informationssystems. Zum anderen können absatzwirtschaftliche Projekte zur Erbringung innovativer oder komplexer Angebotsleistungen in Angriff genommen werden, insbesondere im Investitionsgüterbereich. Aber auch im Konsumgüterbereich wird die Entwicklung und Einführung eines neuen Produktes häufig in Projektform durchgeführt (vgl. *Köhler*, 1993, S. 136). Aufgrund des einmaligen Charakters von Projekten sind diese mit hohem Risiko behaftet und erfordern aufgrund ihrer Komplexität die Zusammenarbeit verschiedener Spezialisten sowie erhebliche technische und finanzielle Ressourcen. Die eigentliche organisatorische Problematik ergibt sich zum einen dadurch, daß Projekte definitionsgemäß zeitlich befristet sind; es stellt sich also die Frage, ob man die Organisation temporär auf die Anforderungen des Projektes ausrichten oder das Projekt innerhalb der bestehenden Organisationsstruktur abwickeln soll; zum anderen ist die Abwicklung von Projekten nur durch die Zusammenarbeit verschiedener Unternehmensbereiche möglich, so daß große Teile des Unternehmens durch die Projektabwicklung berührt werden. Diese Probleme haben zur Entwicklung unterschiedlicher Projekt-Organisationskonzepte geführt.

Die einfachste Form stellt die **Stab-Projektorganisation** dar. Unabhängig von der bestehenden Organisationsstruktur werden zur Wahrnehmung projektbezogener Aufgaben Projekt-Stabsstellen eingerichtet (vgl. Abb. 4.15). Die Projektleiter haben formal keine Weisungsbefugnis gegenüber den an

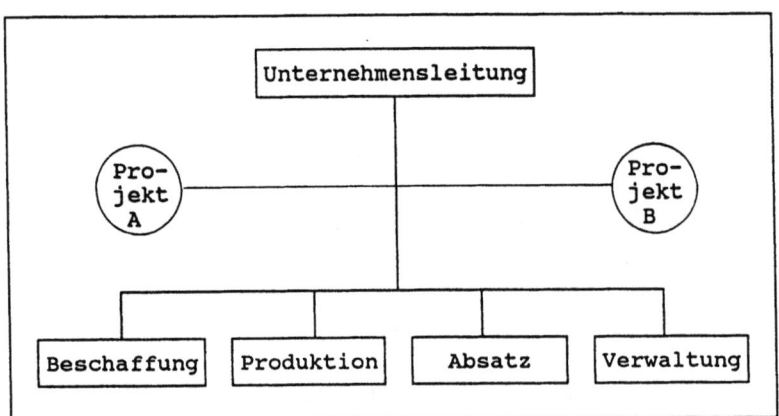

Quelle: *Frese*, 1987, S. 467.

Abb. 4.15: Stab-Projektorganisation

ihrem Projekt beteiligten Stellen; faktisch üben Projektstäbe jedoch aufgrund ihres Fachwissens und ihres Informationsstandes einen starken Einfluß auf die Projektaktivitäten aus.

Bei einer **Matrix-Projektorganisation** erfolgt eine Kompetenzaufteilung zwischen den Funktionsbereichsleitern und den Projektleitern (vgl. Abb. 4.16). Die Projektleiter haben die Aufgabe, alle im Zusammenhang mit ihrem Projekt anfallenden Aktivitäten funktionsbereichsübergreifend zu koordinieren und sind gegenüber den am Projekt beteiligten Stellen weisungsbefugt.

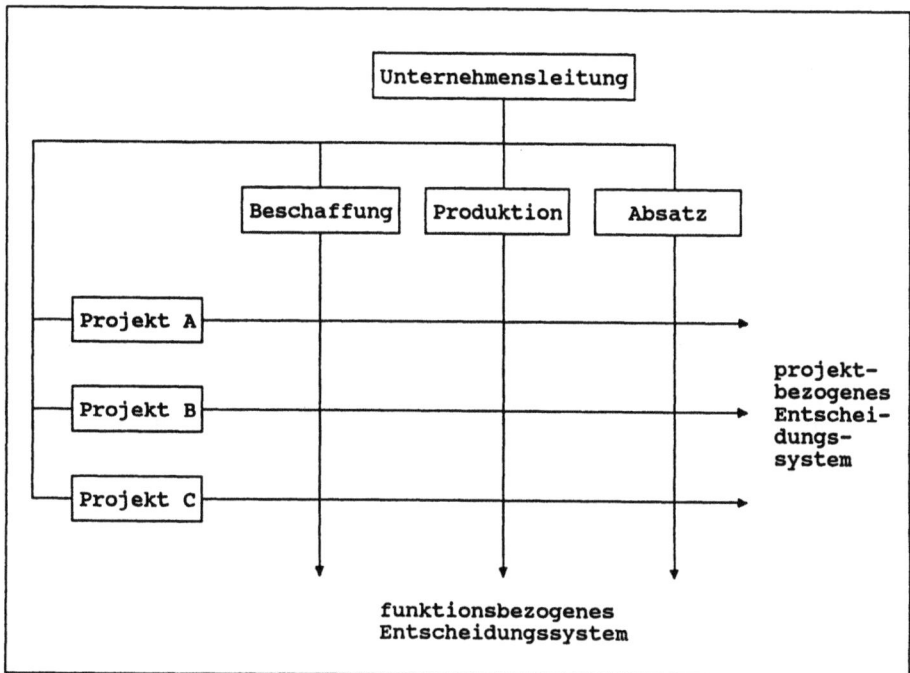

Quelle: *Frese, 1987, S. 468.*

Abb. 4.16: Matrix-Projektorganisation

Bei der **reinen Projektorganisation** wird das Projektziel insofern verselbständigt, als die an einem Projekt Beteiligten aus den jeweiligen Unternehmensbereichen ausgegliedert und der Leitung eines Projekt-Managers zugeordnet werden; der Projektleiter ist hier der alleinige Weisungsberechtigte gegenüber den am Projekt beteiligten Stellen. Eine solche

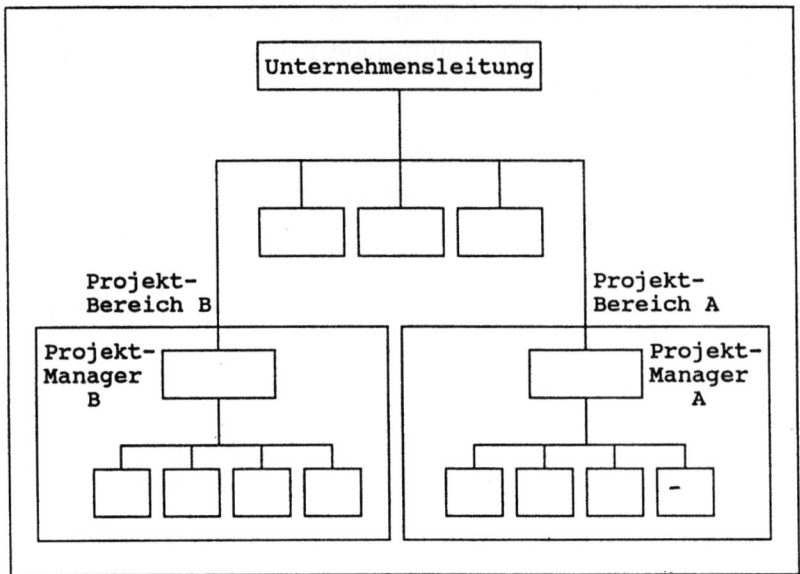

Quelle: *Frese, 1987, S. 471.*
Abb. 4.17: Reine Projektorganisation

Organisation entspricht dem Grundmodell einer Objektorganisation, wobei die einzelnen Objekte Projekte darstellen (vgl. Abb. 4.17). Eine reine Projektorganisation findet sich vielfach bei solchen Unternehmungen, deren Absatzprogramm ausschließlich aus komplexen, einmaligen Problemlösungen (z. B. Großbauprojekte) besteht.

5) Die Marketing-Organisation als Profit-Center

Allgemein wird ein Profit-Center durch folgende Merkmale charakterisiert (*Köhler*, 1993, S. 189):
- Aufgabengliederung nach dem Objektprinzip,
- objektbezogene Erfolgsaufspaltung,
- Erfolgsverantwortlichkeit des Profit-Center-Leiters.

Die Aufgabenzuordnung erfolgt meist nach **Objekten** wie Produkte, Produktgruppen, Kunden(-gruppen) oder Verkaufsgebiete. Diese Art der Aufgabengliederung erfüllt im Vergleich zu einer funktionalen Gliederung eher die Forderung nach einer marktorientierten Unternehmensführung: Die Informationsbeschaffung kann in den einzelnen Sparten gezielter erfolgen, auch lassen sich in jeder Sparte geschlossene Marketing-Konzepte verwirklichen, die Marktnähe ist insgesamt größer. In der Praxis findet sich die reine Objektgliederung jedoch selten; bestimmte Funktionen, wie z. B. Personalwesen und EDV, werden häufig als Zentralabteilungen aus den einzelnen Sparten ausgegliedert. Vielfach findet man auch eine Organisation nach dem Matrix-Prinzip, bei der die Objektgliederung durch eine funktionale Gliederung überlappt wird (vgl. *Köhler*, 1993, S. 190 ff.). Ebenfalls nach Objekten wird der Periodenerfolg erfaßt. Für die einzelnen Produkte, Kundengruppen oder Gebiete sind die jeweiligen Erfolgsbeiträge festzustellen. Zunächst werden für die einzelnen Kostenträger die Periodenkosten erfaßt. Schwierigkeiten ergeben sich bei der Verrechnung von Gemeinkosten. Die Erlöse lassen sich dagegen den einzelnen Kostenträgern ohne weiteres zuordnen. Dieser erste Schritt ergibt den Erfolgsbeitrag der einzelnen "Accounting Entities"; diese sind jedoch nicht mit den "Profit-Center" gleichzusetzen, da zunächst die Frage der Beeinflußbarkeit des Erfolgs durch die Stelleninhaber überprüft werden muß. Definitionsgemäß erfordert ein Profit-Center eine Übereinstimmung zwischen rechnungstechnischem Erfolgsbereich und erfolgsbeeinflussender Entscheidungsbefugnis (vgl. *Köhler*, 1993, S. 189 ff.). Die Frage, wer für den Erfolg oder Mißerfolg eines Profit-Centers verantwortlich ist, läßt sich nicht einmal bei Vorliegen einer reinen Spartenorganisation unmittelbar beantworten; im Falle einer Matrix-Organisation mit den sich dadurch ergebenden Kompetenzüberschneidungen ist der Einfluß auf den Erfolg durch die einzelnen Stelleninhaber noch schwieriger zu isolieren. Selbst Bereichseinzelkosten liegen nicht unbedingt im Verantwortungsbereich der Bereichsleitung (etwa Abschreibungen für zentral geplante Investitionsprojekte). Auch die Zuordnung von Erlösen kann sich als problematisch erweisen, da der Erfolg eines Produktes am Markt von einer Vielzahl von Größen abhängt, die nicht ausschließlich im Verantwortungsbereich der Profit-Center-Leitung liegen (vgl. *Köhler*, 1993, S. 206 f.). Die Rechnungsdaten müssen daher möglichst genau in beeinflußbare und nicht-beeinflußbare Größen aufgespalten werden; der Profit-Center-Erfolg kann dann mit Hilfe der mehrstufigen Deckungsbeitragsrechnung ermittelt werden (vgl. Abb. 4.18).

Da die Profit-Center im allgemeinen um knappe Kapazitäten konkurrieren, ferner häufig eine Absatzverbundenheit zwischen den Produkten einzelner Sparten vorliegen kann, ist eine gesamtunternehmerische Abstimmung der einzelnen Profit-Center untereinander erforderlich. Bei einer Profit-Center-Organisation spielen die Koordination durch Budgetvorgabe und durch Ver-

			Produkt A	Produkt B	Produkt C
(1)		Netto-Umsatzerlöse	...	...	...
(2)	˙/.	Variable Produktkosten	...	...	...
(3)	=	Deckungsbeitrag I (Produkt-DB pro Periode)	...	...	...
(4)	=	Σ Deckungsbeiträge I:		...	
(5)	˙/.	Variable Produktgruppenkosten (z.B. gemeinsame Frachten)		...	
(6)	=	Deckungsbeitrag II (Produktgruppen-DB)		...	
(7)	˙/.	Fixe Bereichseinzelkosten (z.B. bereichsspezifische Gehälter oder Abschreibungen)		...	
(8)	=	Deckungsbeitrag III (Bereichs-DB; DB der "Accounting Entity")		...	
(9)	˙/.	Zugeschlüsselte Bereichsgemeinkosten (z.B. Regiekosten; aber auch etwa über die Produktkalkulation angelastete Fixkostenanteile aus anderen Unternehmensbereichen)		...	
(10)	=	Bereichs-Bruttogewinn nach Umlagen		...	
(11)	+	Oben enthaltene Kosten, die eindeutig nicht von der Profit-Center-Leitung beeinflußbar sind		...	
(12)	˙/.	Evtl.: Oben enthaltene Erlöse, die eindeutig nicht von der Profit-Center-Leitung veranlaßt sind		...	
(13)	=	Profit-Center-Bruttogewinn i.S. eines "Responsibility Center"		...	

Quelle: *Köhler, 1993, S. 215.*

Abb. 4.18: Schema einer mehrstufigen Profit-Center-Ergebnisrechnung

rechnungspreise als Sonderformen der Koordination durch Pläne (vgl. Abschnitt A dieses Teils) eine besondere Rolle. Bei der **Koordination durch Budgets** werden den Profit-Center monetäre Plangrößen für einen bestimmten Zeitraum vorgegeben. Die Koordination durch Budgets ist nur dann gewährleistet, wenn die Bestimmung der Plangrößen im Hinblick auf die Gesamtunternehmensziele erfolgt, deren Erfüllung andererseits durch die Profit-Center auch möglich ist. Aufgrund der Eigenverantwortlichkeit der Profit-Center ist es empfehlenswert, die Profit-Center-Leiter an der Budgetbestimmung zu beteiligen. **Verrechnungspreise** dienen einerseits als Lenkungsinstrument, andererseits als Hilfsmittel zur genaueren Ermittlung der Profit-Center-Erfolge. Sie spielen beim Leistungsaustausch der einzelnen Profit-Center eine Rolle wie auch beim Bezug von Leistungen von den Zentralabteilungen. Das Prinzip der Verrechnungspreise basiert darauf, daß für den Leistungsaustausch zwischen den einzelnen organisatorischen Teilbereichen Preise festgelegt werden; mit anderen Worten wird innerhalb des Unternehmens eine marktähnliche Situation geschaffen mit der zugehörigen Konkurrenz um knappe Ressourcen. Verrechnungspreise können auf der Basis von Marktpreisen oder auf der Basis von Grenzkosten, falls keine Marktpreise vorhanden sind, gebildet werden. Der Ansatz von Verrechnungspreisen unterstützt das Gewinndenken in den einzelnen Profit-Center; da die Koordinationsfunktion der Lenkpreise jedoch nur kurzfristig und nur auf monetäre Größen beschränkt ist, sind zusätzliche gesamtunternehmerische, strategische Marketingpläne erforderlich, um die langfristige Marktstellung zu sichern. Je nach Ausmaß der Verbundenheit der einzelnen Produktsparten müssen die Aktivitäten mehrerer Profit-Center nach Kunden- oder regionalen Gesichtspunkten zentral koordiniert werden. Insgesamt ist die Vorstellung eines völlig autonom planenden Profit-Center mit dem Bereichsgewinn als einzigem Erfolgsmaßstab nicht zu verwirklichen (vgl. *Köhler*, 1993, S. 197 ff.). Eine zu starke Autonomie der Profit-Center führt dazu, daß die eigenen Bereichsziele "um jeden Preis" verfolgt werden und die Optimierung der Marketingaktivitäten aus gesamtunternehmerischer, strategischer Sicht vernachlässigt werden.

C. Die Effizienz verschiedener Organisationsformen des betrieblichen Marketing-Bereiches

I. Die Marketing-Organisation im Rahmen des situativen Ansatzes

Im Gegensatz zu den früheren Ansätzen der Organisationstheorie, welche die Bestimmung einer allgemeingültigen, optimalen Organisationsstruktur zum Ziel hatten, wird im Rahmen des situativen Ansatzes (*Kieser/Kubicec*, 1992, S. 46 ff.) die These vertreten, daß die Effizienz formaler Organisati-

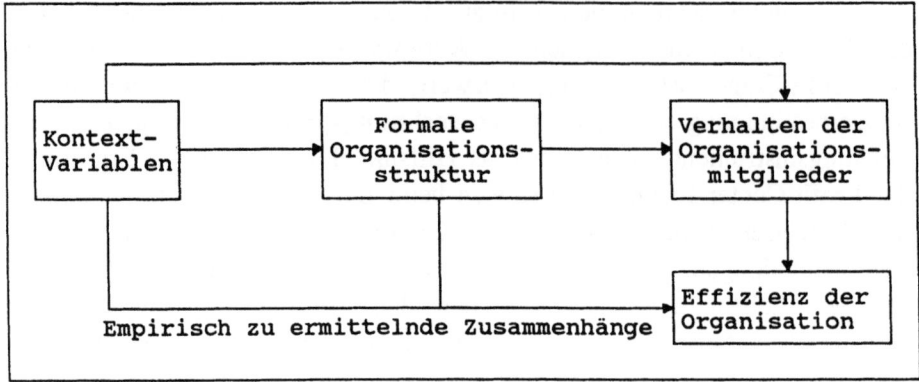

Quelle: *Köhler, 1993, S. 129.*
Abb. 4.19: Der Bezugsrahmen des situativen Ansatzes

onsstrukturen von der jeweiligen Situation abhängt, in der sich das Unternehmen befindet. Das Grundmodell des situativen Ansatzes ist in Abb. 4.19 dargestellt. Dieser Ansatz basiert auf folgenden Hypothesen: Die Effizienz eines Unternehmens ist einmal direkt abhängig von
- der Situation bzw. dem Kontext des Unternehmens,
- der formalen Organisationsstruktur,
- dem Verhalten der Organisationsmitglieder.

Die Organisationsstruktur selbst ist wiederum abhängig vom Kontext, beide wirken auf das Verhalten der Organisationsmitglieder ein. Ziel des situativen Ansatzes ist es, die Beziehungen zwischen den einzelnen Variablengruppen empirisch zu ermitteln und somit situationsabhängige Gestaltungsempfehlungen herauszuarbeiten.

Gegenstand der folgenden Ausführungen soll nicht die Effizienz der Organisationsstruktur des Unternehmens sein, sondern jene des Marketing-Bereiches. Aus diesem Grunde wird das Grundmodell des situativen Ansatzes dahingehend erweitert, daß die Marketing-Organisation explizit berücksichtigt wird. Ferner wird die Effizienz in die beiden Bestandteile "organisatorische Effizienz" und "Gesamteffizienz" unterteilt. Die organisatorische Effizienz ist demnach ein Teil der Gesamteffizienz, welche sich aus dem Zusammenspiel der verschiedensten Faktoren wie z. B. Planungseffizienz, Effizienz des Führungsstils, Effizienz des Marketing usw. ergibt (*Welge*, 1987, S. 590). Unter organisatorischer Effizienz ist allgemein die Zielwirksamkeit der eingesetzten organisatorischen Instrumente zu

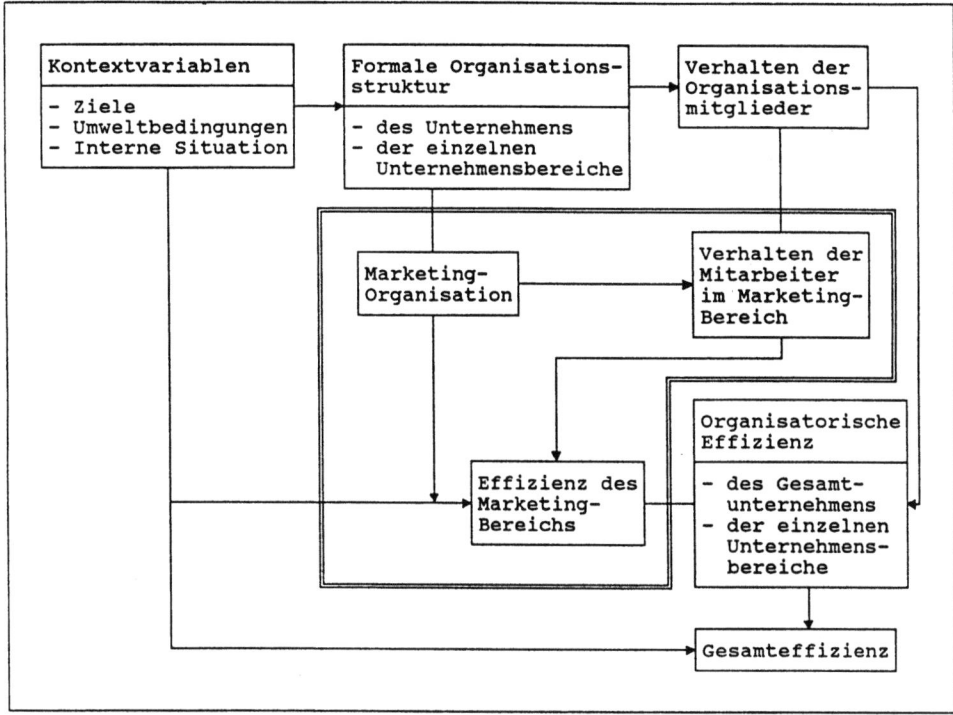

Abb. 4.20: Die Marketing-Organisation im Rahmen des situativen Ansatzes

verstehen (vgl. *Welge*, 1987, S. 604). Nach dieser Definition ist die Messung der organisatorischen Effizienz davon abhängig, welche Ziele durch eine bestimmte Organisation verfolgt werden. Die Ableitung von Effizienzkriterien speziell für den Marketing-Bereich in Abhängigkeit der (Marketing-)Ziele ist Gegenstand des folgenden Abschnittes II. Die Abbildung 4.20 zeigt das erweiterte Denkmodell des situativen Ansatzes bei expliziter Berücksichtigung des Marketing-Bereiches. Die Ausführungen in den folgenden Abschnitten II. und III. beziehen sich auf den doppelt umrandeten Teil dieses Modells. Es handelt sich somit um eine Partialbetrachtung des Marketingbereiches; alle anderen Variablen sowie deren Beziehungen zueinander werden aus der Betrachtung ausgeklammert. Dies bedeutet aber, daß hinsichtlich der Effizienz der einzelnen Marketing-Organisationsformen nur tendenzielle Aussagen getroffen werden können. Erschwert wird die Analyse auch durch die Tatsache, daß empirische Untersuchungen speziell zum Marketing-Bereich bislang sehr selten sind; Effizienzaussagen können z. T. daher nur in Analogie zu empirischen Ergebnissen aus der allgemeinen Organisationsforschung gewonnen werden und haben vielfach hypothetischen Charakter.

II. Effizienzkriterien

Um die Eignung unterschiedlicher Organisationsformen im Marketing-Bereich beurteilen zu können, ist es notwendig, den Begriff "Effizienz" zu operationalisieren und Effizienzdimensionen herauszuarbeiten, die als Beurteilungskriterien für die einzelnen Organisationskonzepte dienen können. Wie bereits erwähnt, ist die Konkretisierung des Effizienzbegriffs von den verfolgten Zielen abhängig; aus diesem Grunde lassen sich bezüglich der zugrundezulegenden Effizienzkriterien nur tendenzielle Aussagen treffen. Betrachtet man die Abb. 4.20, so läßt sich feststellen, daß die organisatorische Effizienz einer Marketing-Abteilung einmal direkt von deren Organisationsstruktur abhängt, zum anderen indirekt über das Verhalten der Mitarbeiter in der Marketing-Abteilung determiniert ist. Es erscheint daher zweckmäßig, die Effizienzkriterien (vgl. *Köhler*, 1993, S. 198 ff.; *Frese*, 1991, S. 457) in zwei **Hauptgruppen** aufzugliedern:
- Effizienzkriterien, die von der Organisationsstruktur unmittelbar beeinflußt werden, und
- Effizienzkriterien, die von der Organisationsstruktur mittelbar über das Verhalten der Mitarbeiter beeinflußt werden.

Zur ersten Gruppe gehören Kriterien wie
- Koordinationsaufwand,
- Intensität der Informationssuche und -verarbeitung,
- Innovationsfähigkeit,
- Zielgruppenausrichtung und Anpassungsfähigkeit an Marktveränderungen,
- Belastung der Marketing-Leitung,
- Möglichkeiten der Personalentwicklung;

zur zweiten Kriteriengruppe gehören Dimensionen wie
- Motivation und
- Zufriedenheit.

Nach dem Kriterium des **Koordinationsaufwands** ist zu prüfen, inwieweit die einzelnen Organisationsformen eine reibungslose Abstimmung der Entscheidungen unter den einzelnen Teilbereichen des Marketingbereiches ermöglichen.

Das Kriterium "**Intensität der Informationssuche und -verarbeitung**" drückt den Umfang gezielter Marktforschungsaktivitäten bei einzelnen Organisationsformen aus, d. h. die Erhebung und Auswertung produkt- bzw. marktspezifischer Daten.

Nach der **Innovationsfähigkeit** sind Organisationsformen dahingehend zu beurteilen, ob einerseits die vorhandene Struktur einen Spielraum für innovative Impulse bietet, andererseits, inwieweit Neuerungsvorschläge auch tatsächlich durchsetzbar sind.

Zielgruppenausrichtung und **Anpassungsfähigkeit an Marktveränderungen** sind zwei eng verbundene Dimensionen, da eine starke Zielgruppenausrichtung ein schnelleres Erkennen von Änderungen innerhalb der einzelnen Nachfragesegmente sowie auch eine bessere Reaktion auf das Kundenverhalten ermöglicht.

Nach dem Kriterium "**Belastung der Marketing-Leitung**" soll überprüft werden, inwieweit bei den einzelnen Organisationsformen die Marketingleitung vom "Tagesgeschäft" beansprucht wird. Eine hohe Überlastung führt dazu, daß der Marketing-Leitung für strategische Entscheidungen nur wenig Spielraum bleibt.

Unter "**Möglichkeiten der Personalentwicklung**" versteht man die Eignung einzelner Organisationsformen, qualifizierten Management-Nachwuchs für den Marketing-Bereich hervorzubringen.

Motivation und **Zufriedenheit** sind schließlich Dimensionen, die in starkem Maße vom Umfang der zugeteilten Kompetenz und der Mitwirkung an Entscheidungen abhängen. Die Erfüllung dieser Kriterien hat positive Auswirkungen auf das Verhalten der Mitarbeiter im Marketing-Bereich und damit auf dessen organisatorische Effizienz.

III. Die Beurteilung der einzelnen Marketing-Organisationskonzepte

Im folgenden sollen die in Teil B. dargestellten Marketing-Organisationskonzepte danach beurteilt werden, inwieweit sie die aufgeführten Effizienzkriterien erfüllen. Auf eine globale Beurteilung der Vorteilhaftigkeit einzelner Konzepte wird verzichtet, da sie in hohem Maße von Kontextvariablen abhängt, welche von Unternehmen zu Unternehmen verschieden sind.

1) Funktionsorientierte Marketing-Organisation

Die Gliederung des Absatzbereichs nach den einzelnen Teilfunktionen läßt eine tendenzielle Verringerung des **Koordinationsbedarfs** erwarten, da die Abstimmungsaufgaben weitgehend zentral von der Marketing-Leitung wahrgenommen werden. Allerdings können insbesondere bei sehr heterogenem Absatzprogramm die Teilaufgaben innerhalb der einzelnen Marketing-Funktionsbereiche sehr unterschiedlich sein. Hierdurch können die Koordinationsaufgaben sehr komplex werden. Außerdem sind die Kommunikationswege bei funktionsorientierter Organisation tendenziell länger als bei objektorientierter Organisation.

Bei funktionaler Marketing-Organisation ist die **Marktforschungs-Abteilung** ein eigenständiger Bereich innerhalb des Marketing-Ressorts. Dies führt häufig dazu, daß - sofern keine speziellen Aufträge an sie ergehen - die Marktforschungs-Abteilung relativ globale, undifferenzierte Marktuntersuchungen, ohne einen speziellen Problembezug zu einzelnen Produkten oder Märkten, durchführt (vgl. *Köhler*, 1993, S. 202).

Die Ausrichtung des Marketing-Bereiches nach Funktionen führt zu einem relativ starken Zentralisations- und Formalisierungsgrad. Da die einzelnen Funktionsbereichsleiter auf bestimmte Fähigkeiten spezialisiert sind, wird das Zustandekommen innovativer Vorschläge eher behindert. Die Durchsetzbarkeit von **Innovationen** wird dagegen durch die starke Machtkonzentration bei der Marketing-Leitung eher begünstigt (vgl. *Köhler*, 1993, S. 203).

Bei funktionaler Marketing-Organisation ist eine produkt- bzw. marktspezifische Problemsicht nur wenig ausgeprägt; hierdurch wird eine **Zielgruppenausrichtung** der Marketing-Aktivitäten erschwert. Zusammen mit den längeren Kommunikationswegen führt dies dazu, daß eine schnelle Anpassung an Marktveränderungen behindert wird (vgl. *Köhler*, 1993, S. 203).

Hinsichtlich der **Belastung der Marketing-Leitung** ist festzustellen, daß aufgrund der hohen Entscheidungszentralisation bei funktionaler Marketing-

Organisation die Marketing-Leitung in hohem Maße mit adhoc-Entscheidungen betraut ist, zumal diese die Aktivitäten der einzelnen Funktionsbereiche untereinander abstimmen muß. Eine mögliche Konsequenz kann darin bestehen, daß strategische Aufgaben zugunsten dringlicher Tagesfragen vernachlässigt werden (vgl. *Bleicher*, 1991, S. 259).

Die Spezialisierung der einzelnen Funktionsbereichsleiter auf bestimmte Tätigkeiten - z. B. Werbung - führt dazu, daß die in die Marketing-Leitung aufsteigenden Führungskräfte nur über beschränkte Kenntnisse anderer Marketing-Funktionen wie auch über die Gesamtzusammenhänge verfügen. Dies bedeutet, daß die **Entwicklung eines qualifizierten Managements** durch die funktionale Ausrichtung eher behindert wird.

Bei funktionaler Marketing-Organisation sind die Entscheidungskompetenzen sehr stark bei der Marketing-Leitung konzentriert. Die mangelnde Beteiligung der Mitarbeiter an Entscheidungen kann zu **Unzufriedenheit** führen. Auch gilt, daß die mangelnde Verantwortung der Funktionsbereichsleiter für bestimmte Produkte oder Märkte bewirkt, daß ein möglicher Erfolg den einzelnen Managern nicht eindeutig zuordenbar ist; dies kann nachteilige Auswirkungen auf deren **Motivation** haben.

2) Objektorientierte Marketing-Organisation

a) Regionale Marketing-Organisation

Die Ausrichtung nach einzelnen Absatzgebieten bewirkt, daß die Marketingaktivitäten innerhalb einer Region vom Regionalmanager wahrgenommen werden. Da dieser bei seiner Region über eine bessere Übersicht verfügt als die Marketing-Leitung, fällt der **Koordinationsaufwand** innerhalb einer Region geringer aus. Die Tendenz zur "Verselbständigung" der einzelnen Regionalsparten führt jedoch tendenziell dazu, daß die Marketing-Leitung die Aktivitäten der einzelnen Regionen im Hinblick auf die globalen Marketing-Ziele ausrichten muß, was zu Interessenkonflikten führen kann.

Wie bei allen objektorientierten Organisationsformen ist bei diesem Strukturierungskonzept eine gezielte und effiziente **Marktforschung** möglich. Insbesondere bei international tätigen Unternehmen ist eine Dezentralisierung der Marktforschung zweckmäßig.

Generell kommt einer regionalen Marketing-Organisation im Hinblick auf die **Innovationsfähigkeit** kein besonderer Stellenwert zu; die Marktnähe kann jedoch zumindest Anregungen zur Produktvariation oder -differenzierung bewirken im Sinne einer Anpassung an regional spezifische Nachfragerwünsche.

Eine verstärkte **Zielgruppenausrichtung** ist bei einer regionalen Marketing-Organisation nur dann anzunehmen, wenn die einzelnen Absatzgebiete relativ homogene Nachfragersegmente aufweisen. Die Marktnähe und damit die Anpassungsfähigkeit an Marktveränderungen sind dennoch als relativ hoch anzusehen.

Die Entscheidungsdelegation an die Regionalleiter führt zu einer **Entlastung der Marketing-Leitung**; diese kann daher strategische Aufgaben besser wahrnehmen.

Die Spezialisierung der Regionalmanager auf bestimmte Absatzgebiete führt, insbesondere bei international tätigen Unternehmungen, zu mangelnder Kenntnis der Marketing-Anforderungen in den anderen Regionen. Die **Entwicklung einer überregional qualifizierten Marketing-Leitung** wird dadurch erschwert.

Die einzelnen Regionalleiter haben klar abgegrenzte Verantwortungsbereiche und darüber hinaus u. U. eine große Entscheidungsautonomie; die Auswirkungen auf die **Motivation** sind positiv (vgl. *Frese*, 1987, S. 594).

b) Produkt-Management

Die Frage nach dem **Koordinationsaufwand** ist davon abhängig, in welcher Form das Produkt-Management realisiert ist. Sind die Produkt-Manager als Stabsstellen der Marketing-Leitung untergeordnet, ist die Koordination relativ unproblematisch, da den Produktmanagern kein Weisungsrecht zusteht. Anders beim Produkt-Management in einer Matrix-Organisation: Hier kommt es zu Kompetenzüberschneidungen mit den Marketing-Funktionsbereichsleitern, was erhebliche Koordinationsprobleme aufwirft (vgl. *Köhler*, 1987, S. 570 ff.). Allerdings sind die Kommunikationswege kürzer.

Eine Untersuchung aus dem Jahre 1977 zeigte, daß Unternehmen mit Produkt-Manager-Stellen ein erheblich größeres Budgetvolumen für **Marktforschungszwecke** zur Verfügung stand als bei Unternehmen mit anderen Marketing-Organisationsformen. Produkt-Management-Organisationen führen Panels, Markt- und Labortests häufiger durch als anders strukturierte Unternehmen (vgl. *Köhler*, 1993, S. 185). Die gezielte Informationssuche erfordert allerdings eine enge Zusammenarbeit mit dem Rechnungswesen und der Marktforschung. Daraus können sich Nachteile ergeben, wenn o. g. Abteilungen ihre Kompetenzen durch den Produktmanager untergraben fühlen; verspätete Bereitstellung oder auch Verzerrung von Informationen können die Folge sein (vgl. *Meffert*, 1979b, S. 69).

Für **Produktinnovationen**, die über Produktvariationen im bestehenden Sortiment hinausgehen, ist das Produkt-Management weniger geeignet. Produkt-Manager sind meist mit Planungs-, Koordinations- und Kontrollaufgaben im Rahmen des bestehenden Produktionsprogramms so stark belastet, daß ihnen nur wenig Zeit für innovative Projekte verbleibt (vgl. *Köhler*, 1993, S. 186). Andererseits zeigte eine empirische Untersuchung von *Cunningham* und *Clarke*, daß bei Unternehmen mit Produkt-Management die Zeit für die Umsetzung von Produktideen in Produkte kürzer ist, auch ist die Quote an Fehlstarts bei der Einführung neuer Produkte geringer (vgl. *Meffert*, 1979b, S. 71).

Die bereits erwähnte verstärkte produktspezifische Informationsbeschaffung und -nutzung wie auch die Verkürzung der Informationswege bei Vorhandensein eines Produkt-Managements ermöglichen schnelle produktbezogene Entscheidungen, die **Anpassungsfähigkeit an Marktveränderungen** ist aufgrund der Marktnähe als hoch einzustufen. Die Reaktionsfähigkeit ist dabei beim Matrix-Produkt-Management größer, da die Produkt-Manager weisungsberechtigt sind und damit notwendige Entscheidungen schnell durchsetzen können. Eine Gefahr des Produkt-Managements ist jedoch, daß eine Unternehmung weniger erfolgreiche Produkte im Sortiment behält, da Produkt-Manager zur Sicherung ihrer Position u. U. die tatsächliche Marktstellung des Produkts verschleiern. Diese Gefahr ist umso größer, je mehr Entscheidungsautonomie und damit Macht den Produkt-Managern zugewiesen wird (vgl. *Köhler*, 1993, S. 186 und *Frese*, 1987, S. 577). Eine weitere

Gefahr ist, daß wegen der Konzentrationstendenz im Handel eine reine Produktorientierung nicht mehr ausreicht und durch eine verstärkte Handelsorientierung ergänzt werden muß.

Die Einführung des Produkt-Managements als Stabsstellen der Marketing-Leitung bedeutet für diese eine gewisse **Entlastung**, da Produkt-Manager-Stellen die funktionsübergreifende Koordination für die einzelnen Produkte übernehmen. Sind die Produkt-Manager zusätzlich mit Entscheidungsbefugnissen ausgestattet, ist der Entlastungseffekt für die Marketing-Leitung noch größer; diese kann sich verstärkt strategischen Aufgaben widmen.

Da ein Produkt-Manager für den Erfolg seines Verantwortungsbereichs zuständig ist, muß er mit den verschiedenen Marketingfunktionen so vertraut sein, daß er über deren Einsatz effizient entscheiden kann. Ein kompetenter Produkt-Manager muß daher Fähigkeiten besitzen, die ihn ggf. auch für einen Aufstieg in die Marketing-Leitung qualifizieren (vgl. *Köhler*, 1993, S. 186). Die Möglichkeiten der unternehmerischen **Personalentwicklung** sind demnach als hoch einzustufen.

Hinsichtlich der **Motivation** der Produkt-Manager gilt: Je enger Verantwortung und Kompetenzausstattung zusammentreffen, umso größer ist die Motivationswirkung. Das Produkt-Management als Stabsstelle ist daher in dieser Hinsicht weniger geeignet (vgl. *Köhler*, 1993, S. 186). Negative Motivationswirkungen ergeben sich jedoch auch beim ProduktManagement in der Matrix-Organisation: Die bereits erwähnten Kompetenzüberschneidungen mit den Marketing-Funktionsbereichsleitern führen möglicherweise zu Konflikten, die sich für alle Beteiligten motivationshemmend auswirken (vgl. *Frese*, 1987, S. 575).

c) Kundengruppen- bzw. Markt-Management

Hinsichtlich der Effizienz des Kundengruppen-Managements liegt eine neuere empirische Untersuchung vor, die von *Diller* und *Gaitanides* im Jahre 1987 durchgeführt wurde (vgl. *Diller/Gaitanides*, 1989, und *Gaitanides/Diller*, 1989). Die Untersuchung bezog sich jedoch lediglich auf Herstellerunternehmen, die ihre Produkte über dem Lebensmitteleinzelhandel absetzen, und auf die spezielle Organisationsform des Großkundenmanagements (Key-Account-Management), d. h. der Einrichtung von Kunden-Manager-Stellen für die wichtigsten Kunden. Aus diesem Grunde können die empirischen Ergebnisse nur bedingt verallgemeinert werden, auch wurden nicht alle in diesem Abschnitt herangezogenen Effizienzindikatoren untersucht. Es liegen jedoch differenzierte Ergebnisse nach Unternehmen mit "schwach" ausgeprägtem und solche mit "stark" ausgeprägtem Großkundenmanagement vor, wobei die Unterscheidung nach dem Ausmaß der Entscheidungskompetenzen der Kunden-Manager erfolgt.

Wie beim Produkt-Management hängt der **Koordinationsaufwand** beim Markt-Management von der Form ab, in der dieses realisiert wird: Markt-Manager als Stabsstellen, als Linieninstanzen oder in der Matrix-Organisation. Die beim Produkt-Management getroffenen Aussagen gelten hier sinngemäß. Zu beachten ist hier jedoch, daß die marktorientierte Organisation wegen der Abweichung der Marktdimension von der Produktdimension zu Ressourceninterdependenzen und innerbetrieblichen Leistungsverflechtungen führt; als Folge sind die Planungs- und Kontrollprozesse komplexer als beim Produkt-Management, was den Koordinationsaufwand tendenziell erhöht (vgl. *Frese*, 1987, S. 214). Allerdings zeigte die Untersuchung von *Gaitanides* und *Diller*, daß Unternehmen mit stark ausgeprägtem Großkunden-Management die Koordination im Unternehmen insgesamt als deutlich besser beurteilen als Unternehmen mit schwach ausgeprägtem oder gar ohne Großkunden-Management (vgl. *Gaitanides/Diller*, 1989, S. 196).

Hinsichtlich der **Intensität der Informationssuche und -verarbeitung** kann wie beim Produkt-Management angenommen werden, daß die klare Ausrichtung auf abgegrenzte Planungsobjekte dazu beiträgt, daß Informationsquellen stärker genutzt und gezielt ausgewertet werden (vgl. *Köhler*, 1993, S. 148). Empirische Ergebnisse fehlen jedoch bislang.

Sind dem Markt-Manager sämtliche absatzpolitischen Aktivitäten für einen Markt zugewiesen, so läßt die Marktnähe Anregungen für den F&E-Bereich erwarten. Bezieht sich das Markt-Management nur auf die Vertriebsdimension, wie es bei Markenartikelherstellern vielfach der Fall ist, so kann dem Markt-Management keine besondere **Innovationsfähigkeit** zugesprochen werden, das Produkt-Management ist in dieser Hinsicht effizienter (vgl. *Frese*, 1987, S. 611). Bestätigt wird dies auch durch die Analyse von *Gaitanides* und *Diller*: Aufgaben der Neuproduktvorstellung bzw. -einführung werden bei Unternehmen mit Großkunden-Management nur unwesentlich häufiger durchgeführt als bei solchen ohne Großkunden-Management (58 %

bzw. 51 % der befragten Unternehmen; vgl. *Gaitanides/Diller*, 1989, S. 189).

Da das Kundengruppen- bzw. Markt-Management primär aus dem Grunde eingeführt wurde, auf Entwicklungen im Markt schneller reagieren zu können, ist die **Anpassungsfähigkeit an Marktveränderungen** bei dieser Organisationsform sicher am größten (vgl. *Frese*, 1987, S. 611). Auch hinsichtlich der Zielgruppenausrichtung ist das Markt-Management den übrigen Marketing-Organisationsformen überlegen. Die empirischen Ergebnisse von *Gaitanides* und *Diller* sind allerdings nicht ganz so optimistisch: Nur sieben der herangezogenen vierzig Effizienzindikatoren zeigten bei Unternehmen mit institutionalisiertem Großkunden-Management signifikant bessere Ergebnisse als bei Unternehmen ohne Großkunden-Management (vgl. *Gaitanides/Diller*, 1989, S. 186). Etwas besser schneiden Unternehmen mit stark ausgeprägtem Großkunden-Management ab. Folgende Einzelergebnisse sind zu nennen:
- Die Geschäftsbeziehungen zum Handel sind bei Unternehmen mit Großkunden-Management nicht besser als bei solchen ohne Großkunden-Management;
- die vertikale Marketingposition im Sinne von Verhandlungsmacht, realisierten Umsätzen u. a. ist dagegen bei Unternehmen mit stark ausgeprägtem Großkunden-Management bei den meisten Indikatoren deutlich besser;
- auch die horizontale Wettbewerbsposition bezüglich der Konkurrenz wird bei Unternehmen mit stark ausgeprägtem Großkunden-Management insgesamt besser beurteilt (vgl. *Gaitanides/Diller*, 1989, S. 195 f.).

Wie bei den anderen objektbezogenen Marketing-Organisationsformen führt die Kompetenzübertragung an die Markt-Manager zu einer **Entlastung der Marketing-Leitung**. Dies gilt auch - wenn auch nur in einem geringeren Maße -, wenn die Markt-Manager lediglich Stabsstellen der Marketing-Leitung sind.

Ist der Markt-Manager mit der Koordination sämtlicher absatzpolitischer Aktivitäten auf einem Markt betraut, so verfügt er im allgemeinen über Qualifikationen, die gute **Aufstiegsmöglichkeiten** bieten. Diese Aussage muß allerdings relativiert werden, wenn das Markt-Management lediglich auf der Vertriebsebene realisiert wird.

Hinsichtlich der **Motivation und Zufriedenheit** gelten weitgehend dieselben Ausführungen wie beim Produkt-Management. Da die Markt-Manager jedoch stärker extern orientiert sind und in der Regel über die Kompetenz verfügen, mit Kunden zu verhandeln und Abschlüsse zu tätigen, ist die Entscheidungsautonomie im allgemeinen größer als beim Produkt-Management, was einen positiven Einfluß auf die Motivation haben kann (vgl. *Frese*, 1987, S. 609).

d) Projekt-Organisation

Aufgrund der zeitlichen Befristung und Neuartigkeit von Projekten können sich **Koordinationsprobleme** bei der Bildung der Projektgruppen ergeben, da die beteiligten Instanzen mit völlig neuen Aufgaben und oftmals unklaren Kompetenzabgrenzungen konfrontiert werden. Bei der Realisation der Projektorganisation in Matrixform ergeben sich zusätzlich Kompetenzüberschneidungen mit den Marketing-Funktionsbereichsleitern. Jedoch bewirkt die verstärkte Ausrichtung auf die jeweiligen Projektziele eine Vereinfachung der Koordinationsproblematik (vgl. *Frese*, 1987, S. 494).

Die zeitliche Befristung von Projekten bewirkt, daß systematische, gezielte **Marktforschungsmaßnahmen** nicht regelmäßig, sondern nur von Fall zu Fall durchgeführt werden können, was sich auf die Informationsbeschaffung nachteilig auswirken kann. Demgegenüber steht der Vorteil einer verstärkten Objektbezogenheit der gesammelten Informationen.

Werden Projekte zur Lösung bereits umrissener Probleme eingesetzt, so basieren sie meist auf bereits vorhandenen Innovationsideen und können allenfalls zur Vorbereitung und Durchsetzung von **Innovationen** beitragen (vgl. *Frese*, 1987, S. 495). Anders liegt der Fall, wenn die Neuproduktentwicklung im Marketing-Bereich in Projektform durchgeführt wird: Hier kann man innovativere Lösungen erwarten als von fest eingerichteten Neuproduktabteilungen, da sich in fest eingerichteten Stellen häufig standardisierte Planungsmuster entwickeln, die die Innovationsfähigkeit eher hemmen (vgl. *Köhler*, 1993, S. 149).

Allgemein gilt, daß die **Anpassung laufender Projektaktivitäten** an veränderte Problemsituationen umso besser ist, je reibungsloser die Projektplanung und -koordination abläuft. In dieser Hinsicht ist die reine Projektorganisation einer Matrixlösung vorzuziehen (vgl. *Frese*, 1987, S. 494).

Je mehr Entscheidungskompetenzen an die Projektleiter delegiert werden, umso größer ist der **Entlastungseffekt für die Marketing-Leitung**. Die bei der Matrixlösung möglicherweise auftretenden Konflikte können jedoch dazu führen, daß die Marketing-Leitung ständig als "Schlichtungs-Instanz" beansprucht wird (vgl. *Köhler*, 1993, S. 225).

Die häufige Übertragung von Projektaufgaben an Organisationsmitglieder mit der zugehörigen Kompetenz und Verantwortung bietet gute Möglichkeiten zur **Entwicklung eines qualifizierten Management-Nachwuchses**.

Die zeitliche Befristung von Projekten bewirkt, daß bei den am Projekt Beteiligten Unsicherheit über den künftigen Status nach Projektbeendigung entsteht; die Wiedereingliederung in die alte, möglicherweise weniger attraktive Position kann zu **Unzufriedenheit und Frustration** führen (vgl. *Frese*, 1987, S. 490 f.).

e) Profit-Center-Organisation

Die Selbständigkeit der Verantwortungs- und Abrechnungsbereiche sowie deren "marktwirtschaftliche" Beziehungen zueinander legen die Vermutung nahe, die **Koordination** erfolge quasi "automatisch". Allerdings ist eine bereichsübergreifende Marketing-Koordination dennoch erforderlich, da
- die einzelnen Bereiche miteinander um knappe Ressourcen konkurrieren,
- das Gewinndenken dazu führt, daß notwendige strategische Maßnahmen zur Sicherung des langfristigen Erfolgs zugunsten des kurzfristigen Gewinns vernachlässigt werden (vgl. *Köhler*, 1993, S. 204 ff.).

Aufgrund der Objektausrichtung kann vermutet werden, daß eine Profit-Center-Organisation zu einer verstärkten **Informationssuche** führt. Wegen der ähnlichen Interessenlage der Profit-Center-Mitglieder läuft der Informationsfluß reibungsloser ab (vgl. *Köhler*, 1993, S. 202). Das Gewinndenken und der damit verbundene Leistungszwang dürften die Tendenz nach gezielten und effektiven Marktforschungsmaßnahmen noch unterstützen.

Bei "Routine-Neueinführungen" im Rahmen der bisherigen Produktpalette leistet die Profit-Center-Organisation sicher gute Dienste. Bei grundlegenden Neuerungen wirkt sich die starke Produktart-Spezialisierung eher innovationshemmend aus; für weitreichende **Innovationsvorhaben** ist die Projekt-Organisation vorzuziehen.

Die Aufgabenzuordnung an Profit-Center begünstigt die **Ausrichtung auf Zielgruppen** wie auch die Marktinformationssuche; es kann angenommen werden, daß dadurch die Reaktionsfähigkeit auf Änderungen im Kunden- oder Konkurrenzverhalten wie auch auf das Entstehen neuer Zielgruppen gefördert wird (vgl. *Köhler*, 1993, S. 203).

Hinsichtlich der **Überlastung der Marketing-Leitung** gelten die gleichen Aussagen wie bei den übrigen objektbezogenen Organisationsformen.

Von den verschiedenen Marketing-Organisationsformen dürfte die Profit-Center-Organisation die geeignetste sein, um qualifizierten **Management-Nachwuchs** zu fördern: Die Objektausrichtung, gepaart mit der Erfolgsverantwortlichkeit der Profit-Center-Leiter, fördert die Entwicklung von Manager-Fähigkeiten.

Auch hinsichtlich der Motivation haben Profit-Center-Organisationen Vorteile: Zum einen die relativ große Selbständigkeit der Profit-Center, zum anderen die größere **Verantwortung** der Profit-Center-Leiter dürften sich positiv auf die Motivation auswirken.

Vertiefende Literatur zur "Marketing-Organisation"

Berekoven, L. (1976), Die Absatzorganisation, Herne, Berlin 1976
Bleicher, K. (1991), Organisation, Formen und Modelle, 2. Aufl., Wiesbaden 1991
Bromann, P. (1990), Strategische Organisationsentwicklung in Marketing und Vertrieb, Landsberg 1990
Frese, E. (1987), Grundlagen der Organisation, 3. Aufl., Wiesbaden 1987
Gaitanides, M., Diller, H. (1989), Großkundenmanagement, Überlegungen und Befunde zur organisatorischen Gestaltung und Effizienz, in "DBW", 1989, Nr. 2, S. 185 - 197
Grochla, E. (1972), Unternehmensorganisation, Reinbek 1972
Hinterhuber, H. H. (1991b), Strategische Unternehmensführung, Teil II: Strategisches Handeln, 5. Aufl., Berlin, New York 1991

Kieser, A., Kubicek, H. (1992), Organisation, 3. Aufl., Berlin, New York 1992

Kosiol, E. (1976), Organisation der Unternehmung, 2. Aufl., Wiesbaden 1976

Kotler, P. (1991), Marketing Management, 7. Aufl., Englewood Cliffs 1991

Kreuz, A. (1975), Der Produkt-Manager, Essen 1975

Köhler, R. (1993), Beiträge zum Marketing-Management, 3. Aufl., Stuttgart 1993

Staehle, W. (1991), Management, 6. Aufl., München 1991

Welge, M. K. (1987), Unternehmungsführung, Band 2: Organisation, Stuttgart 1987

Teil 5: Führung im Marketing

A. Führung als Management-Teilfunktion

Führung kann als gezielte Beeinflussung sowohl von Verhalten und Einstellungen der Einzelpersonen in einem Unternehmen als auch von Interaktionen in und zwischen Mitarbeitergruppen verstanden werden (vgl. *Staehle*, 1991, S. 303). Führung basiert auf einer hierarchischen Strukturierung eines Unternehmens in Mitarbeiter und Vorgesetzte, wobei der Vorgesetzte (der Führende) die Tätigkeit bzw. Einstellung der (des) Geführten - im wesentlichen mittels kommunikativer Aktivitäten - beeinflußt bzw. steuert. Eine exakte Trennung in Führende und Geführte ist allerdings oftmals nicht möglich, da auch der Geführte in der Regel auf die Entscheidungen des Führenden Einfluß hat und Führende ihrerseits wiederum u. U. von anderen Vorgesetzten beeinflußt werden können. Aufgrund der wechselseitigen Beziehungen zwischen Führenden und Geführten ist Führung als ein komplexer Interaktionsprozeß zwischen Unternehmensangehörigen anzusehen.

Eng miteinander verbunden sind **Führung und Organisation**. Einerseits setzen bestimmte Führungskonzepte bestimmte Organisationsformen voraus. Andererseits bilden Organisationsformen den strukturellen Rahmen für die Führungsaktivitäten. So hat die Beeinflussung von Mitarbeitern im Rahmen der Führung mittels kommunikativer Aktivitäten zu erfolgen, die durch organisatorische Regelungen in bestimmte Bahnen gelenkt werden können. Ein Beispiel zur simultanen Berücksichtigung der Führungs- und der Organisationsseite ist das **7-S-Modell** von McKinsey (vgl. Abb. 5.1), welches die Elemente

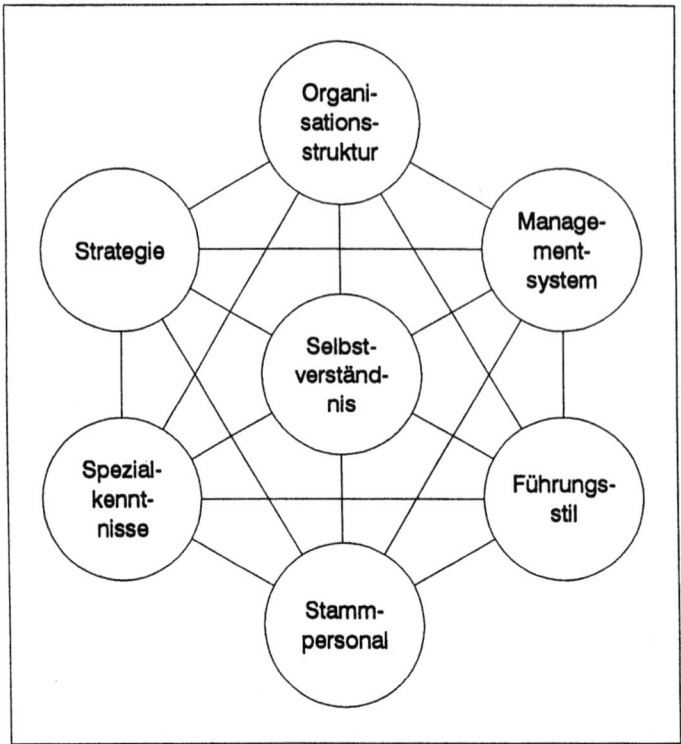

Quelle: *Nach Peters/Waterman, 1982, S. 10.*
Abb. 5.1: Das 7-S-Modell von McKinsey

- (Organisations-)Struktur,
- (Management-)System,
- Strategien,
- (Führungs-)Stil,
- Stammpersonal,
- Spezialkenntnisse und
- Selbstverständnis

umfaßt. Jedes Unternehmen hat die 7-S-Elemente zur Erreichung der spezifischen Unternehmensziele in optimaler Weise aufeinander abzustimmen. Trotz der vielfachen Anwendung dieses Modells in der Praxis ist dieser Ansatz kritisch zu **beurteilen**: Es werden u. a. keine Hinweise gegeben, welche Ausprägungen der 7-S-Elemente in der jeweiligen Unternehmenssituation anzustreben sind und wie eine optimale Abstimmung dieser Elemente zu erfolgen hat. Außerdem erfolgt die Abstimmung nur zwischen den Unternehmensinterna betreffenden 7-S-Elementen; eine Berücksichtigung von unternehmensexternen Gegebenheiten unterbleibt (vgl. *Staehle*, 1991, S. 475 f.). Positiv zu vermerken ist, daß ein Unternehmen unter Anwendung des 7-S-Modells gezwungen ist, sich Gedanken über die Abstimmung wesentlicher unternehmensinterner Aktivitäten zu machen.

In **entscheidungsorientierter Sicht** sind die
- Ziele,
- Handlungsmöglichkeiten und
- entscheidungsrelevanten Daten

der Führung von Bedeutung. Der Führung liegen sowohl aufgabenbezogene als auch mitarbeiterbezogene Ziele zugrunde. Ein typisches aufgabenbezogenes Führungsziel ist das Erreichen eines Projektzieles in sachlicher und zeitlicher Hinsicht unter möglichst geringen Kosten (vgl. *Tietz*, 1976, S. 773). Die Führung hat hierbei die notwendig werdenden Tätigkeiten der Mitarbeiter zielgerecht zu koordinieren. Aus diesem Sachverhalt resultieren auch **mitarbeiterbezogene Ziele der Führung:** Mitarbeiter sollen nicht nur zur Erreichung eines bestimmten Leistungsniveaus motiviert, sondern es soll auch deren Arbeitszufriedenheit erhöht werden (zu den Zusammenhängen zwischen Leistung und Arbeitszufriedenheit vgl. z. B. *Staehle*, 1991, S. 218 ff.). Führung zielt in diesem Zusammenhang auf eine Verbesserung der Interaktionen zwischen den Mitarbeitern und auf eine Integration der Mitarbeiter in die Unternehmensgemeinschaft, um ihre Identifikation mit dem Unternehmen zu erreichen (vgl. *Bleicher/Meyer*, 1976, S. 48 ff.).

Die **Führungsinstrumente** lassen sich grundsätzlich in materielle Instrumente und immaterielle Instrumente einteilen. Zu den **materiellen** Instrumenten zählen u. a. die Entlohungssysteme. Typische **immaterielle** Führungsinstrumente sind das Erteilen von Anerkennung, Lob, Kritik und Tadel (vgl. Abb. 5.2). Die im folgenden Abschnitt B. erörterten generellen Führungskonzepte setzen sich jeweils aus spezifischen Konstellationen einzelner materieller und immaterieller Führungsinstrumente zusammen.

Die **entscheidungsrelevanten Daten** der Führung lassen sich in innerbetriebliche und außerbetriebliche Daten unterteilen. Ein wesentliches **innerbetriebliches Datum** ist die Organisationsstruktur. Die Organisationsstruktur sichert die Führungsposition formal ab und legitimiert die Machtposition des Führenden. Außerdem determiniert die Organisationsstruktur

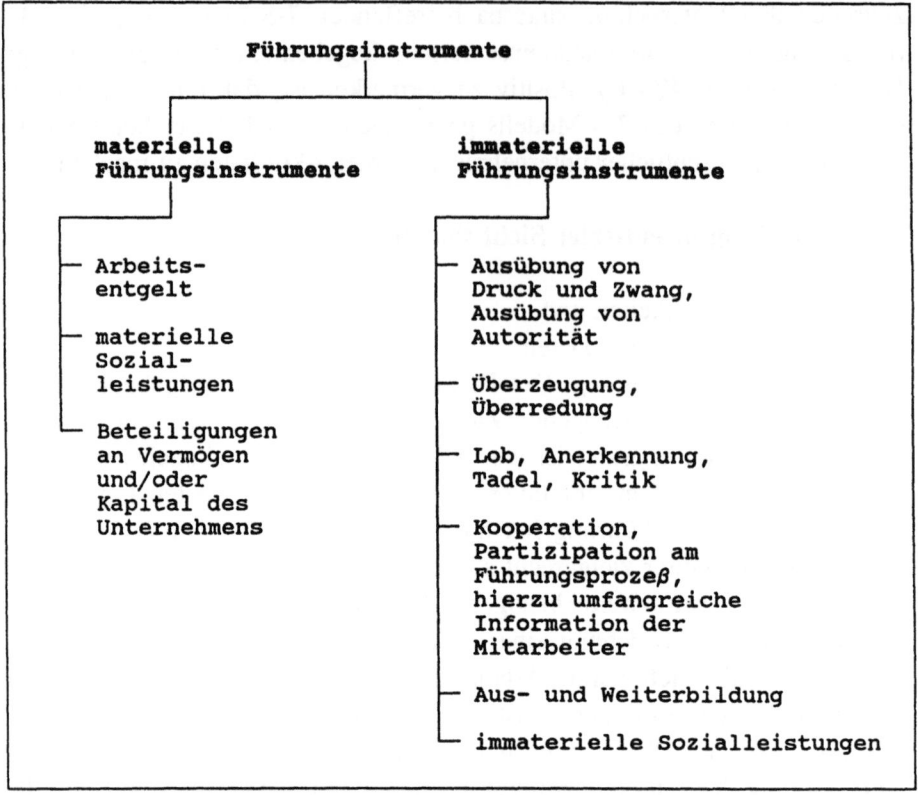

Abb. 5.2: Ausgewählte Führungsinstrumente

den Aufbau und die Durchlässigkeit des für die Führung so bedeutsamen formalen Kommunikationssystems. Ein wesentliches **außerbetriebliches Datum** der Führung ist die Gesetzgebung zur Mitbestimmung. Der Betriebsrat als Vertretungsorgan der Arbeitnehmer hat nach dem Betriebsverfassungsgesetz insbesondere in Angelegenheiten mitzubestimmen, die direkt die Belange der Mitarbeiter betreffen. Diese Mitbestimmungsregelungen sind bei Führungsprozessen zu berücksichtigen. Beispielsweise ist der Betriebsrat miteinzubeziehen, wenn es um Fragen der Ordnung des Betriebs oder des Verhaltens der Arbeitnehmer im Betrieb geht (vgl. § 87 Abs. 1 BetrVG). Auch Fragen der betrieblichen Lohngestaltung - wesentlich zur Motivation von Mitarbeitern - oder Fragen der Einführung und Anwendung technischer Einrichtungen, die dazu bestimmt sind, das (durch Führung beeinflußte) Verhalten oder die Leistung der Arbeitnehmer zu überwachen, werden im Betriebsverfassungsgesetz geregelt (vgl. § 87, Abs. 1 BetrVG).

Die **Führung im Marketing** zeichnet sich durch zwei Dimensionen aus (vgl. *Köhler*, 1993, S. 220 und *Tietz*, 1976, S. 743):
- die intern-orientierte Führung und
- die extern-orientierte Führung.

Die **intern-orientierte Führung** hat die Beeinflussung der Mitglieder einer Marketingorganisation zum Gegenstand; sie ist im wesentlichen den allgemeinen Führungskonzeptionen gleichzusetzen. Die Eignung verschiedener Führungsstile und Managementtechniken zur Bewältigung unterschiedlicher marketingspezifischer Aufgaben wird in den Abschnitten B. I. und B. II. jeweils behandelt. Im Zusammenhang mit der Führung des Außendienstes hat im Marketing die **extern-orientierte** Führung eine besondere Bedeutung.

B. Generelle Führungskonzepte im Marketing

I. Führungsstile

Führungsstile stellen spezifische Formen des Führungsverhaltens gegenüber den Mitarbeitern dar, bei denen sich auch die Einstellungen der Vorgesetzten gegenüber den Mitarbeitern niederschlagen (vgl. *Marr/ Stitzel*, 1979, S. 116 f.). Grundsätzlich lassen sich ein- und mehrdimensionale Führungsstile unterscheiden: Bei eindimensionalen Führungsstilen erfolgt die Klassifikation verschiedener Führungsstile anhand eines einzigen Merkmales; bei mehrdimensionalen Führungsstilen werden mehrere Merkmale zur Beschreibung des Führungsverhaltens herangezogen.

1) Eindimensionale Führungsstile

Große Verbreitung hat die Klassifikation eindimensionaler Führungs-stile nach dem Merkmal "Entscheidungsspielraum von Führer und Geführten" gefunden. Wird dieses Merkmal zugrundegelegt, so lassen sich die möglichen Führungsstile - wie in der Abb. 5.3 - auf einem Kontinuum abtragen, dessen Endpunkte der autoritäre und der demokratische Führungsstil sind. Der **autoritäre Führungsstil** zeichnet sich dadurch aus, daß der Vorgesetzte Entscheidungen alleine trifft und sie über klare Ausführungsanwei-

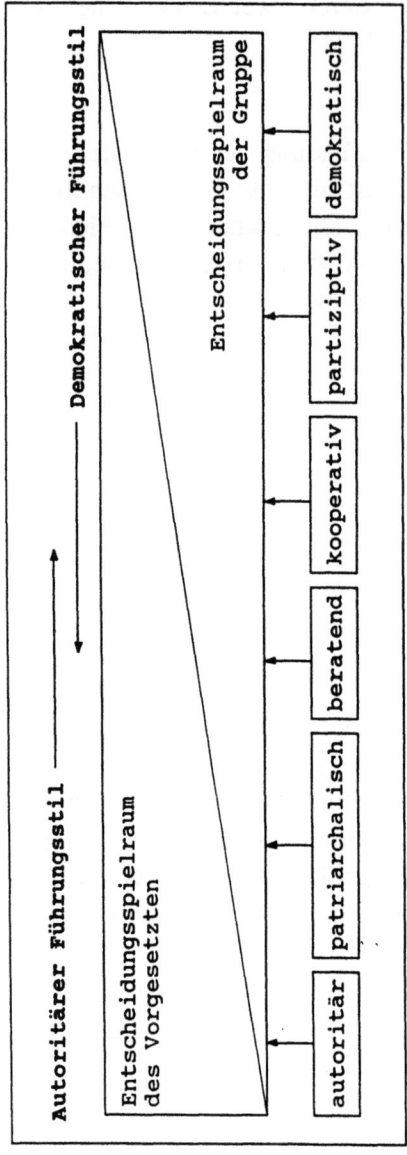

Quelle: *Nach Tannenbaum/Schmidt, 1958, S. 96.*
Abb. 5.3: Kontinuum der Führungsstile nach dem Kriterium "Entscheidungsspielraum"

sungen durchsetzt. Der Mitarbeiter wird streng sachlich kontrolliert; es besteht eine klare Unterstellung des Mitarbeiters zum Führenden (weitere Charakteristika autoritärer Führungsstile finden sich z. B. bei *Neuberger*, 1984, S. 99 ff.). Ein Vorgesetzter verhält sich **patriarchalisch**, wenn er zwar weiterhin alleine entscheidet, dabei aber versucht, die Untergebenen von seiner Entscheidung zu überzeugen. Gestattet der allein entscheidende Vorgesetzte die Abgabe von Stellungnahmen über den zu entscheidenden Sachverhalt, kann der betreffende Führungsstil als "**beratend**" bezeichnet werden. Beim **kooperativen** Führungsstil ist die Einflußmöglichkeit von Untergebenen auf Entscheidungen schon wesentlich größer: Untergebene werden von Entscheidungsvorhaben unterrichtet; es wird die Möglichkeit der Diskussion eingeräumt; der Vorgesetzte behält sich allerdings die Entscheidung vor. Der **partizipative** Führungsstil zeichnet sich dadurch aus, daß Mitarbeiter Problemlösungsvorschläge mit erarbeiten, wobei wiederum der Vorgesetzte letztendlich die Entscheidungsgewalt besitzt. Ein Führungsstil wird als **demokratisch** bezeichnet, wenn die Gruppe insgesamt entscheidet, nachdem der Vorgesetzte das Problem aufgezeigt und die Grenzen des Entscheidungsspielraumes abgesteckt hat. Im Extremfall fungiert der Vorgesetzte nur noch als Koordinator.

Offensichtlich ist, daß eine exakte Trennung der einzelnen Führungsstile kaum möglich ist; die Übergänge zwischen ihnen sind fließend. Zur **grundsätzlichen Beurteilung** der Führungsstile sind ökonomische Kriterien (z. B. Produktivität der Mitarbeiter) und soziale Kriterien (z. B. Zufriedenheit der Mitarbeiter, operationalisiert durch geringe Fluktuations- und Krankheitsraten) heranzuziehen. In diesem Zusammenhang werden oftmals Globalthesen vertreten, die sich folgendermaßen umschreiben lassen: Autoritäre Führungsstile sind der Produktivität förderlich, der Mitarbeiterzufriedenheit eher abträglich; bei demokratischen Führungsstilen verhält es sich umgekehrt (vgl. *Marr/Stitzel*, 1979, S. 127). Solche Globalthesen können aber nicht aufrechterhalten werden, da eine Berücksichtigung situativer Faktoren fehlt (vgl. *Jago/Vroom*, 1989, S. 6).

Bei einer **differenzierten Beurteilung** der Führungsstile hinsichtlich ihrer grundsätzlichen Eignung im Marketingbereich ist auf Folgendes hinzuweisen: Autoritäre Führungsstile sind u. U. in Tätigkeitsbereichen vorteilhaft, in denen ein hohes Durchsetzungsvermögen verlangt wird. So erscheint es beispielsweise plausibel, daß der Außendienst genaue Anweisungen z. B. hinsichtlich Besuchsfrequenzen erhält und ihm Sollverkaufsvorgaben vorgeschrieben werden. Auch bei der Produktneueinführung, im Rahmen derer eine Vielzahl an Einzeltätigkeiten in sachlicher und zeitlicher Hinsicht aufeinander abzustimmen sind, oder bei der Auftragsabwicklung sind u. U. autoritäre Führungsanweisungen effizienter. Die oftmals mit einer strengen Linienorganisation einhergehenden autoritären Führungsstile sind allerdings mit einer ganzen Reihe von Nachteilen behaftet (vgl. *Koreimann*, 1986, S. 61): Autoritäre Entscheidungen, Vorgaben und Kontrollen führen zu einer Bürokratisierung der Organisation. Außerdem werden z. T. Kommunikationswege unnötig verlängert und informelle Kommunikationsbeziehungen stark eingeschränkt. Gerade im Marketingbereich wiegt der zuletzt genannte Punkt schwer, sind doch viele kreative Tätigkeiten z. B. bei der Werbebotschaftsgestaltung oder bei der Gewinnung von Neuproduktideen auf das oftmals spontane, ungezwungene Zusammenwirken von Mitarbeitern in Gruppen angewiesen. Außerdem ist darauf hinzuweisen, daß auch ein Marketingfachmann bei zum Teil komplizierten und hochspezialisierten Arbeitsgängen Anordnungen eines weniger kompetenten Disziplinarvorgesetzten in der Regel wohl kaum widerspruchslos hinnehmen wird (vgl. *Korndörfer*, 1993, S. 221 f.). Des weiteren zeichnen sich viele Aufgaben im Marketing durch einen hohen Innovationsgrad aus (vgl. *Köhler*, 1993, S. 221 f.): Das Marketing hat ständig auf veränderte Nachfragerbedürfnisse einzugehen und auch neue Bedürfnisse zu wecken. Hierzu sind ständig, insbesondere im produktpolitischen und kommunikationspolitischen Marketing-Mix-Bereich, innovative Lösungen (z. B. neue Produkte oder neue kommunikationspolitische Strategien) zu erarbeiten. Die Stimulation innovativer Lösungen kann allerdings in der Regel nicht autoritär angeordnet werden; intuitiv-kreative Techniken zur Produktideenfindung basieren beispielsweise gerade auf der Kooperation von Mitarbeitern in Gruppen, damit die Kreativität durch gegenseitigen Gedankenaustausch gesteigert wird. Außerdem ist anzumerken, daß ständige Kooperation und Interaktionen zwischen den Mitarbeitern ihrer Integration in die Gesamtunternehmensgemeinschaft förderlich sind und schließlich zur Identifikation mit dem Gesamtunternehmen führen können.

Schließlich ist noch darauf hinzuweisen, daß bei den eindimensionalen Führungsstilen nur ein Beurteilungskriterium, in der Regel das Kriterium des "Entscheidungsspielraumes", berücksichtigt wird. Dies ist aufgrund verschiedener Feldstudien (insbesondere durch die sogenannten "Ohio-Studien") in Frage zu stellen (vgl. *Domsch*, 1984, S. 499); Führungsstile können aufgrund ihres vielschichtigen Wirkungsspektrums nicht hinreichend genau anhand nur eines Beurteilungskriteriums erfaßt und klassifiziert werden.

2) Mehrdimensionale Führungsstile

Mehrdimensionale Führungsstile werden durch mehrere Beurteilungskriterien klassifiziert, wobei die voneinander unabhängigen Kriterien jeweils auf einem Kontinuum verschiedene Ausprägungen annehmen können. Eine zweidimensionale Darstellung von Führungsstilen erfolgt oftmals hinsichtlich der Kriterien "Mitarbeiterorientierung" und "Aufgabenorientierung". In diesem Zusammenhang hat das **Führungsverhaltensgitter** (Managerial Grid) von *Blake/Mouton* eine weite Verbreitung gefunden, welches gerade eine aufgabenorientierte Führungsdimension ("Betonung der Produktion") und eine personenorientierte Dimension ("Betonung des Menschen"), jeweils in neun Intensitätsgrade unterteilt, berücksichtigt (vgl. z. B. *Hentze/Brose*, 1986, S. 118 ff.). Aus der Kombination der jeweils neun Ausprägungen der beiden Dimensionen ergeben sich theoretisch 81 unterschiedliche Führungsstile, wobei nur fünf Stile - wie aus der Abb. 5.4 zu ersehen ist - näher spezifiziert werden. Der Führungsstil 9.9 stellt den optimalen Führungsstil dar (vgl. *Blake/Mouton*, 1968, S. 141 ff.). Das Modell ist in mehrfacher Hinsicht kritisch zu **beurteilen**: Unter anderem erscheint eine inhaltlich genaue Erfassung und Unterscheidung der je neun Ausprägungen der beiden Dimensionen nur schwerlich möglich; dies ist auch schon aus der Tatsache zu ersehen, daß nur fünf verschiedene Führungsstile identifiziert und beschrieben werden. Außerdem wird der Führungsstil 9.9 als "optimal" angesehen, ohne dabei auf situative Einflußfaktoren (z. B. Organisationsstruktur) näher einzugehen. Das Verhaltensgitter kann lediglich die (wesentliche) Erkenntnis vor Augen führen, daß neben der Aufgabenerfüllung auch die Mitarbeiterorientierung eine wesentliche Führungsaufgabe darstellt.

Bei Ansätzen, die mehr als zwei Dimensionen berücksichtigen, können zusätzlich Gesichtspunkte wie
- Partizipationsrate des Führers an Gruppenaktivitäten,
- Entscheidungsgewalt des Führenden,
- Motivation der Gruppe oder
- Kontrolle der Gruppenaktivitäten durch den Führenden
miteinbezogen werden.

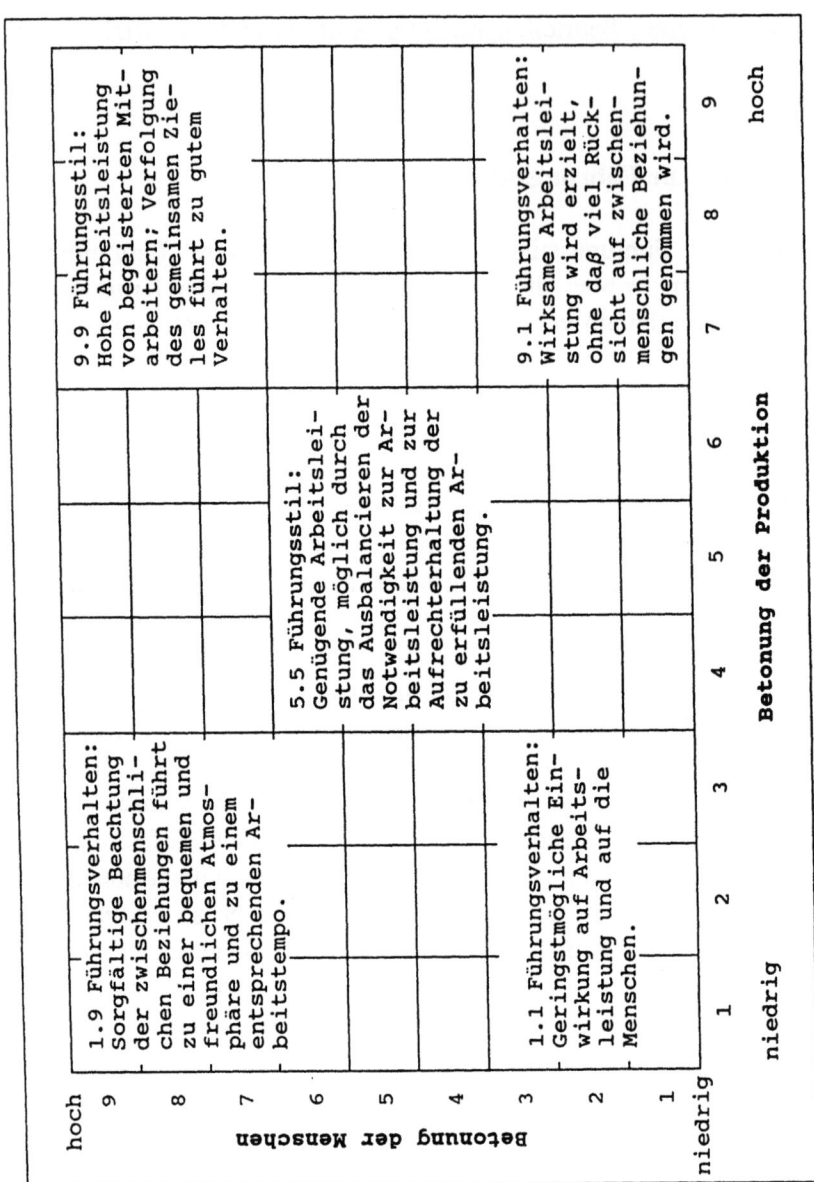

Quelle: *Oechsler, 1985, S. 173.*
Abb. 5.4: Das Führungsverhaltensgitter nach Blake/Mouton

3) Situative Ermittlung des optimalen Führungsstiles

Aus den vorangegangenen Ausführungen wurde ersichtlich, daß es den optimalen, vom Einzelfall losgelösten Führungsstil im Marketing nicht gibt (vgl. auch *Poth/Poth*, 1986, S. 112). Es lassen sich allenfalls Plausibilitätsüberlegungen hinsichtlich der Vorteilhaftigkeit bestimmter Führungsstile für gewisse idealtypische marketingpolitische Entscheidungssituationen anstellen. Der heute weithin akzeptierte **situative Führungsansatz** kommt demzufolge zu dem Ergebnis, daß sich der jeweilige Führungsstil an der jeweiligen Mitarbeitersituation sowie an der Führungssituation zu orientieren hat, wobei auch die jeweilige Führerpersönlichkeit zu berücksichtigen ist (vgl. auch Abschnitt A. I. 2)). Basierend auf dem Grundgedanken des situativen Führungsansatzes wurde eine ganze Reihe von Führungsmodellen entwickelt, von denen der Ansatz von *Vroom/Yetton* hier näher betrachtet werden soll (vgl. *Jago/Vroom*, 1989, S. 5 ff.; *Staehle*, 1991, S. 788 ff.).

Das **Vroom/Yetton-Modell** stellt ein normatives Führungsmodell dar; es wird genau vorgeschrieben, in welcher Entscheidungssituation welcher Führungsstil anzuwenden ist. Ziel des Modells ist es, den situativ optimalen Partizipationsgrad der Mitarbeiter an Führungsentscheidungen zu bestimmen. Die vorliegende Führungssituation wird anhand von "Schlüsselvariablen" analysiert. *Vroom/Yetton* identifizierten sieben Schlüsselvariablen (vgl. *Jago/Vroom*, 1989, S. 7):
- Die Wichtigkeit der Entscheidungsqualität;
- die Wichtigkeit der Akzeptanz der Entscheidung durch die Mitarbeiter;
- die Güte der zum Problem vorliegenden Informationen;
- das Ausmaß der Strukturierung des Problems;
- die Wahrscheinlichkeit der Akzeptanz einer Entscheidung des Vorgesetzten durch die Untergebenen;
- die Übereinstimmung zwischen den Zielen der Organisation und jenen der Mitarbeiter;
- Konflikte und Meinungsverschiedenheiten unter den Mitarbeitern.

Auf bestimmte Schlüsselvariablen bzw. Konstellationen von Schlüsselvariablen werden nun Führungsstile angewendet, wobei die Führungsstile jeweils anhand bestimmter Kriterien, wie z. B. Akzeptanz bei den Mitarbeitern, zu beurteilen sind. Die Zuordnung von Führungsstilen zu den festgestellten Führungssituationen erfolgt anhand von bereitgestellten "Regeln" bzw. "Gesetzen". Ein solches Gesetz lautet z. B. (vgl. *Jago/ Vroom*, 1989,

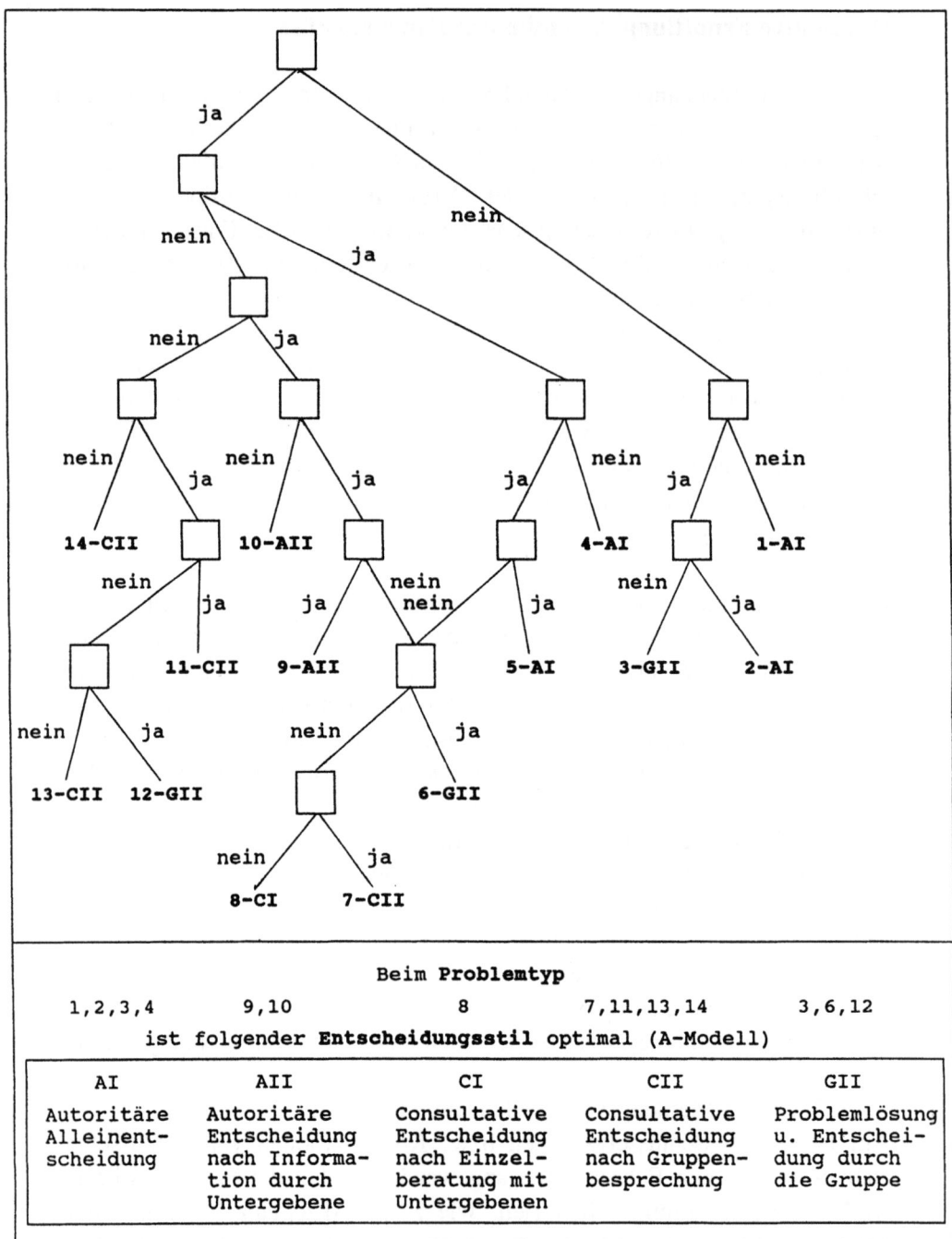

Quelle: *Nach Neuberger, 1984, S. 150.*
Abb. 5.5: Das Entscheidungsmodell von Vroom/Yetton

S. 8): "Ist die Entscheidungsqualität wichtig, und verfügt der Vorgesetzte nicht über genügend Informationen oder Fachkenntnis, um das Problem alleine zu lösen, so scheidet eine autoritäre Alleinentscheidung (AI in der Abb. 5.5) als mögliche Entscheidungsstrategie aus". Das Vroom/Yetton-Modell ist als Entscheidungsbaum darstellbar: Bei jeder Schlüsselvariable, in der Abb. 5.5 dargestellt durch ein Quadrat, ist über deren Vorhandensein bzw. Nicht-Vorhandensein in der betreffenden Situation zu entscheiden. Die verschiedenen Kombinationen von Ja/Nein-Entscheidungen führen dann unter Anwendung der Gesetze zu empfohlenen Führungsstilen an den Endpunkten des Baumes.

Das Vroom/Yetton-Modell erfährt im **Vroom/Jago-Führungsmodell** einige Modifikationen (vgl. *Jago/Vroom*, 1989, S. 8 ff.): So wird beispielsweise im fortentwickelten Ansatz nicht mehr nur das Vorhandensein bzw. Nichtvorhandensein von Problemattributen berücksichtigt, sondern es werden die Wahrscheinlichkeiten der Existenz von Problemattributen geschätzt. Außerdem werden zusätzliche Problemattribute, wie z. B. Informationsstand der Geführten, herangezogen. Während im Vroom/ Yetton-Modell eine Strategie in der betreffenden Situation entweder zulässig oder unzulässig ist, wird die Beurteilung der Wirksamkeit von Strategien im Vroom/Yago-Modell weiter verfeinert. Dem Vroom/Yetton-Ansatz (mit seiner Erweiterung) wird u. a. seine Komplexität, welche durch die Erweiterung nochmals zunimmt, sowie die Nichtberücksichtigung der Organisationsstruktur vorgeworfen (vgl. weitere Kritikpunkte bei *Staehle*, 1991, S. 793 ff.). Vorteilhaft erscheint u. a. die Tatsache, daß konkrete Führungssituationen als Grundlage für Entscheidungen bezüglich bestimmter Führungsstrategien dienen.

II. Management-Techniken

Management-Techniken können als grundsätzliche Verfahrensweisen, die in einem Unternehmen zur Ausübung von Führungsfunktionen anzuwenden sind, gekennzeichnet werden. Zwischen Management-Techniken und Führungsstilen bestehen enge Verbindungen; allerdings können in gewissen Grenzen in einem durch die Management-Technik (z. T. unternehmensweit) vorgeschriebenen Rahmen unterschiedliche Führungsstile herangezogen werden (vgl. z. B. *Koreimann*, 1992, S. 31 ff.). Typische Management-Techniken sind

- das Management by Objectives,
- das Management by Delegation,
- das Management by Exception,
- das Management by Motivation.

1) Management by Objectives

Charakteristisch für das Management by Objectives (MbO) ist, daß Vorgesetzte und Untergebene gemeinsam Ziele erarbeiten, die sich an den obersten Unternehmenszielen zu orientieren haben. Die Art und Weise der Zielerreichung bleibt aber den jeweiligen Aufgabenträgern überlassen. Aus der gemeinsamen Zielerarbeitung von Vorgesetzten und Mitarbeitern wird die enge Verbindung zu kooperativen Führungsstilen deutlich. Wesentliches Ziel des MbO ist die Motivation der Mitarbeiter zur Erreichung der Ziele, an deren Entwicklung sie teilhaben. Abb. 5.6 gibt einen Überblick über die Hauptschritte bei der Durchführung eines MbO-Konzeptes: Ausgangspunkt sind die obersten Unternehmensziele (1), aufgrund derer Vorgesetzte und Mitarbeiter (3) gemeinsam Ziele erarbeiten (4). Die von den Mitarbeitern zu ergreifenden Aktivitäten haben sich an diesen Zielen zu orientieren (5,6).

Neben **Nachteilen** wie "zeitaufwendiger Zielbildungsprozeß" oder "Schwierigkeiten bei der operationalen Definition von Zielen für alle Führungsebenen" stellt die weitgehende Zielidentifikation bei den Mitarbeitern ein wesentlicher **Vorteil** dar (vgl. *Poth/Poth*, 1986, S. 121): Die Mitarbeiter in den verschiedenen Marketingbereichen können auf die für sie relevanten Marketingziele, die sich an den Unternehmenszielen zu orientieren haben, Einfluß nehmen; darüber hinaus bleibt genügend Freiraum für die kreative Umsetzung der Ziele z. B. durch den eigenverantwortlichen Start einer bestimmten Werbemaßnahme durch einen Produkt-Manager. Eine motivierende Wirkung kann auch für den Außendienst durch die Anwendung des Management by Objectives erwartet werden: Werden Außendienstmitarbeiter bei der Bildung von Zielvorgaben (z. B. Festlegung der zu erreichenden Anzahl an Kundenbesuchen, Fixierung ökonomischer Ziele) miteinbezogen, kann von der Außendienstseite her bei Nichterreichung der Ziele nicht argumentiert werden, daß unerreichbare, realitätsferne Ziele gesetzt wurden. Eine Soll-Ist-Abweichung ist gegebenenfalls vom betreffenden Mitarbeiter zu verantworten und zu begründen. Eine motivierende

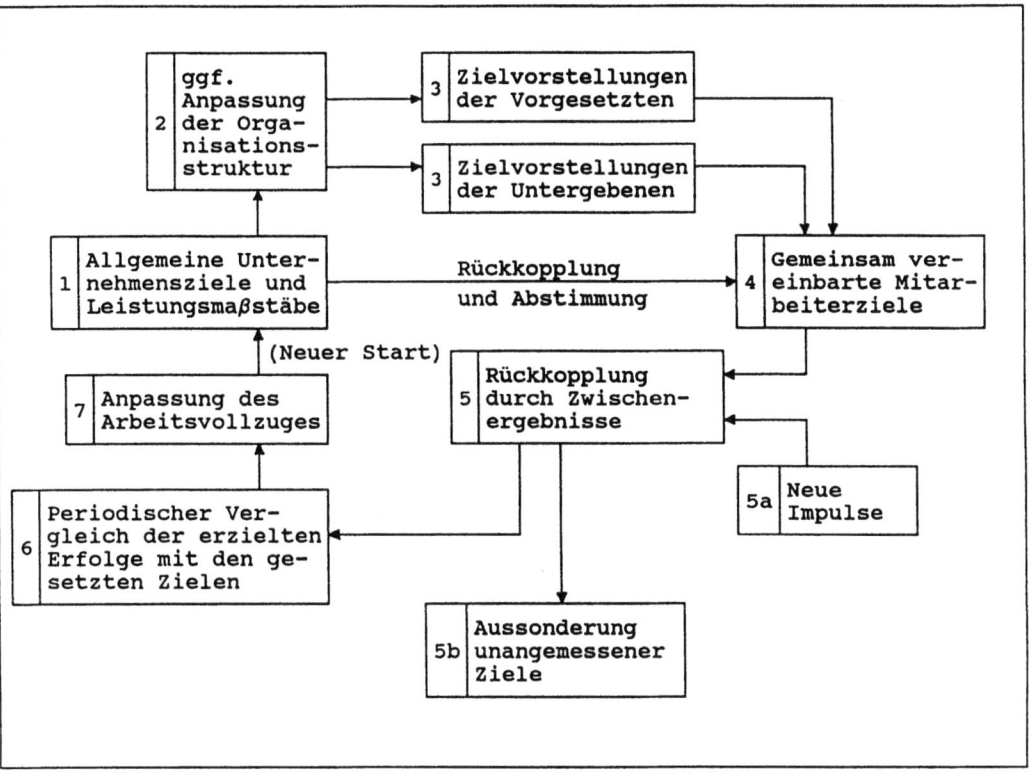

Quelle: *Nach Häusler, 1977, S. 66.*

Abb. 5.6: Hauptschritte im Rahmen des Management-by-Objectives-Konzepts

Wirkung kann zusätzlich durch die Freiheit der Methodenwahl bei der Zielerreichung (zeitliche Verteilung der Besuche, Anwendung verschiedener, auf den jeweiligen Kunden abgestimmter Verkaufstechniken usw.) resultieren. Schließlich besteht eine enge Verbindung zwischen der Identifikation mit den Zielen eines Unternehmens und der Identifikation mit dem Gesamtunternehmen: MbO kann somit auch als wesentlich für die unternehmensinterne Ausbildung einer Corporate Identity angesehen werden (vgl. hierzu **Marketing 2**, *Berndt*, 1992b, S. 320 ff.).

2) Management by Delegation

Das Management by Delegation (MbD) zeichnet sich dadurch aus, daß jedem Mitarbeiter ein festumrissenes Aufgabengebiet zugewiesen wird, in dem er selbständig handeln und entscheiden kann (vgl. *Baugut/Krüger*, 1976, S. 76 ff.). Vorgesetzte nehmen nur diejenigen Entscheidungen ab, die nicht mehr in den Aufgabenbereich der Untergebenen fallen, sondern z. B. Gesamtunternehmensinteressen betreffen. Das "Harzburger Führungsmodell" wird wesentlich durch den Grundgedanken des MbD geprägt.

Im Marketingbereich bieten sich **Anwendungsmöglichkeiten** des MbD insbesondere für Tätigkeiten, die von einem Aufgabenträger selbständig zu erfüllen sind, wobei allerdings die Möglichkeit besteht, daß Vorgesetzte beim Eintreten unvorhergesehener bedeutsamer Ereignisse eingreifen können. Im Marketingbereich kann z. B. die Durchführung einer Werbekampagne an eine Werbeagentur delegiert werden. Bei Eintreten eines unvorhergesehenen Ereignisses (das umworbene Produkt muß z. B. aufgrund fertigungstechnischer Erfordernisse in seinem Design geändert werden) hat das Unternehmen sofort einzugreifen und die Werbeagentur zu veranlassen, entsprechende Änderungen bei der bildlichen Werbebotschaftsgestaltung vorzunehmen. Für marketingpolitische Tätigkeiten kann MbD allerdings auch eine Gefahr darstellen, wenn man bedenkt, daß eine partizipative Führung weitgehend nicht erreicht wird und eine Tendenz zu "Einzelentscheidungen" besteht (vgl. *Poth/Poth*, 1986, S. 120). Im Marketing besteht hingegen vielfach die Notwendigkeit, auch horizontal mit anderen Mitarbeitern zu kooperieren und Entscheidungen gemeinsam zu treffen, wenn es z. B. darum geht, ein Marketingkonzept für ein neues Produkt zu erarbeiten. Einem mit dieser Aufgabe betrauten Produkt-Manager ist zu empfehlen, andere Marketingspezialisten, z. B. aus der Werbeabteilung oder dem Versand, zu kontaktieren, um alle zu ergreifenden Tätigkeiten aufeinander abzustimmen.

3) Management by Exception

Das Management by Exception (MbE) kann als eine Erweiterung des zuvor betrachteten MbD-Konzeptes angesehen werden; der Mitarbeiter kann solange selbständig entscheiden, bis (zuvor vorgeschriebene) Toleranzgrenzen überschritten werden oder, wie bei MbD, unvorhersehbare, bedeutsame Ereignisse eintreten (vgl. *Häusler*, 1977, S. 59). Nur in diesen Ausnahmefällen werden Entscheidungen von übergeordneten Instanzen getroffen. Alltägliche Geschäftsvorfälle sind durch die Mitarbeiter unter Zugrundelegung von konkreten Zielvorgaben zu erledigen. Im Marketing ist beispielsweise denkbar, daß die bei der Produktentwicklung (vgl. **Marketing 2**, *Berndt*, 1992b, Abschnitt A. II. 6) des Teils 2) beteiligten Abteilungen (Forschungs- und Entwicklungsabteilung, Marktforschungsabteilung usw.) solange selbständig entscheiden und dementsprechend Maßnahmen durchführen können, bis eine zuvor festgelegte Budgetobergrenze erreicht ist. Ist dies der Fall, ist von übergeordneten Instanzen zu entscheiden, ob weitere Mittel bewilligt werden, um das verfolgte Projekt weiterzuführen, oder ob das Innovationsvorhaben zu beenden ist.

Nachteilig ist, daß tendenziell wiederum die für viele Tätigkeiten im Marketing erforderliche Kreativität und Initiative den Vorgesetzten vorbehalten bleibt; der Mitarbeiter entscheidet nur im "Normalfall" (vgl. *Häusler*, 1977, S. 59), was auch der Mitarbeitermotivation abträglich sein kann. Außerdem wird sicherlich im Einzelfall das Entscheidungsproblem auftreten, welcher Geschäftsvorfall als "normal" (und damit von den Mitarbeitern zu erledigen) und welcher als "außergewöhnlich" (und damit durch übergeordnete Instanzen zu entscheiden) zu bezeichnen ist. Hierzu sind Kriterien zu entwickeln, die von allen akzeptiert werden, um Reibungen zwischen den Instanzen zu vermeiden. Ein **Vorteil** kann in der Entlastung der Führungsinstanzen von Routineentscheidungen und -tätigkeiten gesehen werden.

4) Management by Motivation

Die Grundidee des Management by Motivation (MbM) besteht darin, das Leistungsverhalten der Mitarbeiter durch ein geeignetes Anreizsystem zu beeinflussen. Hierzu bedarf es einer genauen Analyse der verhaltensimmanenten Motive der Mitarbeiter. Eine für das MbM vielfach herangezogene Motivationstheorie ist die Bedürfnispyramide nach *Maslow* (vgl. *Koreimann*, 1992, S. 51). Ein Individuum versucht danach zunächst, die "unteren" Bedürfnisse in der Pyramide zu befriedigen; erst wenn die physiologischen Bedürfnisse und die Sicherheitsbedürfnisse befriedigt sind, wird eine Erfüllung höherer Bedürfnisse angestrebt (vgl. Abb. 5.7). Zur Leistungsmotivation hat nun die Unternehmensführung adäquate materielle

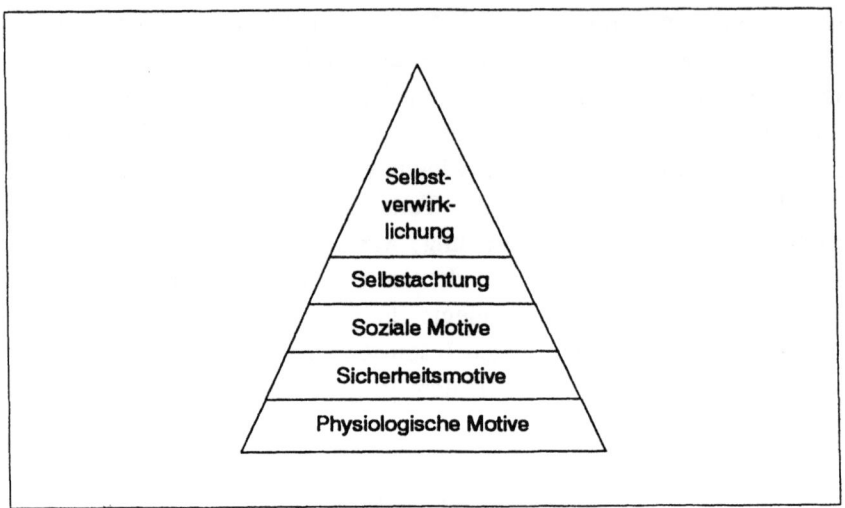

Abb. 5.7: Die Bedürfnis-Pyramide nach Maslow

und immaterielle Leistungsanreize bereitzustellen, die zur Erfüllung der Bedürfnisse der verschiedenen Ebenen dienen. Den Mitarbeitern werden große Freiräume zur Zielerreichung gelassen; dies stellt eine günstige Voraussetzung zur Entwicklung von (z. B. für die Werbebotschaftsgestaltung so bedeutsamen) kreativen Fähigkeiten der Mitarbeiter dar. Auf der anderen Seite können sich allerdings auch Probleme bei der Koordination von bestimmten Tätigkeiten ergeben (vgl. *Häusler*, 1977, S. 64).

Ein weites Anwendungsgebiet des Management by Motivation bietet sich im Bereich der **Außendienststeuerung und -motivation** (vgl. hierzu ausführlich **Marketing 2**, *Berndt*, 1992b, S. 367 ff.). Hier lassen sich folgende Arten von Motivationsmaßnahmen unterscheiden:
- Motivation durch finanzielle Belohnungen,
- Motivation durch Setzen von Quoten,
- Motivation durch Verkaufswettbewerbe und Anerkennungsprogramme,
- Motivation durch Beförderung,
- Motivation durch Beeinflussung des Betriebsklimas (z. B. durch Abhalten von Verkaufstagungen mit dem gesamten Außendienst).

Die **finanziellen Vergütungen** stellen hierbei nach wie vor den bedeutsamsten Aspekt auch für die Außendienst-Motivation dar. Zu befinden ist im Einzelfall über die fixen (Festgehaltsanteil) und variablen, leistungsabhängigen (Prämien bzw. Provisionen) Lohnbestandteile eines

Außendienstmitarbeiters. Ein größerer Festgehaltsanteil bietet sich insbesondere dann an, wenn zwischen den Anstrengungen des Außendienstes und den Verkaufsergebnissen nur eine schwache Verbindung besteht oder wenn die Außendiensttätigkeit den Verkauf nicht direkt betrifft (z. B. Kundenservice) (vgl. *Webster*, 1983, S. 215). Ist das Verkaufsergebnis vom Einsatz und der Leistung des Außendienstes direkt abhängig, kann von einem variablen, leistungsabhängigen Entlohnungssystem eine motivationale (Verkaufs-)Wirkung erwartet werden. Bei Überlegungen, die die Gewichtung der Entlohnungskomponenten betreffen, ist u. a. zu beachten, daß ein zu hoher Festgehaltsanteil den Ehrgeiz und die Motivation der Außendienstmitarbeiter senkt, andererseits aber ein zu geringer Basisgehaltsanteil das elementare Bedürfnis des jeweiligen Außendienstmitarbeiters nach Sicherheit (z. B. im Krankheitsfall oder in Zeiten wirtschaftlicher Rezession) nicht berücksichtigt und so nachteilige Wirkungen haben kann. Offensichtlich ist an dieser Stelle schon, daß die Durchführung motivationaler Maßnahmen eine Analyse der Motivations- bzw. Bedürfnisstruktur der Außendienstmitarbeiter voraussetzt. Bei der **Motivation durch Setzen von Quoten** werden dem Außendienst konkrete Verkaufsziele vorgegeben, die er zu erfüllen hat (vgl. *Dalrymple*, 1985, S. 399 ff.). Hierbei kann es sich z. B. um die Vorgabe bestimmter Absatz- oder Umsatzziele (Volumenquoten) oder um das Verfolgen von Aktivitätsquoten (z. B. Vorgabe einer Anzahl an Kundenbesuchen oder neu anzuwerbender Kunden) handeln.

Vertiefende Literatur zur "Führung im Marketing"

Baugut, G., Krüger, S. (1976), Unternehmensführung, Opladen 1976
Bleicher, K., Meyer, E. (1976), Führung in der Unternehmung, Formen und Modelle, Reinbek 1976
Häusler, J. (1977), Führungssysteme und -modelle, Köln 1977
Hentze, J., Brose, P. (1986), Personalführungslehre, Bern 1986
Hub, H. (1988), Unternehmensführung, 2. Aufl., Wiesbaden 1988
Kieser, A., Reber, G., Wunderer, R. (Hrsg.) (1987), Handwörterbuch der Führung, Stuttgart 1987
Köhler, R. (1993), Beiträge zum Marketing-Management, 3. Aufl., Stuttgart 1993
Koreimann, D. S. (1992), Management, 5. Aufl., München 1992

Korndörfer, W. (1988), Unternehmensführungslehre, 6. Aufl., Wiesbaden 1988

Marr, R., Stitzel, M. (1979), Personalwirtschaft, München 1979

Neuberger, O. (1984), Führung, Stuttgart 1984

Oechsler, W. A. (1985), Personal und Arbeit, München 1985

Peters, T. J., Waterman, R. H. (1982), In Search of Excellence, Lessons from America's Best-run Companies, New York 1982

Staehle, W. H. (1991), Management, 6. Aufl., München 1991

Steinmann, H., Schreyögg, G. (1993), Management, Wiesbaden 1993

Stogdill, R. M. (1974), Handbook of Leadership, A Survey of Theory and Research, New York 1974

Tietz, B. (1976), Die Grundlagen des Marketing, Das Marketing-Management, München 1976

Teil 6: Management-Development im Marketing-Bereich

A. Grundlagen des Management-Development im Marketing-Bereich

Management-Development im Marketing-Bereich bezeichnet die geplante, an den Markterfordernissen eines Unternehmens ausgerichtete Beeinflussung von Mitarbeiterqualifikationen bzw. die Beschaffung entsprechend qualifizierter oder entwicklungsfähiger Mitarbeiter für den Marketing-Bereich. Dabei geht es um die Planung, Durchführung und Kontrolle von Entwicklungsmaßnahmen im Personalbereich eines Unternehmens. Die Notwendigkeit eines Management-Development-Systems ergibt sich für ein Unternehmen aus dem immer schnelleren technologischen Wandel (vgl. *Staehle*, 1991, S. 720) und aus den sich mit der Zeit ändernden Nachfrager-Bedürfnissen. Hieraus resultiert eine Veränderung der Mitarbeiteranforderungen, welcher durch geeignete Aktivitäten zu begegnen ist. Die Planung eines Management-Development-Konzeptes hat im Rahmen der Gesamt-Personalplanung eines Unternehmens zu erfolgen. Wie aus Abb. 6.1 ersichtlich ist, sind alle Interdependenzen zu anderen Teilbereichen der Personalplanung zu berücksichtigen.

Bei der Entwicklung eines Management-Development-Konzeptes sind gewisse **rechtliche Rahmenbedingungen** einzuhalten (vgl. *Hentze*, 1989, S. 314). Von Bedeutung sind insbesondere Regelungen des Betriebsverfassungsgesetzes (BetrVG) und des Bundespersonalvertretungsgesetzes (BPersVG). So schreibt z. B. § 92 (1) BetrVG vor, daß der Arbeitgeber nicht völlig autonom in Angelegenheiten der Personalplanung entscheiden darf, sondern daß der Betriebsrat in Fragen des gegenwärtigen und künftigen Personalbedarfs sowie über die sich daraus ergebenden personellen

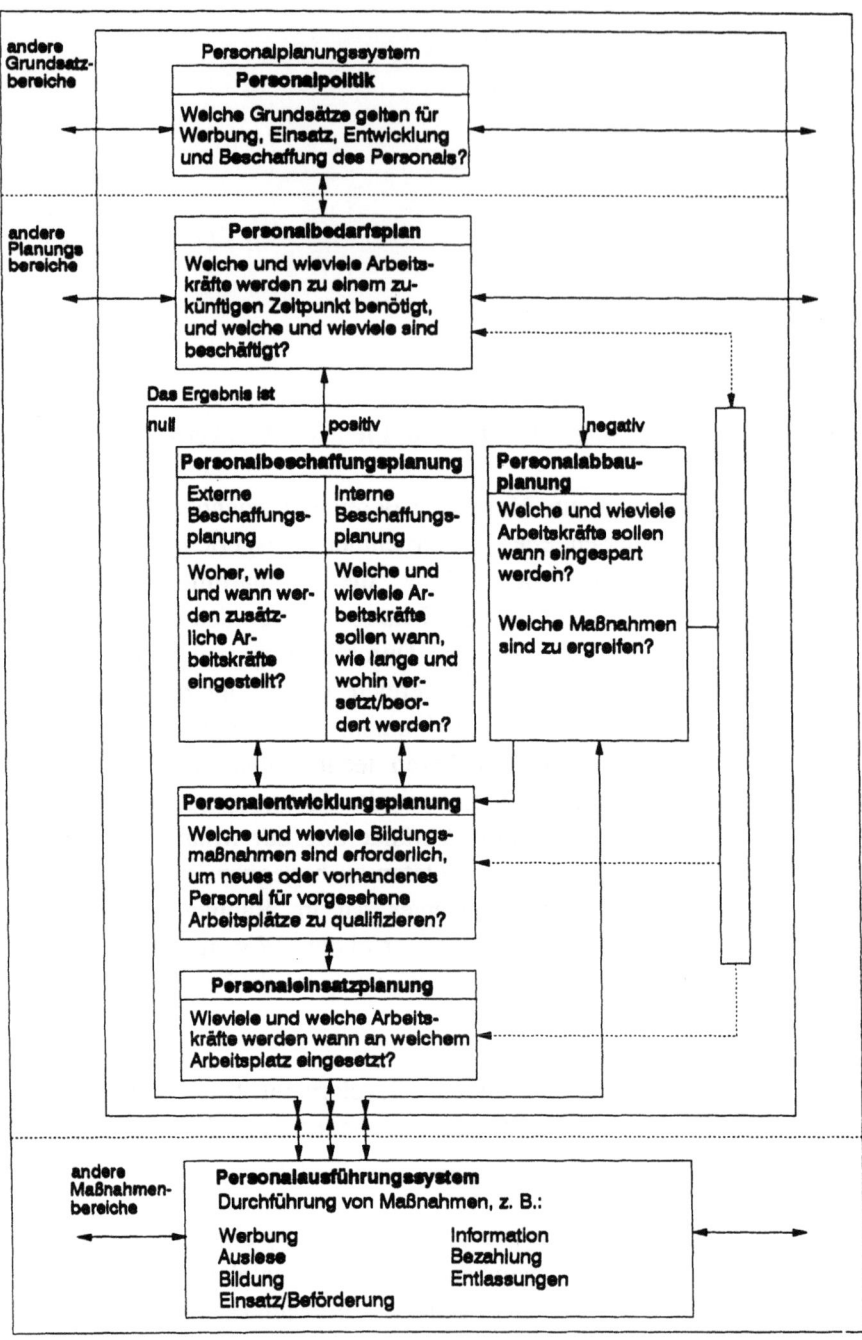

Quelle: *RKW-Handbuch, 1978, S. 29.*

Abb. 6.1: Teilbereiche der Personalplanung

Maßnahmen und Maßnahmen der Berufsbildung zu unterrichten ist. § 93 BetrVG legt fest, daß Arbeitsplätze, die besetzt werden sollen, vor ihrer Besetzung innerhalb des Betriebs ausgeschrieben werden sollen (falls der Betriebsrat es verlangt); offensichtlich ist diese Regelung eine wesentliche Restriktion für die Entscheidung "unternehmensinterne oder -externe Stellenausschreibung und -besetzung". Die §§ 96 - 98 BetrVG beziehen sich direkt auf die berufliche Bildung von Arbeitnehmern und die diesbezüglichen Einflußmöglichkeiten durch den Betriebsrat. Für personelle Einzelmaßnahmen (wie z. B. die Einstellung, Versetzung und Kündigung von Mitarbeitern), die im Rahmen eines Management-Development-Projektes durchzuführen sind, besitzen die §§ 99 - 105 BetrVG Relevanz.

B. Planung eines Management-Development-Konzeptes für den Marketing-Bereich

I. Ein Prozeßmodell zur Planung eines Management-Development-Konzeptes

Zur Planung eines Management-Development-Konzeptes empfiehlt sich ein schrittweises Vorgehen. Ausgehend von den relevanten personalpolitischen Zielen ist zunächst zu ermitteln, welcher quantitative und qualitative Bedarf an Personal besteht. Diese Informationen sind Voraussetzung für die Entscheidung über die unternehmensinternen Zielgruppen eines Management-Development-Vorhabens. Anschließend ist eine Entscheidung hinsichtlich der durchzuführenden Maßnahme(n) zu treffen. Abb. 6.2 zeigt die Abfolge durchzuführender Planungsschritte (mit anschließender Realisation und Kontrolle des geplanten Konzeptes).

II. Ziele und Zielgruppen des Management-Development im Marketing-Bereich

Die **Ziele** des Marketing-Management-Development haben sich an den personalwirtschaftlichen Zielen zu orientieren, welche wiederum von den obersten Unternehmenszielen abhängig sind. Das allgemeine Ziel der Personalentwicklung eines Unternehmens umfaßt in der Regel die Vermittlung von Qualifikationen für Mitarbeiter derart, daß ein bestimmter

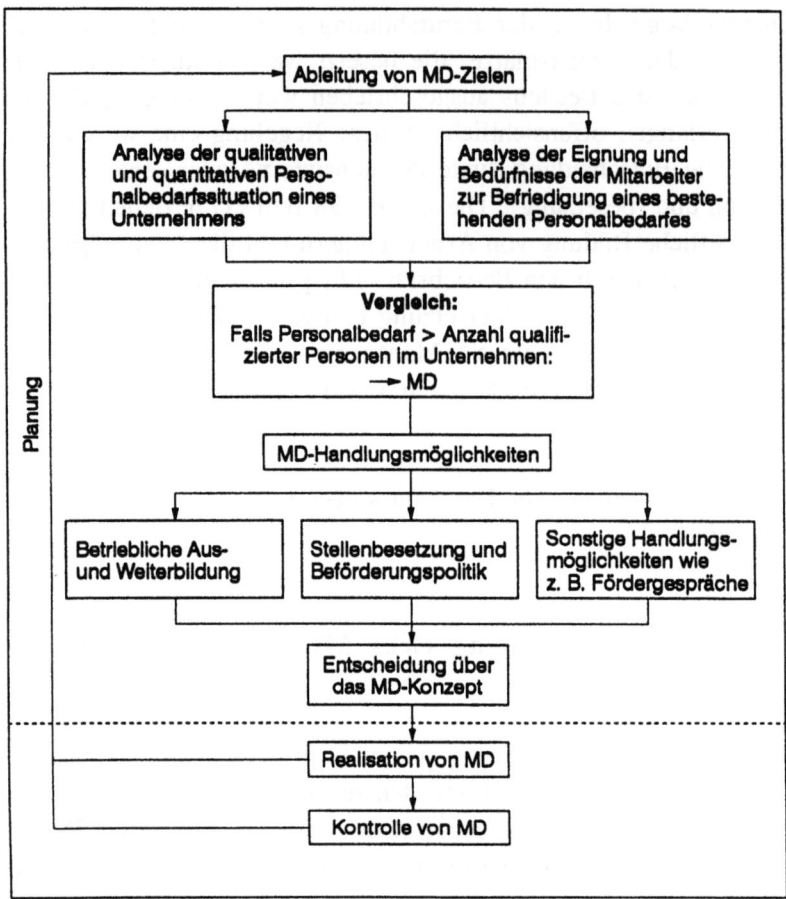

Abb. 6.2: Der Management-Development-Prozeß

Personalbedarf in qualitativer, quantitativer und zeitlicher Hinsicht optimal befriedigt werden kann (vgl. *Berthel*, 1989, S. 206; *Mentzel*, 1983, S. 28 ff.). Hierbei soll das Leistungspotential der Mitarbeiter so zur Entfaltung gebracht werden, daß eine bestmögliche Verfolgung oberster Unternehmensziele möglich wird (vgl. *Kumar*, 1978, S. 102). Die Mitarbeiter selbst verfolgen wiederum ihre eigenen, z. T. langfristigen beruflichen Ziele. Abb. 6.3 konkretisiert diese allgemeinen Zielsetzungen eines Unternehmens und seiner Mitarbeiter.

Aufgabe der Unternehmensführung ist es, die Unternehmensziele und die individuellen Mitarbeiterziele u. a. mittels geeigneter Führungsmaßnahmen

Ziele aus der Sicht der Unternehmung

- Sicherung des notwendigen Bestands an Führungskräften und Spezialisten
- Entwicklung von Nachwuchsführungskräften und jüngeren Fachexperten
- Erzielung einer größeren Unabhängigkeit von den externen Arbeitsmärkten
- Entdeckung von Fehlbesetzungen innerhalb des Unternehmens
- Verbesserung des Leistungsverhaltens bei den Beschäftigten
- Steigerung der bei den Mitarbeitern vorhandenen Sozialfähigkeiten
- Erhöhung der innerbetrieblichen Kooperation und Kommunikation
- Erhaltung und Verbesserung der Wettbewerbsfähigkeit
- Erhöhung der fachlichen Qualifikation
- Anpassung an die Erfordernisse der Technologie und der Marktverhältnisse
- Verminderung der Kosten durch Schulung des Kostenbewußtseins und -verständnisses
- Verbesserung der innerbetrieblichen Kooperation
- Erhöhung der Arbeitszufriedenheit und ggf. die Senkung der Fluktuation

Ziele aus der Sicht des Mitarbeiters

- Aktivierung bisher nicht genutzter persönlicher Kenntnisse und Fähigkeiten
- Verbesserung der Selbstverwirklichungschancen durch Übernahme qualifizierter Aufgaben
- Schaffung karrierebezogener Voraussetzungen für den beruflichen Aufstieg
- Minderung wirtschaftlicher Risiken / Erhöhung des Einkommens
- Steigerung der individuellen Mobilität auf den Arbeitsmärkten
- verbesserte Verwendungs- und Laufbahnmöglichkeiten
- Übertragung neuer, erweiterter Aufgaben
- Aufrechterhaltung und Verbesserung der beruflichen Qualifikation
- Einkommensverbesserung
- Erhöhung des persönlichen Prestiges

Quelle: *Staehle, 1991, S. 806.*

Abb. 6.3: Ziele des Management-Development

(vgl. Abschnitt B. des 5. Teils) zu harmonisieren und möglichen Interessenkonflikten zu begegnen. Eine Karriereplanung, die sowohl die Ziele aus Sicht des Mitarbeiters als auch die Ziele aus Sicht des Unternehmens berücksichtigt und bei deren Entwicklung die Mitarbeiter einbezogen werden, stellt ein wesentliches Motivationsinstrument für die Belegschaft dar (vgl. hierzu die Ausführungen zu Management-by-Objectives, Abschnitt B. II. 1) des 5. Teils).

Mitarbeitergruppen	Anteil an gesamten Weiterbildungskosten	Anteil an gesamten Schulungsteilnehmern
Führungskräfte	16,0 %	14,8 %
techn. Angestellte	43,9 %	37,8 %
kfm. Angestellte	28,9 %	30,3 %
Facharbeiter	9,0 %	13,0 %
An- und Ungelernte	2,2 %	4,1 %

Quelle: *Nach Staehle, 1991, S. 811.*

Abb. 6.4: Zielgruppen von Management-Development-Aktivitäten im Marketing-Bereich

Prinzipiell sind Mitarbeiter aller Hierarchiestufen und aller Funktionsbereiche eines Unternehmens potentielle **Zielgruppen** von Management-Development-Aktivitäten aus dem Marketing-Bereich. Die Auswahl einer Marketing-Management-Development-Zielgruppe ist im Einzelfall abhängig von dem konkreten Personalbedarf sowie dem dafür in Frage kommenden Personenkreis. Die Ermittlung des Personalbedarfs sowie die Identifikation der entwicklungsfähigen Mitarbeiter ist auf Basis umfangreicher, im folgenden anzusprechender Informationsbeschaffungsmaßnahmen durchzuführen. Tendenziell läßt sich aufgrund Abb. 6.4 die Aussage treffen, daß in der Unternehmenspraxis eher Mitarbeiter mittlerer bis hoher Hierarchiestufen an Marketing-Management-Development-Aktivitäten beteiligt werden und hierbei insbesondere technische Angestellte berücksichtigt werden.

III. Informationsbeschaffung

Adäquate Entscheidungen hinsichtlich des Management-Development im Marketing-Bereich bedürfen einer umfangreichen Datenbasis: Zunächst ist zu analysieren, welcher Personalbedarf eines Unternehmens in qualitativer und quantitativer Hinsicht besteht. Diese Sollgröße ist mit der Qualifikation und dem Umfang der vorhandenen Belegschaft zu vergleichen. Übersteigt der Personalbedarf das vorhandene Mitarbeiterpotential, so sind grundsätzlich Management-Development-Aktivitäten bei der vorhandenen Belegschaft zu erwägen oder neue, entsprechend qualifizierte Mitarbeiter einzustellen. Die erste Handlungsmöglichkeit macht eine umfangreiche Prognose des Entwicklungspotentials bestimmter, zu identifizierender Mitarbeiter(gruppen) notwendig. Die zweite Handlungsmöglichkeit, eine Neueinstellung von Mitarbeitern, setzt eine genaue Kenntnis des Arbeitsmarktes voraus (auf die Beschaffung unternehmensexterner Informationen wird nicht näher eingegangen).

Zur Beurteilung der Qualifikation der vorhandenen Belegschaft wurden in der Unternehmenspraxis eine Reihe von Personalbeurteilungssystemen entwickelt (vgl. z. B. *Hentze*, 1989, S. 255 ff.). Kernbereiche dieser Untersuchungsverfahren sind u. a. die Feststellung des Wissens, des Könnens und der konkreten Verhaltensweisen der einzelnen Mitarbeiter, wobei auch auf **soziale** Verhaltensweisen und Fähigkeiten zu achten ist (vgl. *Mentzel*, 1983, S. 19). Weitere wesentliche Kriterien zur Beurteilung von Mitarbeitern sind die Anpassungsfähigkeit, der Arbeitseinsatz, das Arbeitstempo, das Durchsetzungsvermögen, die Führungsfähigkeit, Initiative, Kreativität, Organisationstalent usw. (vgl. *Mentzel*, 1983, S. 19).

Eine wesentliche Determinante des gegenwärtigen bzw. zukünftigen **Personalbedarfs** ist die gegenwärtige bzw. prognostizierte Beschäftigungssituation eines Unternehmens, wobei der zukünftige Personalbedarf direkt von der (insbesondere längerfristigen) Unternehmensplanung abhängt. Konkret ist zu prognostizieren, wieviele Mitarbeiter welcher Qualifikation zur Erreichung bestimmter langfristiger Unternehmensziele notwendig sind. Als Hilfsmittel zur Prognose eines solchen Bedarfes ist denkbar, Stellenbeschreibungen und Anforderungsprofile aufzustellen, die auf jenen Kriterien basieren, die auch bei der Beurteilung der vorhandenen Belegschaft herangezogen wurden. **Stellenbeschreibungen** definieren beispielsweise genau Stellenziele sowie die Aufgaben, Rechte und Pflichten des Stelleninhabers (vgl. *Mentzel*, 1983, S. 59). In ein Stellenbeschreibungsformular können konkret folgende Sachverhalte aufgenommen werden (vgl. *Mentzel*, 1983, S. 62 ff.):
- Stellenbezeichnung und Rangstufe des Stelleninhabers,
- Einordnung der Stelle in die Unternehmensorganisation
  (Leitungsbereich, Abteilung, Vorgesetzter des Stelleninhabers, nachgeordnete Stelle),
- Regelung der Stellenvertretung
  (Stelleninhaber wird vertreten von, Stelleninhaber vertritt),
- Zielsetzung (Hauptaufgabe) der Stelle,
- Aufgaben, Kompetenzen und Pflichten des Stelleninhabers im einzelnen,
- sachlich-organisatorische Angaben (z. B. Verteiler, nächste Überprüfung, Unterschriften),

- Anforderungen an den Stelleninhaber (z. B. Schulbildung, Berufserfahrung, spezielle Kenntnisse),
- Maßstäbe zur Beurteilung der Leistungen des Stelleninhabers,
- spezielle Kompetenzen,
- Informationsbeziehungen
  (Wer informiert den Stelleninhaber? Welche Berichte erhält er regelmäßig? Wen informiert der Stelleninhaber? Welche Berichte hat er zu erstellen?),
- Name des derzeitigen Stelleninhabers.

Von Bedeutung ist, daß neben diesen Informationen, die sich hauptsächlich auf die gegenwärtige Stellensituation beziehen, auch die zukünftig zu erfüllenden Aufgaben berücksichtigt werden, um ein Bild von der notwendigen Stellenentwicklung mit damit verbundenen Personalanforderungen zu bekommen.

Anforderungsprofile enthalten die (erwarteten) Arbeitsanforderungen nach Art und Ausprägungsgrad der jeweiligen Stelle (vgl. *Mentzel*, 1983, S. 67). Wesentliche Anforderungsarten sind z. B.
- geistige und körperliche Anforderungen,
- Verantwortung (für Betriebsmittel und Produkte, Mitarbeitergesundheit und -sicherheit, Arbeitsablauf),
- Verhaltensmerkmale (Arbeitsverhalten und Verhalten gegenüber anderen (Sozialverhalten)),
- Kenntnismerkmale (Ausbildung, Erfahrung, Fachkönnen),
- Führungsverhalten (bei leitenden Mitarbeitern)

(vgl. hierzu auch verschiedene Anforderungskataloge zur Bestimmung von Arbeitswerten im Rahmen der schwierigkeitsgerechten Entlohnung z. B. bei *Hentze*, 1990, S. 69). Ein Anforderungsprofil kann aufgestellt werden, indem - ausgehend von obigen Anforderungsarten - operationalisierte Anforderungskriterien (an eine Stelle) abgeleitet werden und die notwendigen Mindestausprägungen je Kriterium auf korrespondierenden Ratingskalen abgetragen werden; das Anforderungsprofil ergibt sich graphisch durch Verbindung der (Mindest-)Ausprägungsgrade je Kriterium.

Zur **Prognose des Entwicklungspotentials** der Belegschaft ist eine Reihe von Verfahren entwickelt worden (vgl. den Überblick bei *Staehle*, 1991, S. 742 ff.). Anwendung findet u. a. das **Assessment Center**, auf welches hier beispielhaft eingegangen wird (vgl. z. B. *Drumm*, 1992, S. 57 ff.; *Jeserich*, 1981; *Mentzel*, 1983, S. 118 ff.). Im Rahmen eines Assessment Center

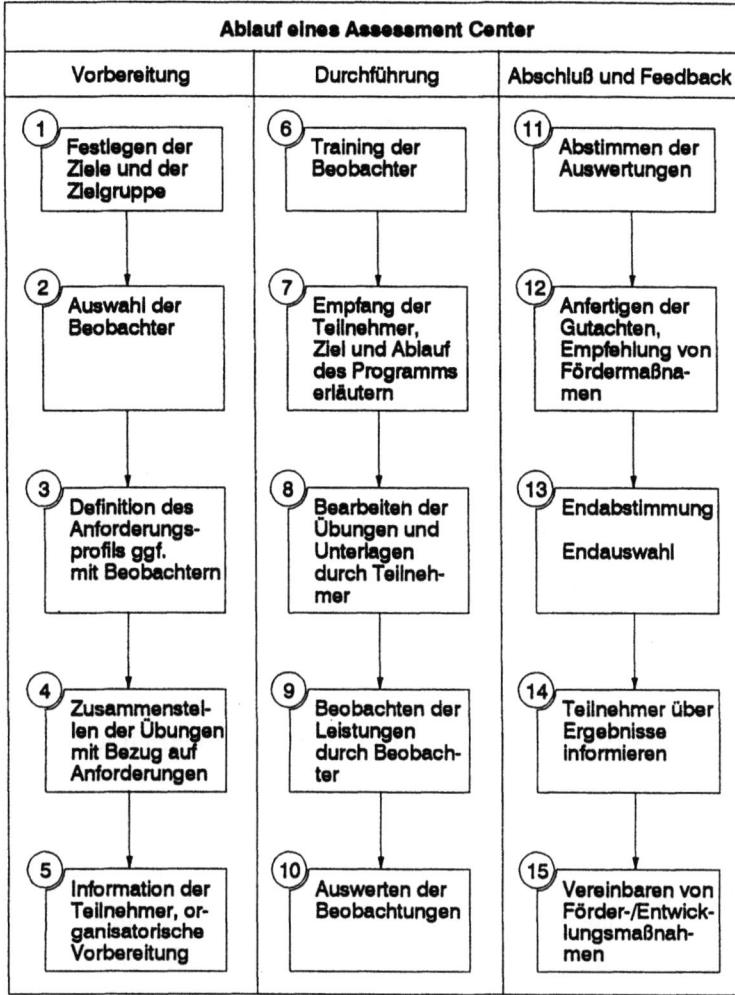

Quelle: *Jeserich, 1981, S. 35.*

Abb. 6.5: Vorbereitung, Durchführung und Abschluß eines Assessment Center

werden Mitarbeiter unter Laborbedingungen mit zukünftigen Arbeitssituationen konfrontiert und getestet, wie sich der jeweilige Assessment-Center-Teilnehmer mit der vorgelegten Problemstellung auseinandersetzt und welche Lösungsvorschläge er erarbeitet. Abb. 6.5 gibt einen Überblick über den Ablauf eines Assessment Center. Die Assessment-Center-Technik umfaßt eine ganze Reihe von spezifischen Ausprägungen, die sich beispielsweise in der Art der enthaltenen psychologischen Tests oder durch die Vorgehensweise bei den begleitenden Interviews auszeichnen (vgl. z. B. *Staehle*, 1991, S. 743 f.). Assessment Center werden teilweise zu mehrtätigen Beurteilungsseminaren ausgebaut. Gemein ist allen Verfahrensausprägungen, daß am Schluß eines Assessment Centers aufgrund der Interview- und Testergebnisse sowie der allgemeinen Verhaltensweisen der Teilnehmer eine Beurteilung des Entwicklungspotentials der Mitarbeiter erfolgt.

IV. Grundsätzliche Handlungsmöglichkeiten des Management-Development im Marketing-Bereich

1) Innerbetriebliche bzw. außerbetriebliche Aus- und Weiterbildung

Grundsätzlich sind zu der betrieblichen Aus- und Weiterbildung alle zielgerichteten, bewußten und planmäßigen personalpolitischen Maßnahmen und Tätigkeiten, die auf eine Vermehrung bzw. Veränderung der Kenntnisse, der Fertigkeiten sowie der Verhaltensweisen der Belegschaftsmitglieder gerichtet sind, zu zählen (vgl. *Hentze*, 1989, S. 229). Die betriebliche Aus- und Weiterbildung umfaßt sämtliche Schulungsaktivitäten von Mitarbeitern in einem Unternehmen bzw. die von einem Unternehmen veranlaßten unternehmensexternen Aus- und Fortbildungsveranstaltungen. Betriebliche Bildungsaktivitäten bauen auf dem vorhandenen Wissen und den bereits erworbenen Fähigkeiten der Mitarbeiter auf, welche z. B. in einer Schule oder Hochschule, im Rahmen einer betrieblichen Lehre oder im Rahmen einer anderen Bildungsveranstaltung (Volkshochschule, Kurse usw.) erworben wurden. Betriebliche Bildungsmaßnahmen können sich auf die gestiegenen Anforderungen an einen Mitarbeiter an seinem angestammten Arbeitsplatz beziehen oder Mitarbeiter auf höhere, qualifiziertere Aufgaben im Zusammenhang mit einem neuen Arbeitsplatz vorbereiten; letztere Möglichkeit macht die enge Beziehung zwischen Aus- und Weiterbildungsmaßnahmen sowie der Stellenbesetzungs- und Beförderungspolitik eines Unternehmens deutlich.

Entsprechend obiger Definition kann sich die betriebliche Aus- und Weiterbildung auf drei Sachverhalte (vgl. z. B. *Oster*, 1971, S. 281 f.), die allerdings in enger Beziehung zueinander stehen, erstrecken:

- Zunächst besteht die Möglichkeit, den Mitarbeitern **Fachwissen** zu vermitteln, d. h. Informationen zur Verfügung zu stellen, deren Kenntnis zur Lösung zukünftiger Aufgaben notwendig ist.
- Weiter kann konkret auf die **Fertigkeiten** der Mitarbeiter Einfluß genommen werden, indem versucht wird, direkt die Fähigkeiten des Mitarbeiters beim praktischen Arbeitsvollzug zu entwickeln. Dies kann allgemein durch Vermittlung von Problemlösungstechniken geschehen, die je nach Situation anzuwenden sind. Im Vertriebsbereich können z. B. verschiedene Vorgehensweisen im Rahmen von Verkaufsgesprächen und eine geeignete Warenpräsentation eingeübt werden.
- Die Entwicklung der **Verhaltensweisen** oder Haltungen der Mitarbeiter soll darüber hinaus schließlich beim einzelnen Mitarbeiter die Fähigkeit zur Selbstentwicklung fördern und, damit verbunden, den Wille, Verantwortung zu übernehmen und auch selbstständig zu handeln, stärken.

Als **Mittel zur Durchführung** derartiger Ausbildungsvorhaben bieten sich eine Reihe von Verfahren an, die u. a. dahingehend unterschieden werden können, ob die betriebliche Bildung direkt am Arbeitsplatz erfolgt ("Training on-the-job") oder außerhalb des Arbeitsplatzes durchgeführt wird ("Training off-the-job"). Abb. 6.6 gibt einen Überblick über einzelne Methoden beider Ausbildungsbereiche. Eine für Berufsanfänger mit (in der Regel) Hochschulabschluß immer häufiger eingesetzte Ausbildungsmethode am Arbeitsplatz stellen z. B. die sogenannten **Trainée-Programme** dar.

Training-on-the-job	Training-off-the-job
1. Planmäßige Unterweisung	1. Programmierte Unterweisung
2. Anleitung und Beratung durch den Vorgesetzten	2. Lehrvortrag
3. Job rotation (einschließlich Trainée-Programme)	3. Lehrkonferenz (Lehrgespräch)
4. Übertragung begrenzter Verantwortung (Nachfolger, Assistent)	4. Fallmethode
5. Übernahme von Sonderaufgaben	5. Rollenspiel
6. Teilnahme an Projektgruppen	6. Planspiel
7. Mehrgleisige Unternehmensführung	7. Gruppendynamisches Training
	8. Förderkreise und Erfahrungstauschgruppen
	9. Fernunterricht

Quelle: *Mentzel, 1983, S. 178.*

Abb. 6.6: Training-on-the-job und Training-off-the-job

Hierbei werden die Berufsanfänger im jeweiligen Unternehmen nach einem festen Ausbildungsplan in verschiedenen Abteilungen eingesetzt und ausgebildet, um so systematisch Kenntnisse hinsichtlich der wichtigsten Betriebsfunktionen vermittelt zu bekommen. Außerdem können die Trainées während der einzelnen Ausbildungsabschnitte hinsichtlich ihrer Fähigkeiten und Fertigkeiten beurteilt werden, um somit Hinweise auf ein geeignetes späteres Einsatzgebiet zu gewinnen.

Ein typischer Vertreter einer Trainingsmethode "off-the-job" ist der **Vortrag**, während dessen der Mitarbeiter als Zuhörer einen bestimmten, zur Entwicklung der Mitarbeiterqualifikation relevanten Lehrstoff in begrenzter Zeit z. T. auch außerhalb des Unternehmens vermittelt bekommt. Der oftmals angeführte Nachteil der nur passiven Teilnahme von Mitarbeitern an Vorträgen kann durch eine Aufarbeitung des Lehrstoffes im Rahmen einer gemeinsamen Diskussion abgeschwächt werden (vgl. *Mentzel*, 1983, S. 194).

Eine weitere Trainingsmethode "off-the-job" stellt z. B. das **gruppendynamische Training** dar. Unter dem Begriff "gruppendynamisches Training" werden eine ganze Reihe von Verfahren subsumiert, die in erster Linie auf eine Änderung der Einstellungen und Verhaltensweisen von Mitarbeitern zielen und (u. a.) die Interaktionsfähigkeit sowie die Sensitivität von Führungskräften im Umgang mit Mitarbeitern verbessern sollen. Eine konkrete Vermittlung von Können und Wissen wird nicht angestrebt (vgl. *Hentze*, 1989, S. 360 ff.).

2) Stellenbesetzungs- und Beförderungspolitik

Eine Stellenneubesetzung kann grundsätzlich mit entsprechend qualifiziertem Personal aus dem Unternehmen selbst oder durch neu akquirierte Mitarbeiter erfolgen; hier wird die Stellenbesetzung mit bereits angestellten Mitarbeitern betrachtet. § 93 BetrVG regelt in diesem Zusammenhang auch, daß Arbeitsplätze, die besetzt werden sollen, (zunächst) innerhalb des Betriebes auszuschreiben sind. Die enge Verbindung von Aus- und Weiterbildungsaktivitäten und der unternehmensinternen Stellenbesetzung wird deutlich, wenn man bedenkt, daß mit dem Ausfüllen einer neuen Stelle (zumeist) veränderte Qualifikationsanforderungen für die Mitarbeiter verbunden sind. Oftmals werden Mitarbeiter, die entsprechende Leistungen und Verhaltensweisen gezeigt haben und die mittels kostenintensiver Weiterbildungsprogramme geschult wurden, auf eine höher qualifizierte Stelle versetzt, d. h. befördert. Eine Stellenneubesetzung kann also für den betreffenden Mitarbeiter mit einer Beförderung verbunden sein, wodurch sich für ihn wiederum höhere Bezüge, gesteigerte Sozialleistungen, ein erweiterter Kompetenz- und Verantwortungsbereich usw. ergeben können.

Zur **Durchführung von Stellenbesetzungsmaßnahmen** kann das Unternehmen wiederum Stellenbeschreibungen und Anforderungsprofile heranziehen (vgl. Abschnitt B. III.), um schließlich die Stellenziele und -aufgaben mit den Fertigkeiten und Fähigkeiten der in Frage kommenden Mitarbeiter zur Deckung zu bringen. Wesentlich ist, daß die unternehmensinterne Stellenbesetzungs- und Beförderungspolitik (sowie die damit verbundenen, i. d. R. verbesserten materiellen und immateriellen Unternehmensleistungen) ein zentrales Motivationsinstrument zur Leistungssteigerung der Mitarbeiter darstellt. Mitarbeiter zeigen oftmals selbst, neben betrieblichen Bildungsaktivitäten, Initiative zur Weiterbildung (Selbstentwicklung), um bei Beförderungsmaßnahmen berücksichtigt zu werden (vgl. *Strametz*, 1978, S. 103).

Werden ganze Stellenfolgen im Zusammenhang mit verbundenen Aufstiegsmöglichkeiten individuell für Mitarbeiter geplant, so wird von einer individuellen **Karriereplanung** bzw. einer **Laufbahnentwicklung** gesprochen (vgl. z. B. *Staehle*, 1991, S. 819 ff. und *Domsch*, 1984, S. 524). Grundsätzlich bestehen die Möglichkeiten, den jeweiligen Mitarbeiter bei der Planung seiner Karriere im Unternehmen miteinzubeziehen (partizipative Laufbahnplanung) oder die Positionsabfolge von Stellen wird von der Unternehmensführung (fremd-)bestimmt. Wird die **Richtung** der Laufbahnentwicklung betrachtet, so kann unterschieden werden zwischen
- einer vertikalen Laufbahnentwicklung (Beförderung in demselben Funktionsbereich),
- einer horizontalen Laufbahnentwicklung (z. B. Versetzung auf gleicher hierarchischer Ebene in einen anderen Funktionsbereich) sowie
- diversen Mischformen der vertikalen und horizontalen Richtungen (z. B. Beförderung eines Marktforschers im Unternehmen zum Vertriebsdirektor)

(vgl. *Staehle*, 1991, S. 820 f.). Abb. 6.7 gibt einen Überblick über beispielhafte Stellenumbesetzungen in einem Unternehmen; abgebildet sind zusätzlich neueintretende sowie ausscheidende Mitarbeiter.

Name und gegenw. Position	1995	1996	1997	1998	1999	Name und Position 1999
Abteilungsleiter Huber		P		V		Abteilungsleiter Schulz
Assistent Weber			V			Assistent Meyer
Gruppenleiter I Schmidt	P					Gruppenleiter I Zimmer
Assistent Meyer						Assistent
Gruppenleiter II Müller						Gruppenleiter II Müller
Assistent Zimmer		N				Assistent
Mitarbeiter 1 Schulz			N		N	Mitarbeiter 1 N.N.
Mitarbeiter 2 Paul	K	N				Mitarbeiter 2 N.N.
Beratungsingenieur, N.N.				N		Beratungsingenieur, N.N.

P = Pensionierung, V = Versetzung, K = Kündigung, N = Neueinstellung

Quelle: *Staehle, 1991, S. 822.*

Abb. 6.7: Beispielhafte Stellenbesetzungs- und Beförderungspolitik in einem Unternehmen

Aufgrund der nur in begrenzter Anzahl vorhandenen Führungspositionen kann für eine individuelle Laufbahn nicht jeweils ein Weg zur Unternehmensspitze prognostiziert und geplant werden; individuelle Karrierewünsche sowie Karrierechancen, verbunden mit individuellen Fähigkeiten, klaffen z. T. auseinander. Aus diesem Grunde wird in Unternehmen eine Karriereplanung oftmals nicht an einzelne Personen und Stellen geknüpft, sondern es werden z. B. Gruppen ("Positionsfamilien") potentieller Anwärter für bestimmte Positionen gebildet, für welche Weiterbildungsmaßnahmen und (Be-)Förderungsprogramme konzipiert werden (vgl. *Staehle*, 1991, S. 822).

Die knappen Führungspositionen als auch die begehrten Karrierestationen in Fachlaufbahnen (z. B. im Forschungs- und Entwicklungsbereich, im EDV-Bereich usw.) bergen ein Konfliktpotential im Unternehmen. Diese Konflikte können z. B. durch laufende Karrieregespräche sowie insbesondere

durch Abstimmung der Unternehmensziele mit den individuellen Mitarbeiterzielen abgeschwächt werden. In diesem Zusammenhang muß auch darauf geachtet werden, daß (vgl. *Berthel*, 1989, S. 238)
- eine Beförderung nach Kriterien erfolgt, die die Mitarbeiter durchschauen und akzeptieren,
- das Unternehmen das Karrierepotential von Mitarbeitern erkennt und richtig einschätzt und
- die Mitarbeiter ihr Karrierepotential richtig einschätzen und realistische Karriereziele verfolgen.

V. Wesentliche Entscheidungssituationen im Rahmen des Management-Development im Marketing-Bereich

Bei der Konzeption eines Mangement-Development-Konzeptes für den Marketing-Bereich sind drei wesentliche Entscheidungstatbestände gegeben:
- Die Entscheidung über die Organisation des Development-Konzeptes,
- die Entscheidung zwischen Fremd- und Eigenfortbildung und
- die Entscheidung über die einzelnen durchzuführenden Maßnahmen.

Grundsätzlich kann die **Organisation eines Management-Development-Konzeptes** für den **Marketing-Bereich** vorsehen, daß die Aktivitäten nur von der Unternehmensleitung bzw. einer angeschlossenen Stabstelle geplant und durchgesetzt werden (fremdbestimmte Management-Development-Aktivitäten), oder daß die betreffenden Mitarbeiter in die Entscheidungen miteinbezogen werden (partizipatives Management-Development). Bei der erstgenannten Vorgehensweise besteht für den Mitarbeiter keine Möglichkeit, auf seine betriebliche Laufbahnplanung und Fortbildung aktiv Einfluß zu nehmen, wenn man von privaten Fortbildungsaktivitäten absieht. Die Zusammenhänge zu einem autoritären Führungsstil sind offensichtlich (vgl. Abschnitt B. im Teil 5). Vorteile können sich u. a. durch die vergleichsweise einfachere Koordination der zentral geplanten Mitarbeiterausbildung und -beförderung ergeben. Nachteile können in motivationaler Hinsicht resultieren, wenn man bedenkt, daß einem Mitarbeiter nicht gestattet wird, aktiv seine berufliche Zukunft mitzugestalten bzw. zumindest in bestimmten Fragen, die seine Tätigkeit im Unternehmen betreffen, gehört zu werden. Individuelle Bildungsbedürfnisse bleiben so oft unberücksichtigt (vgl. *Domsch*, 1984, S. 521 ff.).

Ein partizipatives Management-Development zeichnet sich dadurch aus, daß Mitarbeiter bei Management-Development-Entscheidungen gehört bzw. sogar einbezogen werden. In der Unternehmenspraxis wurden verschiedene Methoden partizipativen Marketing-Management-Developments entwickelt; stichwortartig seien genannt (vgl. *Domsch*, 1984, S. 522 ff.):
- Erarbeitung von Lernzielen durch Unternehmensleitung und Mitarbeiter,
- Ableitung von Bildungsnotwendigkeiten und -maßnahmen aus der Bearbeitung kritischer Vorfälle und Ereignisse im Plenum,
- Management-Development mit Hilfe von Beurteilungs- und Fördergesprächen sowie
- Management-Development auf Basis von Mitarbeiterbefragungen.

Neben dem Vorteil der prinzipiellen Berücksichtigung von Mitarbeiterbedürfnissen und der damit verbundenen motivationalen Wirkung für die Mitarbeiter sind auch einige Nachteile (vgl. *Domsch*, 1984, S. 524) zu nennen: Problematisch scheint z. B. bei Beurteilungs- und Fördergesprächen zu sein, ob Mitarbeiter und Vorgesetzte zusammen überhaupt in der Lage sind, Eignungsstärken und Bildungsdefizite offen und ehrlich aufzudecken, zukunftsorientiert zu diskutieren und dann auch in konkrete Bildungsmaßnahmen umzusetzen, ohne daß größere Konflikte entstehen.

Die Entscheidung für eine bestimmte Ausprägung zwischen fremdbestimmter und partizipativer Management-Development-Organisationsform ist abhängig von der Situation, in der sich ein Unternehmen befindet und insbesondere von dem realisierten Organisationstyp und dem praktizierten Führungsstil: Offensichtlich ist beispielsweise, daß die gemeinsame Erarbeitung eines Lernzielkataloges als eine partizipative Management-Development-Methode mit der Management-Technik "MbO" harmoniert.

Unter **Fremdfortbildung** versteht man die Belegung von Kursen und Seminaren (in der Regel außerhalb des Unternehmens), auf deren Gestaltung das Unternehmen nicht unmittelbar Einfluß nehmen kann, wohingegen bei der **Eigenfortbildung** konkret auf die Inhalte und Durchführung der Weiterbildungsveranstaltung Einfluß genommen werden kann, da das Unternehmen für die Bildungsmaßnahme die Gesamtinitiative und -verantwortung trägt (vgl. *Mentzel*, 1983, S. 202 ff.). Eigenfortbildungsmaßnahmen werden oftmals unternehmensintern durchgeführt, d. h. in Räumlichkeiten des Unternehmens selbst bzw. in dafür vorgesehenen Räumen außerhalb.

Für eine Fortbildung in Eigenregie des Unternehmens spricht, daß bestimmte Lerninhalte auch vertraulich behandelt werden können und daß das Unternehmen die zu vermittelnden Informationen genau auf die eigenen Belange zuschneiden kann. Externe Seminare bieten hingegen die Möglichkeit, aufgrund der Fremderfahrung des (oder der) Dozenten neue Ideen und Erfahrungen zu vermitteln. Außerdem wird z. T. auch angeführt, daß externe Bildungsmaßnahmen ein unbelastetes Lernklima erzeugen und so zu einer größeren Lernbereitschaft der Teilnehmer motivieren (vgl. *Mentzel*, 1983, S. 203). Zur letztendlichen Entscheidungsfindung zwischen Fremdfortbildung und Eigenfortbildung sind neben diesen Kriterien auch **Kostengesichtspunkte** zu berücksichtigen.

Zur **Auswahl einer konkreten Ausbildungsmethode** entweder "on the job" oder "off the job" kann ein Scoring-Modell angewandt werden. Zur Disposition stehen mehrere, in Abb. 6.6 überblicksartig vorgestellte Handlungsmöglichkeiten (z. B. Trainée-Programme, Lehrvortrag, gruppendynamisches Training usw.), die hinsichtlich verschiedener unternehmens- und mitarbeiterbezogener Zielsetzungen (z. B. Erhöhung des Leistungspotentials, der Flexibilität der Mitarbeiter sowie verschiedene Karriereziele auf Seiten der Mitarbeiter) zu beurteilen sind. Das Scoring-Modell umfaßt folgende Schritte:
- Ableitung operationaler Beurteilungskriterien aus den Zielen des Management-Development im Marketing-Bereich:
- Gewichtung der Kriterien entsprechend der beigemessenen Bedeutung;
- Zuordnung von Punktwerten für jede Management-Development-Handlungsmöglichkeit hinsichtlich jedes Beurteilungs-Kriteriums auf Basis einer korrespondierenden Skalierung;
- Ermittlung der (gewichteten) Gesamtpunktzahlen für die Management-Development-Handlungsmöglichkeiten;
- Selektion der durchzuführenden Management-Development-Handlungsmöglichkeit(en) nach einer bestimmten Entscheidungsregel.

(Zur Vorgehensweise und Kritik eines Scoring-Modells vgl. **Marketing 2**, *Berndt*, 1992b, Abschnitt A. II. 4) des Teils 2).

VI. Einige empirische Erkenntnisse zum Management-Development

Eine umfangreiche empirische Studie über die präferierten Ziele, Inhalte, Methoden und Lernorte des Management-Development ist vom Internatio-

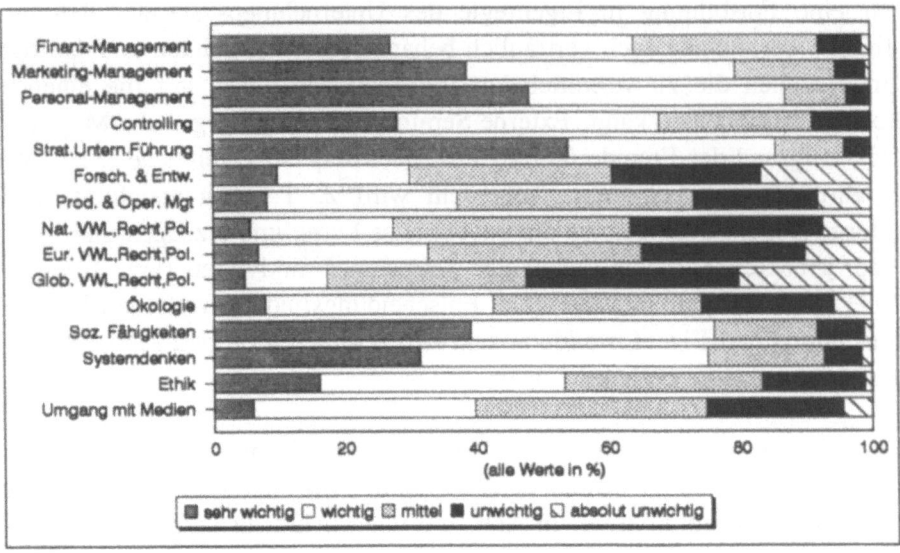

Quelle: *Stähli, 1993, S. 37.*

Abb. 6.8: Die Wichtigkeit von Lerninhalten des Management-Development

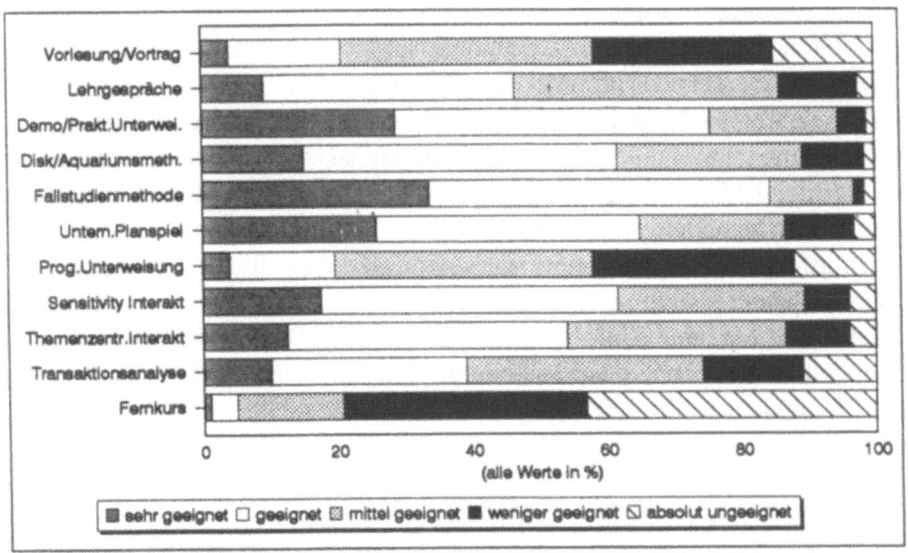

Quelle: *Stähli, 1993, S. 48.*

Abb. 6.9: Die Eignung von Lernmethoden für das Management-Development

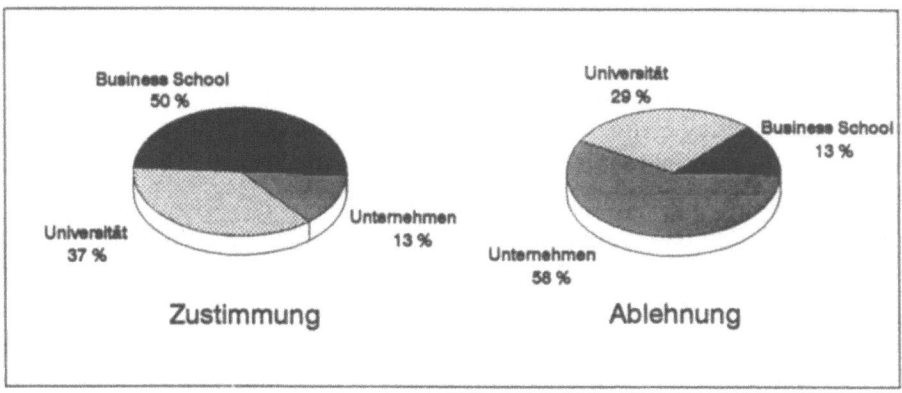

Quelle: *Stähli, 1993, S. 71.*
Abb. 6.10: Die Eignung von Lernorten der Management-Weiterbildung bei MBA-Studiengängen

nalen Forschungsinstitut (IFMA) durchgeführt worden (vgl. z. B. *Stähli,* 1993). Befragt wurden 322 Unternehmen. Es zeigten sich folgende Ergebnisse (vgl. Abb. 6.8 bis 6.10):
- Die wichtigsten **Lerninhalte** der Führungskräfte-Weiterbildung sind die strategische Unternehmensführung, das Personal-Management und das Marketing-Management sowie das Systemdenken (das Denken in System-Zusammenhängen).
- Die von den befragten Unternehmen präferierten **Lernmethoden** sind die Fallstudien-Methode, die praktische Demonstration und das Unternehmensplanspiel.
- Hinsichtlich des **Lernortes** ergab sich, daß das Middle-Management vor allem in einer Kombination aus internen und externen Maßnahmen geschult werden soll, während knapp 60 % der Befragten angaben, daß für das Top-Management eine externe Weiterbildung vorzuziehen sei. Die Abb. 6.10 zeigt deutlich, daß Business-Schools, welche einen MBA-Studiengang für das Top-Management anbieten, am stärksten präferiert werden.

C. Kontrolle eines Management-Development-Konzeptes

Im Rahmen der Kontrolle eines Management-Development-Konzeptes z. B. für den Marketing-Bereich sind die Ergebnisse (Ist-Größen) mit den Zielen (Soll-Größe) zu vergleichen. Abb. 6.11 gibt einen Überblick über wesentliche Anknüpfungspunkte für die Kontrolle des Management-Development mit den damit zusammenhängenden Erfolgs- und Prüfkriterien. Im Rahmen der Kontrolle von Bildungsinhalten ist z. B. der Lernerfolg bei den Mitarbeitern, welche bestimmte Bildungsaktivitäten genossen haben, zu überprüfen. Konkret ist hierbei festzustellen, welcher Fortschritt an Kenntnissen und Fähigkeiten zu verzeichnen ist.

Zur Erfolgsmessung bieten sich eine Reihe von **Verfahren** an (vgl. den Überblick bei *Hentze*, 1989, S. 371 ff.):
- Befragungen,
- Prüfungen und Tests,
- Erfolgsmessung durch Mitarbeiterbeurteilungen,
- direkte Erfolgsmessung am Arbeitsplatz,
- Erfolgsermittlung durch Betrachtung der betrieblichen Gesamtentwicklung,

Anknüpfungspunkte	Erfolgskriterien	Prüfkriterien
Bildungsinhalte	Lernerfolg (Lernziele, Maßnahmenziele)	Kenntnisse Fähigkeiten
Anwendungspraxis	Anwendungserfolg (Lernziele, Maßnahmenziele)	Verhalten Leistung
Bildungsmaßnahme	Maßnahmenerfolg (alle den Lernvorgang beeinflussende Größen)	Erwartungen Einstellungen Urteile
Kosten- und Erlösrechnung	wirtschaftlicher Erfolg (Rentabilität)	Aufwendungen Erlöse

Quelle: *Rüdenauer, 1985, S. 81.*

Abb. 6.11: Wesentliche Anknüpfungspunkte für die Management-Development-Kontrolle

- Kennziffern und Indikatoren.

Bildungsmaßnahmen werden beispielsweise häufig mittels Befragungen verschiedener Personenkreise (Teilnehmer von Weiterbildungsveranstaltungen, Vorgesetzte, Referenten oder neutrale Beobachter) beurteilt (vgl. *Mentzel*, 1983, S. 255 ff.). Zu bedenken ist allerdings, daß die Ergebnisse von z. B. Teilnehmerbefragungen nicht unbedingt auf den tatsächlichen Wissenszuwachs bzw. die Verwertbarkeit der neuen Kenntnisse am Arbeitsplatz schließen lassen; u. U. wird ein positives Urteil durch das positive Umfeld der Weiterbildungsveranstaltung verfälscht. Eine Erfolgsermittlung durch **Betrachtung der betrieblichen Gesamtentwicklung** erscheint insofern problematisch, als der betriebliche Erfolg von einer ganzen Reihe von Einflußgrößen abhängt und der Einfluß der Mitarbeiterqualifikation kaum zu isolieren ist.

Eine **Kennziffer** zur Messung des Lernerfolges stellt die Lerneffizienzformel dar (vgl. z. B. *Hentze*, 1989, S. 373 f.):

$$E = \frac{W_n - W_v}{W_{max} - W_v}$$

mit
E : Erfolg,
W_n : Wissen nach Durchführung,
W_v : Wissen vor Durchführung,
W_{max} : maximal erreichbares Wissen.

Eine Development-Maßnahme wird als zufriedenstellend angesehen, wenn Werte zwischen 0,70 und 0,85 erreicht werden (vgl. *Mentzel*, 1983, S. 261). Problematisch zu beurteilen ist hierbei insbesondere die Quantifizierung von W_n, W_v und W_{max}.

Vertiefende Literatur zum "Management-Development im Marketing-Bereich"

Berthel, J. (1989), Personalmanagement, 2. Aufl., Stuttgart 1989
Bisani, F. (1983), Personalwesen, Wiesbaden 1983

Drumm, H. J. (1992), Personalwirtschaftslehre, 2. Aufl., Berlin u. a. 1992

Friedrich, J. (1984), Betriebliche Ausbildung versus Fremdbezug, Frankfurt u. a. 1984

Hentze, J. (1989), Personalwirtschaftslehre, 4. Aufl., Bern, Stuttgart 1977

Hentze, J. (1990), Personalwirtschaftslehre 2, 4. Aufl., Bern, Stuttgart 1990

Jeserich, W. (1981), Mitarbeiter auswählen und fördern. Assessment-Center-Verfahren, München, Wien 1981

Mentzel, W. (1983), Unternehmenssicherung durch Personalentwicklung, 2. Aufl., Freiburg i. Br. 1983

Quiskamp, D. (1989), Möglichkeiten der Personalentwicklung in der alltäglichen Führungspraxis des Vorgesetzten, Pfaffenweiler 1989

Scholz, C. (1990) Personalmanagement, 2. Aufl., München 1990

Stähli, A. (1993), Management-Weiterbildung, Ziele, Inhalte, Methoden, Lernorte, Neuwied 1993

Strutz, H. (Hrsg.) (1989), Handbuch Personalmarketing, Wiesbaden 1989

Staehle, W. H. (1991), Management, 6. Aufl., München 1991

Thom, N. (1987), Personalentwicklung als Instrument der Unternehmensführung, Stuttgart 1987

Weber, W. (1985), Betriebliche Weiterbildung, Stuttgart 1985

Abbildungsverzeichnis

Abb. 2.1: Der Prozeß der Planung, Realisation und Kontrolle
Abb. 2.2: Teilphasen innerhalb der Planungsphasen
Abb. 2.3: Charakterisierung strategischer, taktischer und operativer Planungs- und Kontrollprobleme
Abb. 2.4: Die Koordination strategischer Teilpläne verschiedener Ebenen
Abb. 2.5: Struktur des strategischen Planungsprozesses
Abb. 2.6: Ein beispielhafter morphologischer Kasten zur Zielfindung
Abb. 2.7: Beispiel für eine Ziel-Mittel-Hierarchie
Abb. 2.8: Kriterien, Kriteriengewichte und Signifikanzzahlen
Abb. 2.9: Ein beispielhafter Relevanzbaum
Abb. 2.10: Branchen- und Wettbewerbsfaktoren
Abb. 2.11: Zwei beispielhafte Lorentz-Kurven zur Kundenkonzentration
Abb. 2.12: Produktlebenszyklen einer Produktmarke, einer Produktart und der Produktklasse
Abb. 2.13: Phasen des Produktlebenszyklus und deren Merkmale
Abb. 2.14: Zusammenhang zwischen Ungewißheitsgrad und Reaktions-Strategien
Abb. 2.15: Graphische Darstellung alternativer Szenarien
Abb. 2.16: Umweltfaktoren, Deskriptoren und alternative Ausprägungen
Abb. 2.17: Mögliche Szenarien bezüglich der Einführung der 35-Stunden-Woche
Abb. 2.18: Kombinationsmöglichkeiten der Ereignisse zu N Szenarien
Abb. 2.19: Beispiel einer Cross-Impact-Matrix
Abb. 2.20: Ergebnisse der Simulation für alternative Eintrittszeitpunkte
Abb. 2.21: Die Erfahrungskurve bei linear und logarithmisch eingeteilten Ordinaten
Abb. 2.22: Preisentwicklung und Erfahrungskurveneffekt
Abb. 2.23: Checkliste für die Stärken-Schwächen-Analyse eines Unternehmens
Abb. 2.24: Beispiel für ein eigenes Stärken-Schwächen-Profil im Vergleich zum wichtigsten Konkurrenten
Abb. 2.25: Wichtigste Führungsqualitäten und Beurteilungskriterien für Führungskräfte in Abhängigkeit von den Normstrategien
Abb. 2.26: Finanzkennzahlen

Abb. 2.27: Strategische und operative Lücke im Rahmen der Lückenanalyse
Abb. 2.28: Eine beispielhafte Lückenanalyse auf Geschäftsbereichsebene
Abb. 2.29: Umsatz- und Gewinnlücke
Abb. 2.30: Portfolio-Matrix der Boston Consulting Group
Abb. 2.31: Portfolio-Matrix nach McKinsey
Abb. 2.32: Das Geschäftsfeld-Ressourcen-Portfolio
Abb. 2.33: Bereichspositionierung einer Strategischen Geschäftseinheit
Abb. 2.34: Tabellarische Darstellung des Netto-Cash-Flow für eine Strategische Geschäftseinheit
Abb. 2.35: Beispiel für ein optimales Unternehmensportfolio
Abb. 2.36: Die vier Grundtypen unausgewogener Portfolios
Abb. 2.37: Portfoliobereiche und zugehörige Normstrategien
Abb. 2.38: Überblick über Normstrategien und deren Ausgestaltung
Abb. 2.39: Strategische Entscheidungshierarchie
Abb. 2.40: Einflußfaktoren der Innovatoren- und Imitatorennachfrage
Abb. 2.41: Zusammenhang zwischen Marketingplanung und -budgetierung

Abb. 2.42: Grundzusammenhänge der strategischen Budgetierung
Abb. 2.43: Instrumente der Marketing-Kommunikation
Abb. 2.44: Schema eines Produkt-Budgets
Abb. 2.45: Beispiel für eine Budgetstruktur

Abb. 3.1: Die Planungs-Kontroll-Spirale
Abb. 3.2: Arten der Marketing-Kontrolle
Abb. 3.3: Checkliste zur Prüfung der Marktforschung
Abb. 3.4: Aufgaben von Frühwarnsystemen
Abb. 3.5: Ein System von Frühwarnindikatoren
Abb. 3.6: Ein Imagedifferential für eine reale und eine ideale Marke
Abb. 3.7: Umsatzkontrolle nach Perioden und Gebieten
Abb. 3.8: Umsatzkontrolle nach Kundenklassen und Produktgruppen
Abb. 3.9: Produktmarken- und produktgruppenbezogene Deckungsbeitragsanalyse
Abb. 3.10: Ein Beispiel für ein absatzorientiertes Kennzahlensystem
Abb. 3.11: Aufspaltung des Erlöses in endogen beeinflußbare und exogen beeinflußte Komponenten
Abb. 3.12: Modell der individuellen Werbewirkung als Basis für Werbeerfolgskontrollen

Abb. 3.13: Typischer Wirkungsverlauf bei einer "inaktiven" Kampagne
Abb. 3.14: Typischer Wirkungsverlauf bei einer "aktiven" Kampagne
Abb. 3.15: Typischer Wirkungsverlauf beim Aufbau einer "Depot"-Kampagne
Abb. 3.16: Typischer Wirkungsverlauf bei Fortsetzung einer "Depot"-Kampagne
Abb. 3.17: Werbebekanntheit und Werbeaufwand im Jahre 1982
Abb. 4.1: Leitungssysteme der Unternehmung
Abb. 4.2: Funktionale Organisation
Abb. 4.3: Divisionale Organisation
Abb. 4.4: Matrix-Organisation
Abb. 4.5: Funktionale Marketing-Organisation
Abb. 4.6: Grundmodell einer regionalen Marketing-Organisation
Abb. 4.7: Regionale Verkaufsorganisation
Abb. 4.8: Produkt-Manager als Stab der Marketing-Leitung
Abb. 4.9: Produkt-Manager als Linieninstanz
Abb. 4.10: Produkt-Manager in der Matrix-Organisation bei Zuordnung zum Marketingbereich
Abb. 4.11: Produkt-Manager in der Matrix-Organisation bei Zuordnung zur Geschäftsleitung
Abb. 4.12: Produkt-Manager in der Matrix-Organisation bei Zuordnung zu den Sparten
Abb. 4.13: Markt-Manager als Stäbe der Marketing-Leitung
Abb. 4.14: Markt-Matrix-Organisation
Abb. 4.15: Stab-Projektorganisation
Abb. 4.16: Matrix-Projektorganisation
Abb. 4.17: Reine Projektorganisation
Abb. 4.18: Schema einer mehrstufigen Profit-Center-Ergebnisrechnung
Abb. 4.19: Der Bezugsrahmen des situativen Ansatzes
Abb. 4.20: Die Marketing-Organisation im Rahmen des situativen Ansatzes
Abb. 5.1: Das 7-S-Modell von McKinsey
Abb. 5.2: Ausgewählte Führungsinstrumente
Abb. 5.3: Kontinuum der Führungsstile nach dem Kriterium "Entscheidungsspielraum"
Abb. 5.4: Das Führungsverhaltensgitter nach Blake/Mouton
Abb. 5.5: Das Entscheidungsmodell von Vroom/Yetton
Abb. 5.6: Hauptschritte im Rahmen des Management-by-Objectives-Konzepts

Abb. 5.7: Die Bedürfnis-Pyramide nach Maslow
Abb. 6.1: Teilbereiche der Personalplanung
Abb. 6.2: Der Management-Development-Prozeß
Abb. 6.3: Ziele des Management-Development
Abb. 6.4: Zielgruppen von Management-Development-Aktivitäten im Marketing-Bereich
Abb. 6.5: Vorbereitung, Durchführung und Abschluß eines Assessment Center
Abb. 6.6: Training-on-the-job und Training-off-the-job
Abb. 6.7: Beispielhafte Stellenbesetzungs-und Beförderungspolitik in einem Unternehmen
Abb. 6.8: Die Wichtigkeit von Lerninhalten des Management-Development
Abb. 6.9: Die Eignung von Lernmethoden für das Management-Development
Abb. 6.10: Die Eignung von Lernorten der Management-Weiterbildung bei MBA-Studiengängen
Abb. 6.11: Wesentliche Anknüpfungspunkte für die Management-Development-Kontrolle

Abkürzungsverzeichnis

asw	Absatzwirtschaft
BFuP	Betriebswirtschaftliche Forschung und Praxis
DBW	Die Betriebswirtschaft
HBR	Harvard Business Review
HdP	Handwörterbuch des Personalwesens
HM	Harvard-Manager
HoFR	Handbook of Future Research
IO	Management-Zeitschrift Industrielle Organisation
JoM	Journal of Marketing
ME	Management-Enzyklopädie
MS	Management Science
PE	Personal-Enzyklopädie
TFaSC	Technological Forecasting and Social Change
WiSt	Wirtschaftswissenschaftliches Studium
WISU	Wirtschaftsstudium
ZfB	Zeitschrift für Betriebswirtschaft
ZfbF	Zeitschrift für betriebswirtschaftliche Forschung
ZfO	Zeitschrift für Organisation

Literaturverzeichnis

Aaker, D. A. (1984), Strategic Market Management, New York u. a. 1984

Abell, D. F., Hammond, J. S. (1979), Strategic Marketing Planning, Englewood Cliffs 1979

Albach, H. (1979), Beiträge zur Unternehmensplanung, 3. Aufl., Wiesbaden 1979

Albers, S. (1989a), Ein System zur Ist-Soll-Abweichungs-Ursachenanalyse von Erlösen, in "ZfB", 1989, S. 637 - 654

Albers, S. (1989b), Der Wert einer Absatzreaktionsfunktion für das Erlös-Controlling, in "ZfB", 1989, S. 1235 - 1242

Ansoff, H. I. (1981), Die Bewältigung von Überraschungen und Diskontinuitäten durch die Unternehmensführung - Strategische Reaktionen auf schwache Signale, in "Planung und Kontrolle", Hrsg. H. Steinmann, München 1981, S. 233 - 265

Badelt, C. (1978), Relevanzbaum: Verfahren und Prognose, in "Langfristige Prognosen", Hrsg. G. Bruckmann, Würzburg, Wien 1978, S. 126 - 140

Baugut, G., Krüger, S. (1976), Unternehmensführung, Opladen 1976

Bass, F. M. (1969), A New Product Growth Model for Consumer Durables, in "MS", Vol. 15, 1969, No. 5, S. 215 - 227

Bea, F. X. (1982), Ziele, Strategien, Determinanten und Modelle des Unternehmenswachstums, in "WiSt", 11. Jg., 1982, Nr. 10, S. 449 - 455

Bea, F. X. (1988), Die Planung in Unternehmen, Theorie und Wirklichkeit, in "Fortbildung", 33. Jg., Nr. 3, September 1988, S. 73 - 75

Bea, F. X. (1990), Neueste Tendenzen in der Zusammenarbeit von Unternehmungen: Erweiterung des Leistungsprogramms (Diversifikation) durch Kooperation von Unternehmen, in "Betriebswirtschaftliche Forschungsergebnisse aus Jena und Tübingen", Jena 1990, S. 28 - 53

Bea, F. X., Beutel, R. (1984), Die Bedeutung des Exports für die Entwicklung der Kosten und die Gestaltung der Preise, in "Exporte als Herausforderung für die deutsche Wirtschaft", Hrsg. E. Dichtl, O. Issing, Köln 1984, S. 309 - 333

Becker, J. (1990), Marketing-Konzeption, Grundlagen des strategischen Marketing-Managements, 3. Aufl., München 1990

Berekoven, L. (1976), Die Absatzorganisation, Herne, Berlin 1976

Berekoven, L., Eckert, W., Ellenrieder, P. (1989), Marktforschung, Methodische Grundlagen und praktische Anwendung, 4. Aufl., Wiesbaden 1989

Berndt, G. (Hrsg.) (1986), Personalentwicklung, Köln u. a. 1986

Berndt, R. (1992a), Marketing 1, Käuferverhalten, Marktforschung und Marketing-Prognosen, 2. Aufl., Berlin, Heidelberg, New York 1992

Berndt, R. (1992b), Marketing 2, Marketing-Politik, 2. Aufl., Berlin, Heidelberg, New York 1992

Berndt, R., Hermanns, A. (Hrsg.) (1993), Handbuch Marketing-Kommunikation, Wiesbaden 1993

Berndt, R. (Hrsg.) (1994), Management-Qualität contra Rezession und Krise, Berlin u. a. 1994

Berthel, J. (1976), PATTERN - eine Technik zur rationalen Entscheidungsfindung, in "ZfO", 45. Jg., 1976, S. 89 ff.

Berthel, J. (1989), Personalmanagement, 2. Aufl., Stuttgart 1989

Bisani, F. (1983), Personalwesen, Wiesbaden 1983

Blake, R. R., Mouton, J. S. (1968), Verhaltenspsychologie im Betrieb, Düsseldorf, Wien 1968

Bleicher, K. (1991), Organisation, Formen und Modelle, 2. Aufl., Wiesbaden 1991

Bleicher, K. (1983), Organisation, in "Allgemeine Betriebswirtschaftslehre", Band 2: Führung, Hrsg. F. X. Bea, E. Dichtl, M. Schweitzer, Stuttgart, New York 1983, S. 37 - 100

Bleicher, K., Meyer, E. (1976), Führung in der Unternehmung, Formen und Modelle, Reinbek 1976

Blohm, H., Steinbuch, K. (1972), Technische Prognosen in der Praxis, Düsseldorf 1972

Böcker, F. (1988), Marketing-Kontrolle, Stuttgart 1988

Böcker, F., Dichtl, E. (Hrsg.) (1975), Erfolgskontrolle im Marketing, Berlin 1975

Busse von Colbe, W. (1989), Budgetierung und Planung, in "HWPlan", Hrsg. N. Szyperski, Stuttgart 1989, Sp. 176 - 182

Cravens, D. W., Lamb, C. W. (1986), Strategic Marketing, Cases and Applications, 2. Aufl., Homewood, Ill. 1986

Dalkey, N. C. (1976), An Elementary Cross-Impact Model, in "TFaSC", Vol. 8, 1976, S. 263 - 273

Dalrymple, D. J. (1985), Sales Management, Concept and Cases, 2. Aufl., New York 1985

Dambrowski, J. (1986), Budgetierungssysteme in der deutschen

Unternehmenspraxis, Darmstadt 1986
Dedering, H. (1972), Personalplanung und Mitbestimmung, Opladen 1972
Diller, H., Gaitanides, M. (1989), Vertriebsorganisation und handelsorientiertes Marketing, in "ZfB", 1989, Nr. 6, S. 589 - 608
Domsch, M. (1984), Personal, in "Vahlens Kompendium der Betriebswirtschaftslehre", Band 1, München 1984, S. 483 ff.
Drumm, H. J. (1992), Personalwirtschaftslehre, 2. Aufl., Berlin u. a. 1992
Drumm, H. J., Scholz, C., Potzer, H. (1980), Zur Akzeptanz formaler Personalplanungsmethoden, in "ZfbF", 32. Jg., 1980, S. 721 - 740
Eckardstein, D. v., Schnellinger, F. (1978), Betriebliche Personalpolitik, 3. Aufl., München 1978
Ehrlinger, E. (1979), Kundengruppen-Management, in "DBW", 1979, Nr. 2, S. 261 - 273
Eisenführ, F. (1992), Budgetierung, in "HdO", 3. Aufl., Stuttgart 1992, Sp. 363 - 373
Ewert, R., Wagenhofer, A. (1993), Interne Unternehmensrechnung, Berlin u. a. 1993
Frese, E. (1987), Grundlagen der Organisation, 3. Aufl., Wiesbaden 1987
Freund, F., Knoblauch, R., Racké, G. (1990), Praxisorientierte Personalwirtschaftslehre, 3. Aufl., Stuttgart 1990
Friedrich, J. (1984), Betriebliche Ausbildung versus Fremdbezug, Frankfurt u. a. 1984
Gaitanides, M., Diller, H. (1989), Großkundenmanagement, Überlegungen und Befunde zur organisatorischen Gestaltung und Effizienz, in "DBW", 49. Jg., 1989, Nr. 2, S. 185 - 197
Gälweiler, A. (1982), Die finanzielle Quantifizierung der Portfolio-Wirkungen als Grundlage des Portfolio-Managements, in "Portfolio-Management", Hrsg. agplan Gesellschaft für Planung, Berlin 1982, S. 4836-1 - 4836-18
Gomez, P., Escher, F. (1980), Szenarien als Planungshilfe, in "IO", 1980, Nr. 49, S. 416 ff.
Gordon, T. J., Hayward, H. (1968), Initial Experiments with the Cross-Impact Matrix Method of Forecasting, in "Futures", Vol. 1, 1968, S. 100 - 116
Grimmer, H. (1980), Budgets als Führungsinstrument in der Unternehmung. Eine sach- und verhaltensorientierte Analyse, Frankfurt 1980
Grochla, E. (1972), Unternehmensorganisation, Reinbek 1972
Groll, K. (1983), Kennzahlensysteme zur Erfolgsanalyse, in "Kostenrechnungspraxis", 1983, S. 265 - 286

Hahn, D., Klausmann, W. (1979), Aufbau und Funktionsweise von betrieblichen Frühwarnsystemen in der Industrie, Arbeitspapier des Instituts für Unternehmensplanung, Universität Gießen, Gießen 1979
Hannsmann, F. (1982), Quantitative Betriebswirtschaftslehre, München, Wien 1982
Häusler, J. (1977), Führungssysteme und -modelle, Köln 1977
Heinen, E. (1970), Betriebliche Kennzahlen - Eine organisationstheoretische und kybernetische Analyse, in "Dienstleistung in Theorie und Praxis", Hrsg. H. Linhard u. a., Festschrift zum 80. Geburtstag von Otto Hintner, Stuttgart 1970, S. 227 - 235
Hentze, J. (1989), Personalwirtschaftslehre 1, 4. Aufl., Bern, Stuttgart 1989
Hentze, J. (1989), Personalwirtschaftslehre 2, 4. Aufl., Bern, Stuttgart 1989
Hentze, J., Brose, P. (1986), Personalführungslehre, Bern 1986
Hildebrandt, L. (1992), Wettbewerbssituation und Unternehmenserfolg, Empirische Analysen, in "ZfB", 1992, Nr. 10, S. 1069 - 1084
Hinterhuber, H. (1992a), Strategische Unternehmungsführung, Teil I: Strategisches Denken, 5. Aufl., Berlin, New York 1992
Hinterhuber, H. (1992b), Strategische Unternehmensführung, Teil II: Strategisches Handeln, 5. Aufl., Berlin, New York 1992
Hofer, C. W., Schendel, D. (1984), Strategy Formulation: Analytical Concepts, 10. Aufl., St. Paul u. a. 1984
Höller, H. (1978), Verhaltenswirkungen betrieblicher Planungs- und Kontrollsysteme, München 1978
Horvath, P. (1979), Controlling, München 1979
Horvath, P. u. a. (1985), Die Budgetierung im Planungs- und Kontrollsystem der Unternehmung. Erste Ergebnisse einer empirischen Untersuchung, in "DBW", 45. Jg., 1985, S. 138 - 155
Hub, H. (1988), Unternehmensführung, 2. Aufl., Wiesbaden 1988
Hüttner, M. (1989), Grundzüge der Marktforschung, 4. Aufl., Berlin, New York 1989
Jago, A. G., Vroom, V. H. (1989), Vom Vroom/Yetton- zum Vroom/Jago-Führungsmodell: Neue Überlegungen zur Partizipation in Organisationen, in "DBW", 49. Jg., 1989, S. 5 ff.
Jeserich, W. (1981), Mitarbeiter auswählen und fördern, Assessment-Center-Verfahren, München, Wien 1981
Juchems, A. (1983), Manche kommen nie an! Werbekampagnen auf dem Weg zum Verbraucher, in "Blickpunkte", 1983, Nr. 5, S. 18 - 29

Kiener, J. (1980), Marketing-Controlling, Darmstadt 1980

Kieser, A., Kubicek, H. (1992), Organisation, 3. Aufl., Berlin, New York 1992

Kieser, A., Reber, G., Wunderer, R. (Hrsg.) (1987), Handwörterbuch der Führung, Stuttgart 1987

Kirsch, W., Esser, W. M., Gabele, E. (1978), Reorganisationstheoretische Perspektive des geplanten organisatorischen Wandels, München 1978

Kirsch, W., Trux, W. (1979), Strategische Frühaufklärung und Portfolio-Analyse, in "ZfB", 1979, Ergänzungsheft Nr. 2, S. 47 - 69

Köhler, R. (1993), Beiträge zum Marketing-Management, 3. Aufl., Stuttgart 1993

Köhler, R. (1992), Budgetierung, in "Vahlens Großes Marketing Lexikon", Hrsg. H. Diller, München 1992, S. 134 - 136

Kolvenbach, H. (1975), Personalentwicklung, in "HdP", Stuttgart 1975, Sp. 1545 - 1556

Koreimann, D. S. (1986), Management, 2. Aufl., München 1986

Korndörfer, W. (1986), Unternehmensführungslehre, 5. Aufl., Wiesbaden 1986

Kosiol, E. (1976), Organisation der Unternehmung, 2. Aufl., Wiesbaden 1976

Kotler, P. (1971), Marketing Decision Making. A Model Building Approach, New York u. a. 1971

Kotler, P. (1984), Marketing Management, 5. Aufl., Englewood Cliffs 1984

Kotler, P. (1991), Marketing Management, 7. Aufl., Englewood Cliffs 1991

Kreikebaum, H. (1981), Strategische Unternehmensplanung, Stuttgart u. a. 1981

Kreilkamp, E. (1987), Strategisches Management und Marketing, Berlin, New York 1987

Kreuz, A. (1975), Der Produkt-Manager, Essen 1975

Kühn, R. (1977), Marketing-Audit, Ein Führungsinstrument, in "Die Unternehmung", 31. Jg., 1977, S. 199 - 212

Küpper, H.-U. (1990), Industrielles Controlling, in "Industriebetriebslehre", Hrsg. M. Schweitzer, München 1990, S. 781 - 891

Kumar, B. (1978), Personalentwicklungsprogramme, in "PE", München 1978, S. 105 - 107

Lambin, J. (1987), Grundlagen und Methoden strategischen Marketings, Hamburg u. a. 1987
Lavidge, R. L., Steiner, G. A. (1961), A Model for Predictive Measurement of Advertising Effectiveness, in "JoM", October 1961, S. 59 ff.
Lilien, G. L., Kotler, P. (1983), Marketing Decision Making, New York 1983
Lyne, S. R. (1988), The Role of the Budget in Medium and Large UK Companies and the Relationship with Budget Pressure and Participation, in "Accounting and Business Research", 18. Jg., 1988, S. 195 - 212
Marr, R., Stitzel, M. (1979), Personalwirtschaft, München 1979
Marx, A. (1972), Personalführung, Band 4, Wiesbaden 1972
McGregor, D. (1960), The Human Side of Enterprise, New York 1960
Meffert, H. (1979a), Die Einführung des Kunden-Managements als Problem des geplanten organisatorischen Wandels, in "Humane Personal- und Organisationsentwicklung", Hrsg. R. Wunderer, Berlin 1979, S. 285 - 320
Meffert, H. (1979b), Produktmanagement: Funktionen und organisatorische Eingliederung, Teile I und II, in "WISU", 1979, S. 68 - 71 und S. 120 - 125
Meffert, H. (1980), Strategische Planung in gesättigten, rezessiven Märkten, in "asw", 23. Jg., 1980, Nr. 6, S. 89 - 97
Meffert, H. (1986), Marketing, 7. Aufl., Wiesbaden 1986
Mentzel, W. (1983), Unternehmenssicherung durch Personalentwicklung, 2. Aufl., Freiburg i. Br. 1983
Meyer, P. (1968), Betriebliche Personalplanung, Wiesbaden 1968
Naylor, J., Wood, A. (1978), Practical Marketing Audits, London 1978
Neuberger, O. (1984), Führung, Stuttgart 1984
Nieschlag, R., Dichtl, E., Hörschgen, H. (1988), Marketing, 15. Aufl., Berlin 1988
Oechsler, W. A. (1985), Personal und Arbeit, München 1985
Olfert, K., Steinbuch, P. A. (1985), Personalwirtschaft, 2. Aufl., Ludwigshafen 1985
Oster, D. (1971), Management-Development, in "ME", Band 4, München 1971, S. 272 - 287
Peters, T. J., Waterman, R. H. (1982), In Search of Excellence, Lessons from America's Best-run Companies, New York 1982
Pfohl, H. C. (1981), Planung und Kontrolle, Stuttgart 1981

Piercy, N. (1986), Marketing Budgeting, A Political and Organisational Model, London u. a. 1986

Porter, M. E. (1980), Competitive Strategy, New York, London 1980

Poth, L. G., Poth, G. S. (1986), Marketing, Grundlagen und Fallstudien, München 1986

Quiskamp, D. (1989), Möglichkeiten der Personalentwicklung in der alltäglichen Führungspraxis des Vorgesetzten, Pfaffenweiler 1989

Reichmann, T., Lachnit, L. (1979), Unternehmensführung mit Hilfe eines absatzorientierten Frühwarnsystems, in "ZfB", 1979, Ergänzungsheft Nr. 2, S. 107 - 119

Rüdenauer, M. (1985), Welchen Nutzen bringt die Weiterbildung? Möglichkeiten und Probleme der Erfolgskontrolle von betrieblichen Weiterbildungsmaßnahmen, in: Fortschrittliche Betriebsführung und Industrial Engeneering, 34. Jg., S. 80 - 84

RKW-Handbuch (1978), Praxis der Personalplanung, Teil I, Neuwied, Darmstadt 1978

Samuelson, L. A. (1986), Discrepancies Between the Roles of Budgeting, in "Accounting, Organizations and Society", 11. Jg., 1986, S. 35 - 45

Sarin, R. K. (1979), An Approach for Long Term Forecasting With an Application to Solar Electric Energy, in "MS", Vol. 25, 1979, No. 6, S. 543 ff.

Schmalen, H. (1979), Marketing-Mix für neuartige Gebrauchsgüter, Wiesbaden 1979

Schmalen, H. (1985), Kommunikationspolitik, Stuttgart u. a. 1985

Schmidt, H., Hagenbruck, A., Sämann, W. (1975), Handbuch der Personalplanung, Frankfurt, New York 1975

Schmidt, R. (1994), Frühwarnsysteme für das Krisenmanagement, in "Management-Qualität contra Rezession und Krise", Hrsg. R. Berndt, Berlin u. a. 1994, S. 73 - 85

Scholz, C. (1990), Personalmanagement, 2. Aufl., München 1990

Schreyögg, G., Steinmann, H. (1985), Strategische Kontrolle, in "ZfbF", 1985, S. 391 - 410

Schweiger, G., Schrattenecker, G. (1992), Werbung, Eine Einführung, 3. Aufl., Stuttgart 1992

Siegwart, H. (1987), Budgets als Führungsinstrument, in "HWFü", Hrsg. A. Kieser, G. Reber, R. Wunderer, Stuttgart 1987, Sp. 105 - 115

Sommer, K. (1984), Marketing-Audit, Bern, Stuttgart 1984

Specht, G., Kaufmann, K., Zeidler, D., Wenzel, R. (1974), Soziologie im

Blickpunkt der Unternehmensführung, Herne 1974
Staehle, W. H. (1975), Das DuPont-System und verwandte Konzepte der Unternehmenskontrolle, in "Erfolgskontrolle im Marketing", Hrsg. F. Böcker und E. Dichtl, Berlin 1975, S. 317 - 336
Staehle, W. H. (1991), Management, 6. Aufl., München 1991
Stähli, A. (1992a), Harvard Anti Case, Management-Andragogik Band 1, London 1992
Stähli, A. (1992b), Europäische Lösung: Genetisch wachsende Fallstudie, Management-Andragogik, Band 2, London 1992
Stähli, A. (1993), Management-Weiterbildung, Ziele, Inhalte, Methoden, Lernorte, Neuwied 1993
Staudt, E. (1974), Struktur und Methode technologischer Vorhersagen, Göttingen 1974
Steiner, G. A. (1975), Die Budgetierung, in "Unternehmensplanung, Reader + Abstracts", Hrsg. J. Wild, Reinbek 1975, S. 329 - 355
Steinmann, H., Schreyögg, G. (1993), Management, Wiesbaden 1993
Stogdill, R. M. (1974), Handbook of Leadership, A Survey of Theory and Research, New York 1974
Stover, J. G., Gordon, T. J. (1978), Cross-Impact Analysis, in "HoFR", Hrsg. J. Fowles, Westport, Conn. 1978
Strametz, D. (1978), Personalentwicklung, in "PE", München 1978, S. 102 - 105
Strutz, H. (Hrsg.) (1989), Handbuch Personalmarketing, Wiesbaden 1989
Tannenbaum, R., Schmidt, W. H. (1958), How to Choose a Leadership Pattern, in "HBR", 36. Jg., 1958, S. 95 - 101
Thom, N. (1987), Personalentwicklung als Instrument der Unternehmensführung, Stuttgart 1987
Tietz, B. (1976), Die Grundlagen des Marketing, Das Marketing-Management, München 1976
Tomczac, T. (1989), Situative Marketingstrategien, Berlin, New York 1989
Töpfer, A. (Hrsg.) (1984), Strategisches Marketing, Landsberg a. L. 1984
Trommsdorff, V. (1975), Die Messung von Produktimages für das Marketing, Köln u. a. 1975
Umpathy, S. (1987), Current Budgeting Practices in U. S. Industry. The State of the Art, New York u. a. 1987
Von Reibnitz, U. (1983), Szenarien als Grundlage strategischer Planung, in "HM", 1983, Nr. 1, S. 71 ff.
Von Rosenstiel, L. (1969), Psychologie der Werbung, Rosenheim 1969
Weber, W. (1985), Betriebliche Weiterbildung, Stuttgart 1985

Webster, F. E. Jr. (1983), Field Sales Management, New York u. a. 1983
Welge, M. K. (1985), Unternehmungsführung, Band 1: Planung, Stuttgart 1985
Welge, M. K. (1987), Unternehmungsführung, Band 2: Organisation, Stuttgart 1987
Welters, K. (1976), Cross Impact Analyse als Instrument der Unternehmensplanung, in "BFuP", 29. Jg., 1976, Nr. 8, S. 557 - 568
Wiedmann, K. P. (1984), Frühwarnung, Früherkennung, Frühaufklärung, Arbeitspapier Nr. 25 des Instituts für Marketing, Universität Mannheim, Mannheim 1984
Wild, J. (1974), Budgetierung, in "Marketing Enzyklopädie", Bd. 1, München 1974, S. 325 - 340
Wild, J. (1982), Grundlagen der Unternehmungsplanung, 4. Aufl., Opladen 1982
Wilde, K. D. (1989), Bewertung von Produkt-Markt-Strategien, Berlin 1989
Wohlgemuth, A. C. (1990), Wettbewerbsvorteile schaffen durch Human Ressources Management, in "ZfbF", 42. Jg., 1990, S. 84 - 96
Wunderer, R., Grunwald, W. (1980), Führungslehre, Band 1, Berlin, New York 1980
Wunderer, R., Grunwald, W., Moldenhauer, P. (1980), Führungslehre, Band 2, Berlin, New York 1980
Zentes, J. (1986), Verkaufsmanagement in der Konsumgüterindustrie, in "DBW", 46. Jg., 1986, Nr. 1, S. 21 - 28

Sachverzeichnis

- Absatzmittler 103
- Absatzwege 103
- Abteilung 148
- Aktionsprogramme 114
- Analyse der weiteren Umwelt 26 f.
- Analyse des Reingewinns 62
- Anpassungsfähigkeit an Marktveränderungen 175, 179, 182, 183
- Aufgabenanalyse 147
- Aufgabensynthese 147 f.
- Außendienstmotivation 204
- Außendienststeuerung 204

- Bestandsdaten 120
- Blake/Mouton, Führungsverhaltensgitter von 195 ff.
- Boston-Consulting-Group-Matrix 69 ff.
- Bottom-Up-Verfahren 14 f., 108
- Brainstorming 21
- Brainwriting 21
- Branchenanalyse 27 ff.
- Branchenattraktivität 26
- Branchenfaktoren 27 ff.
    - Branchenstrukturfaktoren 27 ff., 34
    - Lieferantenfaktoren 29, 34
    - Markt- und Kundenfaktoren 29, 34
    - Wettbewerbsfaktoren 29, 34
- Break-Even-Analyse 62
- Budgetierung 98 ff., 106 ff.
    - Aufgabenbereiche 106
    - Bottom-Up 108
    - im Gegenstromverfahren 108
    - strategische 98 ff.
    - Techniken 108 ff.
    - Top-Down 108

- Cross-Impact-Analyse 46 ff.
    - Ansatz von Gordon/Hayward 46 ff.
    - Schritte 46 ff.

- Deckungsbeitrags-Analyse 62
- Delegation 154 f.
- Desinvestitionsstrategie 61, 82 ff.
- Diffusionsmodell, von Bass 92 f.
- Distributionspolitik 103 ff.
- Diversifikationsstrategie 84 f.
- Divisionale Organisation 152 f., 162
- Down-Up-Verfahren 14 f.
- Du-Pont-System 135 f.

- Economies of Scale 54, 120 f.
    - anlagenspezifische 54
    - produktspezifische 54
    - unternehmensspezifische 54
- Effektivität 119
- Effizienz 119, 171 ff.
    - Gesamteffizienz 172
    - organisatorische 172
- Effizienz der Organisationsformen des Marketing-Bereiches 171 ff.
- Effizienzkriterien 172 f.
- Einliniensystem 150 f.
- Einstellungsmodell von Trommsdorff 128 ff.
- Entscheidungsdelegation 154 f.
- Erfahrungskurvenkonzept 54 ff., 120 f.
    - Preiserfahrungskurvenkonzept 57, 120 f.

- Finanzkennzahlen 62 f.
- Formalisierung 155
    - Informationsflußformalisierung 155
    - Leistungsdokumentation 155
    - Strukturformalisierung 155
- Formalziele eines Unternehmens 119
- Frühwarnsysteme 34 ff
- Führung 5, 187 ff.
    - extern-orientierte 191
    - intern-orientierte 191
    - mitarbeiterbezogene Ziele der 189
- Führung, entscheidungsrelevante Daten der
    - außerbetriebliche 190
    - innerbetriebliche 189 f.

- Führungsansatz, situativer 197 ff.
- Führungsinstrumente 189
    - immaterielle 189
    - materielle 189
- Führungsstile 191 ff.
    - autoritärer 191 f.
    - demokratischer 193
    - eindimensionale 191 ff.
    - Führungsansatz, situativer 197
    - Führungsverhaltensgitter von Blake/Mouton 195 ff.
    - kooperativer 193
    - Managerial Grid 195 ff.
    - mehrdimensionale 195 ff.
    - partizipativer 193
    - patriarchalischer 193
    - situative Ermittlung des optimalen 197 ff.
    - Vroom/Yetton-Führungsmodell 197 ff.
    - Vroom/Jago-Führungsmodell 199
- Funktionale Organisation 150 ff., 156
- Funktionsorientierte Marketing-Organisation 156, 176 f.

Geschäftsfeld-Ressourcen-Portfolio von Albach 72 ff.

- Imagedifferential 128
- Imagemessung 128
- Imitatorennachfrage 93 ff.
- Informationssuche, Intensität der 174 f., 176, 177 f., 181, 184
- Innovationen 174 f., 176, 178, 179, 181 f., 183
- Innovatorennachfrage 93 ff.
- Instanz 148
- Investitionsstrategie 60 f., 82, 84 f., 105

- Kapitalwertmethode 90 f.
- Key-Account-Management 163
- Kommunikationspolitik 102 f., 105, 138 ff.
- Konditionenpolitik 102
- Kontrahierungspolitik 102
- Kontrolle 4, 116 ff.
    - ergebnisorientierte Marketing-Kontrolle 4, 116 ff., 124 ff.
    - Kennzahlensysteme 134 ff.
    - Marketing-Audit 4, 117, 120 ff.

- Koordination 148 ff.
    - durch persönliche Weisungen 148 f.
    - durch Pläne 149
    - durch Programme 149
    - durch Selbstabstimmung 149
- Koordinationsaufwand 174, 176, 177, 178 f., 181, 183, 184
- Koordinationsinstrumente 148 f.
    - nichtstrukturelle 149
    - strukturelle 148 f.
- Kundengruppenmanagement 162 f., 180 ff.

- Lizenzgebühr 95 f.
- Lückenanalyse 64 ff., 124
    - Gewinnlücke 66 f.
    - operative Lücke 65 f.
    - potentielles Basisgeschäft 94 f.
    - Umsatzlücke 66 f.
    - strategische Lücke 65 f.

- Management 2 f.
    - im funktionalen Sinn 3
    - Teilfunktionen des 2 f.
- Management by Delegation 202
- Managment by Exception 202 f.
- Management by Motivation 203 ff.
- Management by Objectives 200 f.
- Management-Development 207 ff.
    - Anforderungsprofile 214
    - Assessment Center 214 ff.
    - Beförderungspolitik 218 ff.
    - Kontrolle 226 ff.
    - Lerninhalte 223 ff.
    - Lernmethoden 223 ff.
    - Orte des 216 f., 223 ff.
    - Planungsprozeß 209 ff.
    - rechtliche Rahmenbedingungen 207 ff.
    - Stellenbesetzungspolitik 218 ff.
    - Trainée-Programme 217 f.
    - Ziele 209 ff.
    - Zielgruppen 212

- Management-Techniken 199 ff.
  - Management by Delegation 202
  - Management by Exception 202 f.
  - Management by Motivation 203 ff.
  - Management by Objectives 200 f.
- Managerial Grid 195 f.
- Marketing-Audit 4, 117
- Marketing-Effektivität 62 f.
- Marketing-Informationssystem, Kontrolle des 122
- Marketing-Kontrolle 116 ff.
- Marketing-Leitung, Belastung der 174, 176 f., 178, 180, 182, 185
- Marketing-Mix, Kontrolle des 128 ff.
  - Gewinn als Kontrollgröße 133 f.
  - Image als Kontrollgröße 128 ff.
  - Kennzahlensysteme 134 ff.
  - Marktanteil als Kontrollgröße 132 ff.
  - Umsatz als Kontrollgröße 130 ff.
- Marketing-Mix-Modell, von Schmalen 92 ff.
- Marketing-Organisation 121 f., 146 ff.
- Marketing-Planung, operative 101 ff., 105 ff.
  - Budget und Allokationsplanung 106 ff.
- Marketing-Planung, taktische 104 ff.
  - Abschöpfungs- und Desinvestitionsstrategie 105
  - Investitions- und Wachstumsstragegie 104 f.
- Marketing-Planungssystem, Kontrolle des 117 ff.
  - Organisations-Audit 121 f.
  - Planungsprämissen-Audit 120 f.
  - Strategische Überwachung 119 ff.
- Marketing-Ziele
  - ökonomische 20
  - psychologische 21
  - strategische 17
- Marketing-Zielsystem, Kontrolle des 121
- Markt-Management 162 f., 180 ff.
  - als Linieninstanz 162 f.
  - als Stabstelle der Marketing-Leitung 163 f.
- Marktattraktivität 26
- Markteintrittsbarieren 29 f.
- Marktforschung 175, 176, 177 f., 179, 181, 183

- Marktorientierung, Grundformen der 1
    - Marketingorientierung 2
    - Produktionsorientierung 1
    - Verkaufsorientierung 1
- Maslow, Bedürfnispyramide von 204
- Matrixorganisation 153 f., 160 ff.
- Mehrliniensystem 150 f.
- Monte-Carlo-Simulation 76
- Morphologische Methode 21
- Motivation 203 ff.
    - durch finanzielle Vergütungen 204 f.
    - durch Setzen von Quoten 205
- Motivationstheorie 203 f.

- Netto-Cash-Flow 78 ff., 90 ff.
- 9-Felder-Matrix von McKinsey 71 f.
- Normstrategien 18 ff., 60, 80 ff.
    - für bestehende Strategische Geschäftseinheiten 80 ff.
    - für neue Geschäftsbereiche 83 ff.

- Objective-and-Task 109
- Objektorientierte Marketing-Organisation 157 ff., 177 ff.
    - Kundengruppen-Management 162 ff., 180 ff.
    - Markt-Management 162 ff., 180 ff.
    - Produkt-Management 158 ff., 178 ff.
    - Profit-Center 168 ff., 184 f.
    - Projekt-Organisation 165 ff., 183 f.
    - Regionale Marketing-Organisation 157 f., 177 f.
- Ökonometrische Ansätze der Werbeerfolgskontrolle 145
- Operative Planung 105 ff.
- Organisation 4 f., 146 ff.
- Organisationsformen des Marketing 156 ff.
    - Funktionsorientierte Marketing-Organisation 156
    - Objektorientierte Marketing-Organisation 157 ff.
- Organisationsstruktur, Dimensionen der 4 f., 146 ff.
    - Entscheidungsdelegation 154 f.
    - Formalisierung 155
    - Konfiguration 150 ff.
    - Koordination 148 f.
    - Spezialisierung 147 f.

- Organisationsstrukturen 150 ff.
  - eindimensionale 150 ff.
  - mehrdimensionale 153 f.

- PATTERN 21 ff.
- Penetration-Preisstrategie 97, 105
- PIMS-Studie 53 f., 120 f.
- Planung 3 f.
  - operative 101 ff.
  - strategische 3, 11, 13 ff.
  - taktische 3, 11, 104 ff.
- Planung, Aufgaben der 7 f.
- Planung, Charakteristika der 7
- Planungshierarchien 9 ff.
- Planungsprozeß, Phasen des 8 ff.
- Portfolio-Analyse 20, 68 ff.
  - Abschöpfungs- und Desinvestitionsstrategien 82
  - Bereichspositionierung 75 ff.
  - Boston-Consulting-Group-Matrix 69 ff.
  - Cash-Cows 69 ff., 79 f.
  - Defensivstrategien 82 ff.
  - Diversifikationsstrategie 85
  - Dogs 69 ff., 79 f.
  - Geschäftsfeld-Ressourcen-Portfolio von Albach 72 ff.
  - Investitions- und Wachstumsstrategien 82
  - 9-Felder-Matrix von McKinsey 71 f., 81 f.
  - Netto-Cash-Flow 78 ff.
  - Normstrategien 80 ff.
  - Offensivstrategien 82
  - Portfolio-Ungleichgewichte 77 ff.
  - Positionierung 74 ff.
  - Punktpositionierung 74 f.
  - Question-Marks 69 f., 79 f.
  - relativer Marktanteil 68 f.
  - selektive Strategien 82 ff.
  - Stars 69 f., 79 f.
  - Strategien der vertikalen Integration 83 f.
  - strategische Position 68 f.
  - Übergansstrategien 82 f.
  - Umweltdimension 68 f.
  - Unternehmensdimension 68 f.

- Positionierung, der Strategischen Geschäftseinheit 74 ff.
    - Bereichspositionierung 75 ff.
    - Punktpositionierung 74 f.
- Preiserfahrungskurvenkonzept 56 f., 120 f.
- Preispolitik 102, 104
- Produkt-Management 158 ff., 178 ff.
    - als Linieninstanzen 159 f.
    - als Stab der Marketing-Leitung 158
- Produktdifferenzierung 102, 104
- Prudukteliminierung 105
- Produktinnovation 83, 104
- Produktlebenszyklus 31 ff., 65
- Produktpolitik 102, 104 f., 128
- Produktvariation 102, 105
- Profit-Center 168 ff., 184 f.
    - Koordination durch Budgets 170 f.
    - Verrechnungspreise 171
- Projekt-Organisation 165 ff.
    - Matrix-Projektorganisation 167
    - reine 167 f.
    - Stab-Projektorganisation 166 f.

- Reaktionsdaten 120
- Reaktionsstrategien 36 f.
- Recall-Test 140
    - Aided Recall-Test 140
    - Unaided Recall-Test 140
- Recognition-Test 140
- Regionale Marktorganisation 157 f., 177 ff.
- Relative Wettbewerbsvor- und nachteile, Analyse der 57 ff.
- Relevanzbaum-Analyse 21 ff.
    - Relevanzzahlen 23 ff.
    - Signifikanzzahlen 23
- Relevanzzahlen 23 ff.
    - absolute 25
    - relative 23 f.
- Return-on-Investment 52 f.

- Sachziele eines Unternehmens 119
- Schwache Signale 36 f.

- Servicepolitik 102, 128
- 7-S-Modell von McKinsey 187 ff.
- Signifikanzzahlen 23
- Situativer Ansatz 171 ff.
- Skimming-Preisstrategie 97, 104
- Sortimentspolitik 102, 128
- Spartenorganisation 152 f.
- Stab-Linien-System 150 f.
- Stärken-Schwächen-Analyse 57 ff.
- Stärken-Schwächen-Profil 59, 64
- Stelle 148
- Strategie 13
- Strategie-Position 86
    - Beibehaltung der Marktposition 86
    - Neupositionierung 87
    - Umpositionierung 87
- Strategie-Stil 87
    - Marktführer 87
    - Marktherausforderer 87
    - Marktmitläufer 87 f.
    - Marktnischenbearbeiter 88
- Strategische Substanz 88
    - Differenzierung 88 f.
    - Preis- bzw. Kostenführerschaft 88 f.
- Strategien der vertikalen Integration 83
- Strategien, Bewertung und Auswahl von 90 ff.
    - Investitionstheoretische Ansätze 90 ff.
    - Simulationsmodelle 91 ff.
- Strategische Erfolgsfaktoren, Identifikation der 53 ff., 120 f.
- Strategische Frühaufklärung 34 ff.
    - Schwache Signale 36
    - Strategische Überraschung 36
- Strategische Geschäftseinheiten 15 ff., 31, 59 ff., 66, 68 ff.
    - Bedingungen 17
    - Kriterien zur Bildung 16
- Strategische Marketing-Planung 13 ff.
    - Hierarchische Stufen 13 f.
    - Inhalt 13
    - Kooridinationsverfahren der 14 ff.
    - Planungsprozeß 17 ff.

- Strategische Position, Analyse der 25 ff.
- Strategische Überraschung 36
- Synektik 21
- Szenario-Technik 38 ff.
    - Ansatz von Sarin 44 ff.
    - Schritte der verbalen 40 ff.
    - verbale 40 ff.

- Taktische Planung 101 ff.
- Top-Down-Verfahren 14
- Tracking-Study 140 ff.
- Transaktionsansatz 2

- Umweltanalyse 17 ff., 26 ff.
    - Analyse der weiteren Umwelt 26 f.
    - auf Geschäftsbereichsebene 29 ff.
    - Branchenanalyse 27 ff.
- Umweltfaktoren 26 f.
    - demographische 26 f.
    - politisch-rechtliche 27
    - sozio-kulturelle 27
    - technologische 27
    - wirtschaftliche 26
- Umweltprognose 18 ff., 26, 34 ff.
    - Cross-Impact-Analyse 46 ff.
    - Strategische Frühaufklärung 34 ff.
    - Szenario-Technik 38 ff.
    - Verfahrensvergleich 52
- Unternehmensanalyse 17 ff., 52 ff.
    - Analyse der relativen Wettbewerbsvor- und nachteile 57 ff.
    - Analyse der Strategischen Entwicklung in der Vergangenheit 52 f.
    - Identifikation der strategischen Erfolgsfaktoren 53 ff.
- Unternehmensprognose 20

- Verhandlungsmacht, der Abnehmer und Lieferanten 31
- Vroom/Jago-Führungsmodell 199
- Vroom/Yetton-Führungsmodell 197 ff.

- Wachstumsstrategie 60, 82, 104
- Werbeerfolgskontrolle 138 ff.
    - ökonomische 145
    - psychologische 140 ff.
    - streutechnische 139
- Werbekampagnen
    - aktive 141
    - Depotkampagnen 142 ff.
    - inaktive 141

Zeitstabilitätshypothese 68
- Zentralabteilungen 152
- Zentralisation, Formen der 147 f.

Von der Produktionstheorie zur Produktentwicklung

H. Dyckhoff
Betriebliche Produktion
Theoretische Grundlagen einer umweltorientierten Produktionswirtschaft
2., verb. Aufl. 1994. XIX, 379 S. 110 Abb., 14 Tab. Brosch. **DM 39,80**; öS 310,50; sFr 39,80
ISBN 3-540-57522-9

„An Dyckhoff's innovativen, präzise und systematisch ausgearbeiteten Überlegungen zur Fortentwicklung der Produktionstheorie führt wohl kein Weg vorbei."
ZfB Zeitschrift für Betriebswirtschaft

G. Fandel, H. Dyckhoff, J. Reese
Industrielle Produktionsentwicklung
Eine empirisch-deskriptive Analyse ausgewählter Branchen
2. Aufl. 1994. XVIII, 317 S. 81 Abb., 44 Tab. Brosch. **DM 49,80**; öS 388,50; sFr 49,80
ISBN 3-540-57847-1

G. Fandel
Produktion
Band 1: Produktions- und Kostentheorie
4. Aufl. 1994. XV, 327 S. 139 Abb., 23 Tab. Brosch. **DM 49,80**; öS 388,50; sFr 49,80
ISBN 3-540-57556-1

„Die umfassende, abgerundete und gleichwohl verständliche Darstellung des Stoffes, zeigt, daß hier nicht nur ein Produktions- und Kosten-, sondern auch ein Didaktik-Fachmann am Werke war."
wisu – das wirtschaftsstudium

H.-O. Günther
Produktionsmanagement
Einführung mit Übungsaufgaben
1993. XVI, 357 S. 118 Abb. Brosch. **DM 36,-**; öS 280,80; sFr 36,- ISBN 3-540-56424-1

H.-O. Günther, H. Tempelmeier
Produktion und Logistik
1994. X, 302 S. 110 Abb., 52 Tab. Brosch. **DM 36**; öS 280,80; sFr 36,- ISBN 3-540-57907-9

Dieses einführende Lehrbuch schafft die Verbindung zwischen Produktion und Logistik, behandelt Fragen des strategischen Produktionsmanagements, die Gestaltung der Infrastruktur des Produktionssystems und liefert einen Überblick über die operative Planung und Steuerung der Produktion.

W. Dinkelbach, O. Rosenberg
Erfolgs- und umweltorientierte Produktionstheorie
1994. X, 198 S. 39 Abb., 14 Tab. Brosch. **DM 36,-**; öS 280,80; sFr 36,-
ISBN 3-540-57869-2

Die betriebswirtschaftliche Produktionstheorie analysiert Produktionssysteme, versucht durch mengenbezogene Betrachtungen den Produktionsprozeß bestimmende Größen zu erkennen und Informationen für zielgerichtete Gestaltungen von Produktionen zu gewinnen.

Marketing

K. Backhaus, B. Erichsen, W. Plinke, R. Weiber
Multivariate Analysemethoden
Eine anwendungsorientierte Einführung
7. vollst. überarb. u. erw. Aufl. 1994. XXXII, 594 S. 142 Abb. 191 Tab.
Brosch. **DM 59,-**; öS 460,20; sFr 59,- ISBN 3-540-56908-1

Die Vorteile des Textes sind geringstmögliche Anforderungen an mathematische Vorkenntnisse, allgemeinverständliche Darstellung anhand eines für mehrere Methoden verwendeten Beispiels, konsequente Anwendungsorientierung, Einbeziehung der EDV in die Darstellung unter schwerpunktmäßiger Verwendung von SPSS, vollständige Nachvollziehbarkeit aller Operationen durch den Leser, Aufzeigen von methodenbedingten Manipulationsspielräumen, unabhängige Erschließbarkeit jedes einzelnen Kapitels.

U. Koppelmann
Beschaffungsmarketing
1993. X, 396 S. 203 Übersichten
Brosch. **DM 55,-**; öS 429,-; sFr 55,- ISBN 3-540-57435-2

In diesem Werk wird ein Entscheidungsunterstützungssystem entwickelt, das auf heuristischer Grundlage und gepaart mit empirischem Sachverstand zu langfristig guten Lösungen führt. Das Buch beschreibt also weniger das taktische Tagesgeschäft, hier werden vielmehr theoretische fundierte Praxislösungen entwickelt, die weit über das derzeit vielfach praktizierte kurzfristig orientierte Dominanzverhalten (z.B. Preisdruckpolitik) hinausgehen.

U. Koppelmann
Produktmarketing
Entscheidungsgrundlage für Produktmanager
4. vollst. überarb. u. erw. Aufl. 1993. XIV, 455 S.
Brosch. **DM 59,-**; öS 460,20; sFr 56,- ISBN 3-540-55986-8

Dieses Buch hilft, das Floprisiko von Produktinnovationen zu verringern. Es zeigt dem Produktmanager einen systematischen Weg, wie ein Produkt entwickelt, vermarktet, gepflegt und eliminiert werden kann. Das Arbeitsfeld des Produktmanagers wird analysiert, Verhaltensfragen, soweit sie für die Entwicklung und Vermarktung von Produkten von Bedeutung sind, werden ebenso behandelt wie Probleme der Produktgestaltung und der Produktvermarktung. Überlegungen zur Angebotspflege und zur Produktelimination runden die Darstellung ab.

MIX
Papier aus verantwortungsvollen Quellen
Paper from responsible sources
FSC® C105338

If you have any concerns about our products,
you can contact us on
ProductSafety@springernature.com

In case Publisher is established outside the EU,
the EU authorized representative is:
**Springer Nature Customer Service Center GmbH
Europaplatz 3, 69115 Heidelberg, Germany**

Printed by Libri Plureos GmbH
in Hamburg, Germany